KB146871

눈이 보이지 않는 친구와 예술을 보러 가다

눈이 보이지 않는 친구와

가와우치 아리오 지음
김영현 옮김

예술을 보러 가다

다다
서재

버스가 도착한다. 또 다른 버스가 도착한다.

행선지를 아는 버스도 있고, 모르는 버스도 있다.

매일 수많은 버스가 눈앞을 지나치지만, 무슨 버스를 타야 할지 모르겠다.

어느 날, 한 버스 안에서 오래된 친구가 손을 흔들었다.

있잖아, 타지 않을래? 틀림없이 즐거울 거야.

그 말에 이끌려 올라타서 보니, 한 남성이 허리를 꼿꼿이 세우고 좌석에 앉아 있었다. 호리호리한 몸에 눈은 가늘게 뜨고, '흰지팡이'*를 갖고 있는 사람이었다.

---

* 시각장애인이 길을 걸을 때 사용하는 하얀색 지팡이. 시각장애인의 표지이며, 시각장애인의 권리 증진을 위해 매년 10월 15일은 '흰지팡이의 날'로 지정되었다.

4

버스는 어디로 가는지도 알려주지 않은 채 출발했고, 차창 밖으로 풍경이 흐르기 시작했다. 익숙한 듯했지만, 처음 보는 풍경이었다.

놀라웠다. 이곳에서 이런 게 보였던가.

버스에는 빈자리가 많았기 때문에 다른 친구도 불렀다.

야아, 타지 않을래? 재미있어.

좋아. 친구는 그렇게 답하고는 버스에 올라탔다. 우리는 천천히 흘러가는 풍경을 바라보면서 이야기를 나누었다. 피카소와 관음보살, 인스턴트 라면과 뉴욕의 쌍둥이 빌딩에 관해 이야기했고, 때로는 애정과 사랑과 이별, 정답 없는 질문에 관해 기나긴 대화를 나누기도 했다. 또한 하얀 지팡이를 지닌 사람의 이야기, 시각의 수수께끼와 시간의 개념, 잊을 수 없는 꿈에 관한 대화를 나누기도 했다. 우리에게는 보고 싶은 것도, 이야기하고 싶은 것도 정말 많았다.

이윽고 버스는 갑자기 척박한 황야 같은 곳으로 돌입했고, 낭떠러지 앞에서 오도 가도 못했다.

어쩌지…. 슬슬 내려야 할까 고민하는데, 버스가 진로를 바꾸더니 다시 경쾌하게 달리기 시작했다.

우리를 태우고, 계속 달리고 있다.

출발한 날을 떠올려보면, 그때 이것저것 고민하지 않고 올라

타서 다행이었다 싶다.

* * *

눈이 보이지 않는데도 불구하고 매년 수십 번씩 미술관에 다니는 사람이 있다. 전맹* 미술 관람자 시라토리 겐지白鳥 建二 씨를 알게 된 계기는 친구가 건넨 말 한 마디였다.

"시라토리 씨랑 함께 작품을 보면 정말 즐거워! 다음에 같이 가자."

나보다 열 살 어린 마이티, 사토 마이코는 20년 된 친구로 매년 함께 연말을 보낼 만큼 가족이나 다름없는 사이다. 큐티 클이 반들반들하고 귀여운 단발머리에 호기심 가득한 눈동자. 먹는 걸 좋아하는 사람치고 작은 몸에는 항상 부드러워 보이는 소재의 원피스를 입는다. 상당한 미술 애호가라 지방에서든 외딴섬에서든 외국에서든 미술관과 갤러리를 빠뜨리지 않고 관람한다.

눈이 보이지 않는 사람이 미술 작품을 '본다'고? 무슨 소리인지 알 수 없었지만, 마이티가 "즐거워"라고 말한 이상 함께

* 시력이 0으로, 빛을 전혀 지각하지 못하는 시각장애를 뜻한다. 시각장애인은 모두 전맹일 것이라고 오해하는 경우가 많은데, 시력이 일정 기준 이하인 사람도 시각장애에 해당한다.

엘리베이터에 갇히러 가자는 정도의 뜻 모를 권유가 아닌 한 거절이라는 선택지는 없었다.

응, 가자, 가자. 어떤 전시를 볼 거야?

마이티는 바로 몇 가지 전시회를 언급했다. 시간만은 많았던 나는 뭐든 좋다고 답했고, 마이티는 시라토리 씨와 상의한 다음 연락을 주겠다고 했다.

버스의 첫 번째 정류장은 도쿄 마루노우치에 있는 미쓰비시 1호관 미술관三菱一号館美術館이었다.

● 차례 ●

일러두기

1. 이 책은 슈에이샤 계간 『kotoba』 38~41호에 게재된 연재 「보이지 않는 아트 안내」, 허프
포스트 일본판 「전맹에 미술 관람을 즐기는 시라토리 씨. "안 보여서 큰일."이라는 말이 와
닿지 않는다」(2019. 9. 16) 「전맹인 시라토리 씨와 함께 미술 관람을 해보니 수많은 이야
기가 태어났다」(2019. 9. 23), 웹진 미지의 좁은 길 「'두근두근!' 하고 세상을 밝히는 '미술
관답지 않은 미술관'」(2019. 9. 25)을 대폭으로 가필·수정한 것입니다.

2. 본문의 각주 중 '지은이 주'라고 표기한 것 외에는 전부 옮긴이 주입니다.

3. 외래어는 국립국어원 외래어 표기법을 준수하되, 일부는 일상에서 널리 쓰이는 표기를 따
랐습니다.

4. 본문에 언급되는 도서 중 한국에 번역 출간된 도서는 한국어판 서지 정보를 수록했습니다.

1장

거기에 미술관이 있으니까

피에르 보나르
「강아지와 여자」 「종려나무」

파블로 피카소
「투우」

도쿄 지하철 오테마치역에서 미술관으로 가는 출구를 찾았다. 역부터 이어지는 '지하 배리어 프리barrier free• 루트'라는 게 있다고 했는데, 찾아내지 못해 계단으로 올라갔다.

도쿄의 지하철은 미로 같다.

약속 시간에 늦어서 종종걸음으로 서둘렀다. 2월인데도 날씨가 포근해서 다운재킷을 벗고 싶었다.

눈이 보이지 않는 사람이 미술 작품을 '본다'니, 어떻게 하는 걸까?

나는 지하철에 탄 다음에야 그런 상상을 해보기 시작했다.

만져볼까? 아니면 체험형 작품? 작품에서 발산되는 기를 느끼나…? 혹시 초능력…? 그럴 리가.

그나저나 오늘 보는 전시회는 뭐였지? 스마트폰을 꺼내 마이티가 보낸 메시지를 확인했다.

"필립스 컬렉션 특별전."

그렇다면 주로 인상파 등의 명화가 전시되니까 만져볼 수는 없을 터였다.

'필립스 컬렉션'이라는 말을 다시 본 순간, 머릿속에 붉은 벽돌로 지은 저택이 떠올랐다. 그건 미국에 있는 원조 필립스 컬

• 장애인, 환자, 어린이, 고령자 등도 살기 좋은 사회를 만들기 위해 물리적·제도적 장벽을 없애자는 운동 및 정책을 가리킨다.

렉션(미술관) 건물로 그 뚜렷한 이미지를 떠올리자 가슴이 조금 욱신거렸다.

그립네.

아니, 지금은 일단 미술관에 도착해야 해. 서둘러야지!

숨을 헐떡이며 미쓰비시 1호관 미술관에 도착하니 그곳에도 붉은 벽돌로 지은 깨끗하고 멋스러운 건물이 서 있었다. 입구에 떡하니 붙어 있는 커다란 포스터가 눈에 띄었는데, "전원 거장!"이라는 좀 노골적인 광고 문구가 화려하게 춤추고 있었다. 표를 구입해서 미술관 안으로 들어갔다.

어디 보자, 두 사람은 어디 있을까. 전시실은 생각보다 훨씬 좁았고 평일 낮인데도 관람객이 꽤 많았다. 과연 "전원 거장!"인 전시다웠다.

초능력이 아니었다

필립스 컬렉션Phillips Collection이란 미국인 부호 던컨 필립스 (1886~1966)가 세운 사설 미술관으로 워싱턴의 한적한 동네에 있다. 인상파와 입체파의 걸작을 중심으로 소장품들이 화려하고 굉장하여 미국에서 가장 중요한 미술 컬렉션 중 하나로 일컬어진다.

시간을 거슬러 20년 전, 당시 26세이던 나는 워싱턴에서 국제협력을 전문으로 하는 컨설팅 회사에 근무하고 있었다. 컨설팅이라고 하면 멋지게 들리겠지만, 사무실은 반지하의 감방 같은 곳이었고, 회사 구성원은 오랫동안 대졸 신입 사원인 나와 사장 둘뿐이었다. 그 덕분에 회계, 서류 정리, 소송 대응, 화장실 청소까지 막대한 잡무를 혼자서 해내야 했고, 종종 책상 밑에 숨어서 눈물을 흘렸다. '책상 밑'은 결코 비유 같은 게 아니다. 정말로 그곳에 숨곤 했다. 복도 건너편 방에 있는 사장에게 우는 모습을 보일 수는 없었기 때문이다. 사장은 좋은 사람이었지만, 성미가 좀 급하고 화가 나면 책상이나 벽에 수첩을 집어던지는 나쁜 버릇이 있었다. 회사에서 받는 스트레스와 해외 생활의 고독감이 견딜 수 없이 차오르면, 나는 회사 근처에 있는 붉은 벽돌의 미술관으로 도망치곤 했다.

　한 걸음 들어가면, 그곳은 바깥과 전혀 다른 세계였다. 귀족의 저택 같은 호화로운 공간에 걸린 명화들. 작품은 머나먼 세계를 향해 열린 창문 같았고, 언제든지 '여기'가 아닌 어딘가로 나를 데려가주었다. 내가 태어나기 훨씬 전에 저 멀리 떨어진 곳에서 그려진 그림 앞에 나는 한참 서 있었다. 그곳에서 깊이 숨을 쉬기만 해도 혼란이 가라앉고 다시 회사로 돌아갈 수 있었다. 필립스 컬렉션에 관해서는 당시의 룸메이트에게도 연인에게도 이야기하지 않았다. 그곳은 나의 성역이었다.

그랬지만 그 뒤로 몇 차례 다른 나라로 이사하고, 이직하고, 결혼해서 아이를 낳고, 가족과 친구를 먼저 하늘로 보내고… 내 나름대로 커다란 인생의 사건들을 거쳐 46세가 된 지금 돌이켜보면 그때 어떤 작품을 보았는지는 거의 기억나지 않는다.

기억하는 것은 그곳에 미술관이 있었다는 사실이다.

누군가를 위해서. 나를 위해서.

"아, 아리오! 여기야."

혼잡한 전시실에서 마이티가 생글생글 웃으며 나를 향해 손을 흔들었다. 전시실은 사람이 많은 것치고 무척 조용해서 발소리와 옷깃이 스치는 소리 정도밖에 들리지 않았다. 몸집이 작은 마이티 옆에는 키가 크고 호리호리한 남성이 바른 자세로 서 있었다. 어딘지 모르게 주변 사람들의 흐름과 무관하게 서 있는 모습이 시냇물 속에서 홀로 고개를 내민 바위처럼 보였다. 옅은 분홍색 셔츠를 입었는데 단추를 맨 위까지 다 채우고 있었다. 목이 답답하지 않나? 그렇게 생각했지만, 입 밖으로 내지는 않았다. 가늘게 뜬 눈꺼풀 안쪽에 어렴풋이 눈동자가 보였지만 이쪽을 보지는 않았다. 그가 시라토리 겐지였다.

"모처럼 같이 보니까 오늘은 아리오가 안내를 맡아봐."

마이티의 말에 나는 허둥지둥 시라토리 씨의 옆에 섰다. 그는 "잘 부탁드려요."라면서 내 스웨터의 팔꿈치 부분에 살짝 손을 대고 반걸음 뒤에 섰다. 이렇게 하면 지팡이가 없어도 올바른 방향으로 걸을 수 있다고 했다. 내심, 좀 두근두근했다. 내 주위에는 시각장애인이 없었고, 전맹인 사람을 안내하는 것도 처음이었다.

"오늘 전시회 말인데, 작품이 70점도 넘게 있으니까 전부 보는 건 무리야. 각자 좋아하는 걸 골라서 보자."

마이티는 작게 속삭였다. 설명은 그뿐이었다.

음, 저기, 본다고 했는데 말이야, 초능력 같은 건 아니겠지….

"자, 어떤 작품을 볼래? 아리오가 골라도 돼." 마이티가 생각할 틈도 없이 재촉했다.

"어? 그럼, 저걸 볼까."

당황해서 대충 고른 것은 피에르 보나르(1867~1947)의 「강아지와 여자」(1922). 우리는 다른 사람들을 방해하지 않도록 물가의 조약돌처럼 서로 바싹 붙어서 그림 앞에 섰다.

개를 안은 여자는 벼룩을 찾고 있어

그건 제목 그대로 개를 안고 있는 여자를 그린 그림이었다. 작가인 피에르 보나르는 '색채의 마술사'라는 별명을 지닌 프랑스인 화가다. 하지만 나는 그 이름을 들어본 적이 있을 뿐 보나르의 작품을 보는 건 처음이었다.

"그럼, 무엇이 보이는지 가르쳐주세요."

시라토리 씨가 작품과 전혀 다른 방향을 향한 채 내게 속삭였다. 마이티가 "그림은 이쪽에 있어."라면서 시라토리 씨의 몸에 손을 슬쩍 대고 그림과 똑바로 마주하도록 했다.

그 순간, 번개처럼 이해했다. 그렇구나, 시라토리 씨는 '귀'로 보는 거야.

저기, 그러니까 그림 속에 뭐가 보이냐는 거지요… 알겠습니다!

나는 말 그대로 눈에 보이는 것을 묘사하기 시작했다.

"한 여성이 강아지를 안고 앉아 있는데, 강아지의 뒤통수를 유독 자세히 보네요. 개한테 이가 있는지 보는 건가."

마이티와 시라토리 씨는 "뭐? 이?"라면서 작게 소리 내어 웃었다(사실 동물에 붙는 것은 벼룩인데 그때는 내가 착각했다).

어? 뭐지? 웃기려고 한 말이 아닌데. 그림 속 여성의 모습은 내 어머니가 고양이를 안고 벼룩을 확인할 때와 똑같았다.

마이티는 고개를 갸웃거리며 말했다.

"나는 이 여성이 아무것도 보지 않는 것 같은데. 눈이 초점을 잃은 느낌이랄까. 저기 보면 테이블 위에 음식이 있잖아? 먹는 중에 뭔가 생각하기 시작해서 음식에 손을 못 대는 게 아닐까?"

그렇군. 듣고 보니 여성은 슬퍼하며 고개를 숙인 것 같기도 했다.

피에르 보나르, 「강아지와 여자」(1922) 39.0×69.2㎝

"테이블 위에 놓인 건 뭘까?" 마이티의 질문에 나는 "치즈와 빵 같은데."라고 답했다.

그때, 드디어 시라토리 씨가 입을 열었다.

"그림은 어떤 형태예요?"

"음, 세로로 길어요. 직사각형보다 좀더 세로가 길어요."

나는 선생님에게 지명당한 우등생처럼 야무지게 답했다. 야, 야, "직사각형보다 세로가 길어요."라니 어쨌든 직사각형이라는 말이잖아. 지금 이 글을 쓰는 내가 바로잡고 싶을 만큼 과거의 나는 명청하게 설명했지만, 시라토리 씨는 "그렇군요."라고 고개를 끄덕였다.

전시회 도록에 따르면 이 「강아지와 여자」는 던컨 필립스가 첫눈에 반해서 구입한 작품으로 당시 구입 가격은 3000달러였다고 한다. 그가 미국에서 가장 큰 피에르 보나르 컬렉션을 쌓은 계기가 된 기념비적인 작품이다.

우리는 눈과 말을 사용해 그림의 윤곽을 계속 묘사했다.

아리오　스웨터 색깔이 정말 예쁜데. 빨갛다기보다는 주홍색에 가까워.

마이티　벽의 색은 옅은 파란색인데, 붉은 스웨터랑 서로 보색 관계라 예쁘게 대비되었어. 그림에는 그려지지 않았는데 오른쪽에 창문이 있는지도 모르겠다. 봐, 벽에 노란색이 조금 걸쳐 있는 게 빛이 살짝 비추는 것 같지 않아?

아리오 아, 그런 거 같아. 창문은 보이지 않지만 이 여자는 창가에 있는 게 분명해.

색과 빛에 대한 묘사가 얼마나 시라토리 씨에게 전해지는지 알 수 없었다. 애초에 이렇게 빛과 색만 이야기해도 괜찮을까, 하고 나는 걱정했다.

나중에 들었는데 시라토리 씨는 극도의 약시로 태어나서 색을 본 기억이 거의 없고 "색은 개념적으로 이해한다"고 했다.

색이 '개념'이라니, 대체 무슨 뜻일까.

"일반적으로 '색'은 시각적인 것이라고 생각하지만, 하얀색이니 갈색이니 파란색이니 하는 이름이 붙은 시점에 개념적이기도 해요. 각각의 색에는 특정한 이미지가 있어서 그걸 (시각적인 것이 아니라 그 특징적인 이미지로) 이해하고 있어요."(시라토리 씨)

그의 말은 내가 전자파나 미생물을 이해하는 것과 비슷할지도 모른다. 전자파나 미생물도 모든 곳에 우글우글 있다는 사실까지는 이해하지만 실제로 목격할 수는 없기에 어디까지나 개념상의 존재인 것이다. 아무튼 시라토리 씨도 '저녁노을과 사과는 붉은색'이라고 이해하는 듯했다.

우리는 10분 정도 「강아지와 여자」를 관람했다. 그사이에 수십 명이나 되는 사람들이 지나쳐갔지만, 우리만큼 곰곰이 그림을 바라보는 사람은 없었다. 보면 볼수록 그림의 인상이 변화했고, 슬퍼하며 식사하는 듯했던 여성은 머지않아 느긋하게 오후의 티타임을 즐기는 사람으로 보였다.

"슬슬 다음 그림으로 가볼까."

마이티가 그렇게 말했을 때, 안도했다.

첫 번째 관문은 무사히 통과한 건가?

일단 작품 하나를 시라토리 씨에게 보여주었다고 생각했다.

지금 돌이켜보면, 터무니없는 착각이었다.

희미한 여자의 얼굴이 무서워

그다음에도 내가 보나르의 그림을 골랐다. 제목은 「종려나무」(1926).

빨강, 노랑, 연한 파랑 등 다양한 색들이 복잡하게 얽혀서 커다란 캔버스를 꽉 채웠고, 전체적으로 화려한 분위기를 풍겼다. 분명히 알 수는 없었지만, 햇빛이 넘치는 마을의 풍경을 그린 듯했다. 마을 안쪽에 보이는 파란 부분은 바다일까.

이러쿵저러쿵하며 얼추 그림을 묘사한 나는 "이 마을은 틀림없이 프랑스 남부야."라고 단언했다.

"어? 그런가? 야자수 잎이 있으니까 더 따뜻한 곳 아닐까?"

마이티는 고개를 갸웃했다. 음, 간단히 남에게 휩쓸리지 않는 게 너의 장점이었지.

"아냐, 아마 남프랑스일 거야. 반짝반짝하는 빛의 느낌이 그 지역 같거든. 무척 기분이 좋은 그림이야. 좋겠다. 나도 이 마을에 가보고 싶어."

나는 30대에 파리의 유네스코 본부에서 일했기에 5년 반 정도 파리에서 살았다. 그동안 프랑스 남부의 작은 마을을 여러 차례 방문했다. 하늘에서 눈부시게 빛나는 태양, 언덕에 달라붙은 듯한 석조 가옥. 다채로운 색의 채소와 허브 향이 가득한 식사. 언제나 회색빛 구름이 끼어 있는 파리와 비교해보면 색채가 흘러넘치는 프랑스 남부는 이 세상의 낙원처럼 보였다. 마치 이 그림처럼.

그렇지만 마이티는 "음, 기분 좋은 그림인가? 나는 왠지 이 그림이 좀 으스스한데."라며 고개를 갸웃거렸다.

뭐? 으스스해? 왜? 이렇게 밝은 색을 썼는데?

"여자의 표정이 흐릿하게 그려져서 분명하지 않잖아? 좀 유령 같아서 무서워. 뒤의 풍경이랑 여자가 연결되지 않아서 어색하고."

으음, 여자가 어떻다고?

피에르 보나르, 「종려나무」(1926) 147.0×114.3*cm*

나는 그 말을 듣기 전까지 인물에는 전혀 주의를 기울이지 않았다. 그 말대로 여자는 얼굴이 부여니 애매하게 그려져서 표정을 알 수 없었다. 그 때문인지 유령이라고 하면 확실히 유령 같기도 했다.

"그렇구나. 마이티는 유령 같은 걸 엄청 무서워했지." 나는 친구를 놀리면서도 신기했다. 우리는 마치 전혀 다른 그림을 보는 것 같았다.

같은 그림을 보았는데, 왜 이토록 인상이 다를까. 여기서 좀 고찰해보겠다.

그건 아무래도 '보기'의 과학과 관계가 있는 듯하다. 시각이라 하면 '눈'과 시력이 중요하다고 생각하곤 하지만, 실제로는 뇌와 관련된 문제라고 한다.

오래전, '사물을 보는' 행위는 오늘날 스마트폰으로 사진을 찍는 것과 비슷할 만큼 단순한 일로 여겨졌다. 저기 있는 물체를 시야에 담기만 하면 만사형통! 자, 찍어요! 이런 것이다. 하지만 근대 과학이 발전하면서 점점 '보기'가 얼마나 복잡한 행위인지 밝혀졌다. 사물을 보는 행위에서 반드시 필요한 것은 사전에 축적된 지식과 경험, 즉 뇌 내의 정보다. 우리는 풍경이든, 예술이든, 사람의 얼굴이든, 전부 자신의 경험과 기억에 기초해 해석하고 이해한다.

자, 방금 전의 「종려나무」로 돌아가보자. 프랑스 남부의 경치를 본 적이 많은 나는 감각적으로 그림의 풍경에 시선이 갔고, 뇌에서 아름다운 기억을 꺼내 바로 그림과 관련지었다. 한편 마이티는 프랑스 남부에 관한 기억이 전혀 없기 때문에 자동적으로 맨 앞에 그려진 인물에 주목했다. '사람의 얼굴'이란 대단히 강력한 존재라서 우리는 누군가의 얼굴이 시야에 들어오면 곧장 주목하게 마련이다.

그렇게 마이티는 '얼굴'에 주목했는데, 불분명한 얼굴 묘사와 평소에 자신이 겁내던 유령을 관련지어 으스스하다고 느낀 것이다.

이처럼 우리는 과거의 경험과 기억 등 데이터베이스를 정교하게 이용하면서 눈앞의 시각 정보를 뇌에서 취사선택하고 보정하여 이해한다. 더 나아가 과거의 기억 정보에 기초하여 눈앞의 사물을 긍정적으로도 부정적으로도 판단한다. 과거에 정신적으로 나를 괴롭힌 직장 동료와 닮은 사람을 보기만 해도 공연히 불쾌감이 치미는 것은 그 때문이다.

참고로 이 그림 속 여성이 표정을 알 수 없게 그려진 이유는 유령을 그린 것도 미완성인 것도 아니라고 하며, 보나르 나름의 의도가 있었다고 한다. 보나르는 자신의 시각이 인식한 대로 그림을 그리려고(보나르는 "시신경의 모험"이라고 표현했다) 노력했는데, 그림의 안쪽 풍경에 초점을 맞췄기 때문에 바로 앞의 여성을 일부러 부옇게 묘사한 것이다. 우리의 시야에서 초점이 맞은 부분 외에는 부옇게 보이는 것과 마찬가지다. '시신경의 모험'은 대단히 의욕적인 시도였음에도 불구하고 당시에는 그리 좋은 평가를 받지 못했다.

파블로 피카소는 부옇고 채색도 드문드문 비어 있는 보나르의 그림을 "결단이 부족한 누더기"라고 강력하게 비판했고, 수많은 미술 비평가들 모두 보나르의 작품을 무시했다.

— 마쓰모토 마사노부 「화가 피에르 보나르가 도전한 '시신경의 모험'으로서 회화」, 『The New York Times Style Magazine: Japan』 2018년 10월 26일.

피카소는 혼란, 고흐는 곤란

갈수록 관람객이 늘어나 전시실이 혼잡해진 탓에 겨울인데도 더울 정도였다. 그래도 우리는 고흐, 피카소, 세잔 등 여러 작품을 관람했다. '던컨 필립스도 용케 이렇게 많은 세계 챔피언급 명화를 모았네. 확실히 전원 거장이야.' 감탄만 나왔다.

이 작품들을 수집한 던컨 필립스라는 인물은 단적으로 말하면 대부호 집안의 도련님이라 대학생 때부터 명화를 수집했다. 다만, 그의 심미안이 남다르긴 했던 모양이다. 던컨 필립스는 파리에 여행을 갔다가 르누아르, 모네, 드가 등의 작품을 보고 크게 감격하여 명화를 모으기 시작했다. 그 후 그의 아버지와 형이 세상을 떠나 막대한 유산을 물려받자 더욱 열심히 작품을 사들였고, 그 결과 지금 우리가 관람하는 굉장한 컬렉션이 완성되었다.

"이야, 아직도 한참 남았네. 어쩔래? 다음 전시실로 갈까?"

"응, 그러자."

시라토리 씨는 많은 걸 바라지 않았다. 말수도 별로 많지 않았다. 그저 새로운 전시실에 들어갈 때마다 "어떤 방인가요? 작품이 몇 점이나 있나요?"라고 물어보았다. 그 뒤에는 응, 응, 하고 맞장구를 치면서 가끔 질문을 할 뿐이었다.

그렇게 10분, 15분씩 들여서 한 작품을 보고 있으면 도중에 인상이 완전히 달라지기도 했고, 처음에 전혀 보이지 않았던 세세한 부분에 놀라기도 했다. 왠지 내 눈의 해상도가 올라간 것 같은 느낌이었다.

내가 전혀 모르는 장소에 있는 듯했다. 아니, 물론 이 미술관에 처음 와봤으니 당연한 말이긴 하다. 내 말은 그게 아니라 미술관이라는 장소가 여태껏 맛본 적 없는 기쁨, 아니, 그보다도 깊은 무언가를 내게 주는 것 같았다는 뜻이다. 그때까지 그림은 혼자서 관람하고 느끼는 것이라고만 생각했는데, 말로 표현함으로써 내 생각의 문이 조금 열린 듯했다. 이거, 대단한데.

전시장 한쪽에는 미국의 필립스 컬렉션 건물 사진이 걸려 있었고, 나는 미국에서 살았던 무렵의 이런저런 추억도 이야기했다. 그런데 시라토리 씨는 작품에 관한 설명 이상으로 열심히 귀를 기울이더니 "정확한 작품 해설 같은 것보다 보는 사람이 받은 인상이나 추억 같은 걸 알고 싶어요."라는 게 아닌가.

기분이 훨씬 유쾌해진 나는 기억의 상자에서 튀어나오는 잡다한 추억을 전부 조잘조잘 이야기했다. 울적했던 워싱턴의 사무실이나 파리에서 살았던 아파트 바닥의 헤링본 무늬 등 사소한 이야기뿐이었지만, 두 사람은 기꺼이 들어주었다(아마도). 입 밖에 내지는 않았지만, 헤어진 연인의 집에 있었던 지나치게 물렁한 매트리스의 감촉과 그에게 던졌던 욕까지 뒤엉켜서 떠올랐다. 미국, 프랑스와 관련이 깊은 필립스 컬렉션은 잠겨 있던 내 기억의 상자를 여는 열쇠나 다름없었다.

신나서 너무 떠든 탓인지 한 중년 여성이 "저기요, 아까부터 시끄러워요!"라고 강하게 항의해서 당황했다. 뭐야, 미술관은 당신의 전유물이 아니야. 이렇게 받아치고 싶었지만 마이티가 대신 "죄송합니다."라고 답해서 소곤소곤 이야기를 계속했다.

그러다가 불현듯 깨달았다.

돌이켜보면, 나와 마이티는 20년 동안 수많은 예술 작품을 함께 관람해왔다. 그런데 지금까지 "재미있었지." "그러게." 하는 대화밖에 하지 않았다.

그렇다면 오늘은 지금까지와 무엇이 다른 걸까.

다른 점이라고는 시라토리 씨의 존재밖에 없었다. 눈이 보이지 않는 사람이 곁에 있는 덕에 우리 눈의 해상도가 올라갔고, 수많은 이야기를 나눌 수 있었다. 심지어 매우 자연스럽게 그럴 수 있었다. 수화기를 귀에 대면 "여보세요."라고 말하고 싶은 것처럼 그 당시의 상황이 우리가 그런 행동을 하게 했다. 그러니 진정한 의미로 그림을 보여주는 사람은 사실 우리가 아닌 시라토리 씨인지도 몰랐다.

혹시 이게 "시라토리 씨랑 작품을 보면 정말 즐거워!"라는 말의 진짜 의미일까. 그래, 마이티의 말이 맞다. 확실히 새로운 경험이었다.

그런데 정작 시라토리 씨는 오늘 관람을 즐기고 있을까….

경쾌하게 관람을 이어갔는데, 파블로 피카소(1881~1973)의 「투우」(1934)에서 살짝 혼란에 빠졌다. 우리의 설명은 보이지 않는 과녁을 향해 어림짐작으로 화살을 쏘는 것이나 마찬가지였다.

아리오 음, 말이네. 말이 아래를 보고 있어.

마이티 어? 어떤 말을 얘기하는 거야? 말이 두 마리 있잖아?

아리오 그렇지. 하얀색이랑 갈색. 그러면 여기 오른쪽이 투

파블로 피카소, 「투우」(1934) 65.4×49.8㎝

우사인가.

마이티 맞아, 분명히 사람이야. 왠지 투우사 위에 텐트 같은 게 있긴 한데.

아리오 이거 텐트가 아니라 투우사가 손에 드는 천 아니야?

마이티 아, 그렇구나. 이걸로 투우를 하는 거구나. 그런데 투우는 보통 소가 한 마리지?

아리오 그랬나?

마이티 스페인에서 투우 안 봤어?

아리오 안 봤어. 멕시코에서는 봤던 거 같은데. 그런데 하나도 기억 안 나.

작품을 묘사할수록 혼란은 심해질 뿐이었다.

피카소는 다양한 각도에서 바라본 대상을 하나로 그렸다… 같은 이야기를 들은 기억이 있는데, 누군가에게 당당하게 말할 만한 식견도 자신도 없었다.

처참하게 설명해서 죄송해요, 에구구…. 그렇게 생각하며 시라토리 씨를 보았는데, "재밌어."라면서 전보다도 즐거워했다. 어, 어째서?

"두 사람이 혼란스러워하는 게 재미있어."

아무래도 그는 작품에 관한 정확한 지식이나 공식적인 해설을 바라지 않는 것 같았다. 그보다는 '눈앞에 있는 것'이라는 한정된 정보에 기초해 이뤄지는 즉흥적인 대화에야말로 흥미가 있어 보였다. 작품 배경에 정통한 사람이 들려주는 해설은 오히려 "일직선으로 정답까지 나아가서 따분해."라고 했다. 한 작품을 둘러싸고 다양하게 존재하는 관점과 해석, 그 사이의 여백을 좋아하는 듯했다.

"전에 오카모토 다로˙ 기념관에 갔을 때, 오카모토 다로가 만들었다는 사찰의 종이 있었는데 그 종에는 가시가 삐죽삐죽 잔뜩 있었어. 자세히 들여다보면 그 가시는 사람처럼 생긴 것에서 튀어나와 있는데, 인간의 팔다리를 나타낸 거래. 그런데 그때 안내를 맡아준 미술관 직원이 사실 이 작품은 이 주변(가시의 뿌리 부분)에 사람이 숨어 있어요, 하고 비밀을 바로 밝혀버리는 거야. 그러면 듣는 사람은 '아, 그렇군요.' 하는 생각밖에 들지 않잖아? 나는 다 함께 보고 이야기하는 과정에서 의미를 찾아보거나 발견하는 게 재미있어."

아, 그렇구나. 그는 '아는 것'이 아니라 '알지 못하는 것'을 즐기는 사람이었구나.

그걸 깨닫고 나는 그다지 미술에 정통하지 않으니까 딱 어울리는구나 하고 이상한 자신감을 가졌다.

시라토리 씨의 미술 관람에는 적당히 무지한 상태가 꼭 필

• 20세기에 활동한 일본의 예술가. "예술은 폭발이다."라는 말로 유명하며 회화, 입체 작품 등을 다양하게 창작했다.

요한 듯했다. 그런 점을 고려하면 빈센트 반 고흐(1853~90)의 작품은 외려 관람하기 어려웠다.

나는 젊은 시절부터 고흐라는 인물에게 내 나름 흥미가 있었다. 수십만에 달하는 인파에 뒤섞여 고흐 특별전을 보기도 했고, 도록을 구입하고 책을 읽으며 고독과 광기로 채색된 그의 인생을 상상했다. 프랑스에서 살 때는 고흐가 살았던 마을을 방문해 그가 동생 테오와 함께 묻힌 묘지도 둘러보았다. 그 덕분에 내 속에는 일정한 고흐의 이미지가 만들어졌고, 어떻게 해도 그의 인생과 작품을 한데 엮어서 볼 수밖에 없었다. 다시 말해 선입견이 생겨난 것이다. 작품의 배경을 아는 것은 예술 관람에서 결코 나쁘기만 한 일이 아니지만, 새삼 신선한 감각으로 작품을 보려고 하니 아무래도 어려웠다.

만약 내게 고흐에 관한 지식이 전혀 없다면, 과연 그의 그림을 보고 진심으로 감동할까. 흐물흐물한 게 꺼림칙한 그림이라고 느낄지도 모르고, 역동적인 붓놀림에 '오오오!' 하고 감탄할지도 모른다. 하지만 이미 너무 많이 알고 있는 나로서는 어떨지 알 수 없다.

그렇게 생각해보니, 적당히 무지한 상태란 좋은 것이었다. 선입견 없이 무심하게 그저 작품과 마주할 수 있으니까. 마치 가이드북 없이 다니는 나 홀로 여행처럼.

안뜰의 빛

계단과 단차가 나타날 때마다 "여기부터 계단이에요." "여기는 한 단 낮아요."라고 시라토리 씨에게 알려주었다. 어설픈 내가 안내하는 사이에 그가 계단에서 굴러 떨어지면 어떡하지. 이런 불안감이 계속 따라다녔다. 시각장애인이 기차역 플랫폼에서 떨어졌다는 뉴스가 몇 번이나 머릿속에 떠올랐다. 하지만 이렇게 함께 걷는 한 그런 사고가 일어날 가능성은 극히 적은 듯했다. 시라토리 씨는 내 팔꿈치의 움직임으로 계단 등을 감지해서 내가 알려주지 않아도 부드럽게 계단을 오르내렸다. "그러니까 괜찮아요." 시라토리 씨는 나를 안심시키려는 듯이 말했다.

마치 서로의 몸이 서로에게 보조장치 같다고 생각했다. 나는 작품에 관해 이야기해주면서 안전하게 걷도록 해주는 장치. 시라토리 씨는 내 눈의 해상도를 높여주고 작품과 관계가 깊어지도록 해주는 장치. 그처럼 서로 몸의 기능을 확장하면서 연결되는 것도 그날의 흥미로운 발견이었다.

미술관 복도의 한쪽에는 커다란 유리창이 있는데, 그곳에서 안뜰을 내려다보니 유럽 거리의 느낌도 좀 나고 예뻤다. 그 순간, 내가 예전에도 이 안뜰에 온 적이 있다는 것을 깨달았다.

약 5년 전 일이었다. 닛타 지로 문학상의 시상식이 끝나고 차라도 마시려고 걸어가다가 우연히 이 장소를 지나쳤다. 초여름이 느껴지는 시원한 바람이 부는 밤이었다. 임신 5개월이었던 나는 부풀기 시작한 배를 어루만지며 일단 눈에 띈 벤치에 앉았다. 실은 시상식보다 열흘 정도 전에 받은 정기 검진에서 태어날 아이에게 장애가 있을 확률이 높다는 이야기를 들었었다. 그래서 그날 벤치에 앉은 나는 화려함으로 물든 수상의 기쁨*과 몇 개월 뒤에 찾아올 육아에 대한 불안감을 한꺼번에 떠안고 있었다. 한동안 벤치에 앉아 있었는데 휴대전화가 울렸다. 담당 편집자였다. "수상 기념품을 전부 시상식장에 두고 가셨어요." 나는 내 멍청함에 웃음을 터뜨렸고, 불안한 마음이 조금이나마 누그러졌다.

이렇게 그날 지나친 안뜰을 내려다보고 있으니, 겨울빛 속에서 다채로운 감정을 품고 있던 5년 전의 내가 언뜻 보였다.

"예쁘다."

내 말에 시라토리 씨가 "음? 뭐가 예쁜가요?"라고 궁금해했다.

"미술관 앞에 있는 안뜰에 햇빛이 들어서 분위기가 좋아요."

"아아, 오늘은 날씨가 좋군요."

"네, 오늘은 날이 무척 좋아요."

• 이 책의 저자인 가와우치 아리오는 2014년 『바울을 찾아서(バウルを探して)』(幻冬舎 2013)로 제33회 닛타 지로 문학상을 수상했다.

새삼, 그는 빛이 없는 세계에 있다는 걸 알았다. 그게 어떤 세계일지, 나는 상상도 할 수 없다.

Life goes on.

이 말을 직역하면 '인생은 계속된다.'일 텐데, 미국에서는 슬픈 일이 있을 때 자주 '그래도 살아야만 한다.'라는 뉘앙스로 쓴다. 오늘은 딱히 슬픈 날이 아니다. 그러니 그냥 'Life goes on.'이다. 아마 미술관의 작품과 그와 관련한 추억 때문에 내 과거와 현재가 예상하지 못한 방식으로 연결되어버린 것 같았다. 그리고 연결된 것은 나의 과거와 현재만이 아니었다. 시라토리 씨와 마이티, 나아가 우연히 우리와 같은 곳에 자리한 사람들까지 미술관을 매개로 서로 포개지는 듯한 느낌이 들었다.

그날, 그 장소에서, 열려 있는 수많은 창문 앞을 지나쳐 간 사람들.

두 번 다시 만나지 않을 사람들이 만들어내는 시냇물 속에 우리가 서 있었다.

또 다른 작품들을 보러 가자.

그렇게 약속하고 우리는 헤어졌다.

"예술이란 보편적인 언어다." —던컨 필립스

2장

안마사와 레오나르도 다빈치의 공통점

레오나르도 다빈치
「인체 해부도」

시라토리 씨와 다시 만난 것은 2019년 3월, 초봄 향기가 가득한 날이었다. 장소는 이바라키현의 미토 예술관水戸芸術館 현대미술 갤러리(이후 미토 예술관)였다. 이번에는 함께 작품을 보는 건 아니었다. "우리 쪽(미토 예술관)에서 시라토리 씨가 마사지숍을 열었으니까 한번 와."라고 마이티가 부른 것이다.

미술관과 안마. 그건 '태엽 감는 새 연대기'나 '엉덩이 탐정'만큼 의미 불명에 매력적인 조합이었다.

안마는 미술관에서 시행하는 일종의 서비스일까. 그 뭐냐, 웰컴 드링크나 관람객 사은 행사 같은 것처럼. 아니면 시라토리 씨가 하는 일종의 공연 작품일지도 몰라. 최근에는 이것도 저것도 '예술 작품'이 되어서 포르말린에 담근 소나 대부호의 부동산 매매 기록을 작품으로 하는 예술가도 있다니까.

무슨 영문이든 마침 나는 목덜미가 아파서 고생하던 참이었다. 우리 동네 인도 카레 전문점의 사장이 "목덜미가 아플 때는 양고기 카레가 좋아. 양은 튼튼하잖아."라고 해서 순순히 양고기 카레를 먹었지만 아무런 효과도 없었다. 내게는 진짜 안마가 필요했다.

특급 열차로 시나가와에서 미토까지 약 90분, 역에서 미토 예술관까지는 도보로 25분 정도 걸렸다. 자로 그은 듯이 똑바로 이어지는 큰길을 나아가자 복잡하게 각진 모양이 특징인 미토 예술관의 탑이 보이기 시작했다. 미토 예술관에는 벌써 일곱 번 정도 와봤는데, 아직 탑의 전망대에 올라간 적은 없었다.

안에 들어가니 '아트센터를 열자 제1기'라는 프로그램이 개최 중이었고 무료로 입장할 수 있었다. 미술관에서 공개 방송 같은 것을 하는 기간으로 예술가들의 제작 현장을 견학하거나 관람객이 자유롭게 만들기를 해볼 수도 있었다. 시라토리 씨의 마사지숍도 이 프로그램의 일환인 것 같았다. 음, 역시 관람객 사은 행사인가.

"아리오, 잘 왔어! 저기 안쪽에서 마사지숍을 하고 있어."

마이티는 검정 린넨 원피스 차림으로 나를 맞아주었다. 그는 미술관의 교육 프로그램 담당으로 '아트센터를 열자 제1기'의 기획과 운영을 맡고 있었다.

미술관의 안쪽에는…

내가 처음 '현대미술'을 접한 곳이 바로 미토 예술관으로 20대의 끝 무렵이었다. 나를 데려온 사람은 역시 마이티였다. 당시 나는 미국의 컨설팅 회사를 그만두고 오테마치에 있는 회사에서 일개미처럼 일하고 있었다. 어느 날, 미대에 다니던 여동생 사치코가 "얘 엄청 재미있어!"라면서 소개해준 사람이 당시 고등학생이었던 마이티다. 두 사람은 사치코가 참가했던 전시회의 자원봉사 활동을 계기로 알게 되었다고 했다.

확실히 마이티는 재미있는 아이였다. "고등학교에서는 친구를 사귀지 못했어. 학교랑 안 맞아."라고 말하는 것치고는 무척 사교적이었고 많은 어른들에게 반말로 의견을 냈지만 그래도 전혀 불편하지 않았다. 마이티는 예술가인 척하는 이상한 어른들이 세운 전시 기획을 척척 도와주었다. 미대를 졸업한 내 여동생보다 훨씬 미술을 잘 알았고, 그때 이미 취미 수준을 뛰어넘은 열성으로 미술관과 갤러리를 돌아보고 있었다. 그런 마이티가 운전면허를 따자마자 아버지의 차를 빌려서 나를 데려간 곳이 미토 예술관이다. 다만 정말 아쉽게도 그날 어떤 작품을 봤는지는 단편적인 기억만 남아 있다. 그래도 즐거웠고 좋은 하루였다는 기억은 선명하고, 그 기억에 기대어 나도 조금씩 현대미술을 보게 되었다.

그 뒤로 20년이 지났고, 현재 마이티가 미토 예술관에서 일하고 있는 것은 그저 우연이다. 마이티는 도쿄 내의 대학교를 졸업한 뒤 크게 마음먹고 공무원 시험에 응시하여 국가 공무원이 되었다. 그리고 공무원 생활을 시작한 곳이 미토였다. 마이티는 쉬는 날이면 가장 가까운 미술 명소인 미토 예술관에 부지런히 다녔고, 자원봉사를 하면서 미술관 직원을 비롯해 예술가들과도 친해졌다. 그렇게 몇 년을 지내다 미토 예술관의 교육 프로그램 비상근직이 비어 있다는 사실이 마이티의 귀에 들어갔다. 그때껏 마이티는 "미술은 공무원으로 일하면서 보는 걸로 충분해. 좋아하는 걸 일로 삼지 않는 게 좋아."라며 도를 깨친 사람이라도 된 것처럼 공언했지만, 막상 '좋아하는 곳에서 좋아하는 걸로 일할 수 있는' 절호의 기회가 눈앞에 굴러오자 마음이 무척 흔들리는 모양이었다.

어느 날, 마이티가 울상이 되어서 어떡하면 좋을지 내게 상담하기에 말해주었다.

"응, 그만둬버려. 어떻게든 될 거야. 마이티는 미술관에서 일하는 게 어울려."

당시 나는 오테마치의 회사를 한참 전에 그만두고 그 뒤에 이직한 유네스코 본부(파리)에서도 5년 반 동안 일하다 퇴직한 다음, 서른여덟 살에 일본으로 돌아와 스스로를 자유기고가라 칭하며 빈둥거리고 있었다. 그래서 "어떻게든 될 거야"는 앞날이 보이지 않는 내 인생을 향한 응원이기도 했다.

마이티는 "미대 같은 데를 나오지는 않았지만 저도 채용 시험을 볼 수 있게 해주세요."라고 담당자에게 부탁했다. 그로부터 6년, 마이티는 기운차게 미술관에서 일하고 있다.

"지금 마침 아무도 없을 테니까, 마사지숍에 다녀오면 어때?"

마이티의 권유에 나는 홀로 너른 복도를 걸어갔다. 마사지숍

뿐 아니라 다양한 노점이 있을 줄 알았는데, 뜻밖에도 전시실에는 조용한 공간만 펼쳐져 있었다.

안쪽까지 걸어가니 덩그러니 불이 켜져 있는 방이 보였다.

잡다한 비품과 짐이 놓여 있는 게 워크숍 등에 쓰는 방인 모양이었다. 칸막이 건너편에 시술용 침대가 있었고, 그 옆에 흰옷을 입은 시라토리 씨가 서 있었다. 발에는 의료 종사자들이 신을 법한 샌들. 테이블 앞에 등을 꼿꼿이 세우고 선 채 양손을 앞으로 내밀고 있었는데, 활짝 펼친 책의 하얀 책장 위에서 손가락을 움직이고 있었다. 나는 몇 초간 그저 그 모습을 바라보았다.

점자로 된 책을 읽고 있구나. 그걸 깨닫는 데 시간이 조금 걸렸다.

"저… 안녕하세요." 시라토리 씨에게 말을 걸었다.

"어서 오세요. 마사지 받으시겠어요? 20분에 1000엔이에요."

그 순간 미야자와 겐지의 『주문이 많은 요리점』*이 떠올랐다.

• 미야자와 겐지 지음, 시마다 무쓰코·이토 와타루 그림, 김난주 옮김, 『주문이 많은 요리점』 담푸스 2015. 숲에서 사냥하던 젊은 남자들이 길을 헤매다 뜬금없이 나타난 서양요리점에 들어가고, 그곳에서 이상한 일들을 겪는다는 줄거리다.

벳푸가 어디야?

"확실히 이 근처가 뭉쳐 있네요."

시라토리 씨는 능숙한 손놀림으로 어깨부터 등까지 뭉친 부분을 풀어갔다.

"아, 거기예요. 그 부근이 아파요."

주위는 고요한 데다 편안한 분위기와 거리가 먼 어수선한 공간이었다. 그래서일까, 나는 하얀 책장을 말로 채우려는 것처럼 줄줄이 이야기하기 시작했다.

"이 마사지숍은 시라토리 씨의 '작품' 같은 건가요?"

"아뇨, 작품 같은 건 아녜요. 특별한 의미는 없고, 그냥 제 마사지숍이 있던 건물이 재개발 대상이 돼서 문을 닫게 되는 바람에 기념으로 폐업 할인을 여기에서 하는 거예요."

"아하, 그런 거였군요(그런 게 대체 뭘까?). 아무리 그래도 20분에 1000엔은 너무 싸지 않아요?"

"그렇죠. 그래도 폐업 할인이니까 괜찮아요."

"재개발이라면, 마사지숍은 다른 곳으로 이전하는 건가요?"

"아뇨, 아마 더 이상 마사지숍은 안 할 거예요."

이유를 물어보고 싶었지만, 왠지 묻기가 꺼려졌다.

"그렇군요…. (잠시 침묵) 저기, 제가 아는 침구사는 손님의 몸 일부를 만져보면 그 사람의 몸속이나 인간성 같은, 아무튼

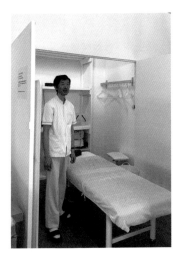

미토 예술관에 임시로 차린
시라토리 겐지 씨의 마사지숍.

내면에 있는 여러 가지를 바로 알 수 있다고 하던데요. 시라토리 씨도 그런가요?"

"아뇨, 전혀 몰라요."

"아, 그렇군요."

(침묵)

저도 알아요, 하는 대답을 마음속으로 기대하던 나는 이야기의 경로를 단숨에 잃어버렸다. 사실 이 질문은 내가 평소에 물리치료사나 안마사에게 자주 묻는 것인데, "어쩐지 알 수 있죠."라고 답하는 사람이 많아서 대화가 이어지는 계기가 되곤 했다.

(침묵)

에잇, 이렇게 된 거 더 많이 물어보자.

"저기, 몇 살에 맹학교로 전학을 가셨어요?"

"초등학교 3학년 때였어요."

"그때까지 다른 아이들과 함께 수업을 받았군요. 그럼 그때까지는 눈이 어느 정도 보였던 건가요?"

"그렇죠. 하지만 실은 별로 (눈이) 보이지 않았는지 결국에는 맹학교로 전학을 갔어요."

"처음 다닌 초등학교에 관해서는 기억하세요?"

"음, 오래된 목조 건물에 왜 그런지 좀 어두웠어요."

이런 걸 물어봐도 괜찮을까 생각하면서 대화를 삐걱삐걱 이어가는데, 갑자기 시라토리 씨가 말했다.

"맞다, 저번 전시를 본 뒤에 가와우치 씨가 쓴 책을 읽었어요. 『하늘을 가는 거인』. 저도 모르게 두 번 읽었는데. 재밌었어요."

"와, 대단하네요."

시라토리 씨는 평소에도 컴퓨터의 음성 변환 출력 기능을 이용해서 책을 많이 읽는 모양이었다. '책'이라는 공통 화제가 등장한 덕에 우리의 대화는 대번에 매끄러워졌다.

"예를 들어 『하늘을 가는 거인』을 읽는 데는 얼마나 걸리셨어요?"

"글쎄요? 하루 이상 걸리지는 않았던 거 같은데."

"하루라니, 엄청 빠른데요! 대부분 더 걸릴 거예요."

"그래요? 그것보다 말이죠. 가와우치 씨의 책을 읽으려고 찾아보니까 몇 권이나 점역(점자로 번역)되어 있던데요."

"진짜요? 점역?"

"응, 맹인 중에 가와우치 씨의 책을 좋아하는 사람이 있는지

• 『空をゆく巨人』 集英社 2018.

도 모르겠어요."

"와, 대단한데. 그렇다면 너무 기뻐요."

할 수 있다면 그 사람과 만나서 고맙다며 안아주고 싶을 정도였다. 부끄럽지만 내가 쓴 책들은 많이 팔린 적이 없어서 '독자들이 읽고 있다'고 실감한 적이 별로 없다. 그래서 모르는 누군가가 손끝의 감각으로 내 책을 읽어주었다니, 도저히 믿기 어려웠다.

눈 깜박할 사이에 20분이 지나갔다. 나는 1000엔 지폐를 꺼냈다.

"시간 연장은 할 수 없죠?"

"그렇죠. 일단 한 사람당 20분만 해드리고 있어요."

좀더 이야기가 하고 싶었다.

꾸물대며 떠나지 않는 손님의 낌새를 눈치챈 시라토리 씨는 "아, 그럼 어떻게 책을 읽는지 보여드릴까요?"라며 노트북을 꺼냈다. 컴퓨터 자체는 지극히 평범했지만, 전원을 켜자 나타난 것은 통상적인 컬러풀한 배경화면이 아니라 새카맣고 아무것도 없는 화면이었다.

시라토리 씨가 익숙한 손놀림으로 키보드를 두드리자 책의 제목이 화면에 확 나타났고, 음성에 따라 제목을 선택하니 자동음성의 억양 없는 목소리가 차례차례 글을 읽기 시작했다.

그런데 빨리 감기라도 한 듯이 맹렬한 속도로 읽는 바람에 나는 무슨 소리인지 전혀 알아들을 수 없었다.

"항상 이 정도 속도로 들으세요?"

"네, 익숙해지면 이 정도가 좋아요."

자동음성이 읽는 속도를 자유롭게 조정할 수 있고 도중에 멈출 수도 있다는 말에 안도했다. 시라토리 씨는 컴퓨터에서 나오는 목소리를 뇌에서 이야기로 변환했다. 흥미롭게도 그는 인간이 감정을 담아 읽는 '낭독'보다 기계적인 음성이 낫다고 했다.

"사람마다 취향이 다르지만요. 저는 감정이 들어가지 않은 쪽이 좋아요."

그쪽이 상상의 여지가 있다는 것이었다. 그렇다 해도 귀로 들은 것을 다시 뇌에서 다른 소리로 변환한다니, 그림 위에 그림을 덧그리는 것처럼 지저분하게 뒤섞이지 않을까. 아무튼 내가 눈으로 읽은 글자를 뇌에서 음성으로 변환하는 것과 비슷하게 처리하는 듯했다.

"그런데 좀 전에 제가 들어왔을 때 읽던 건 점자책이었죠."

"아, 맞아요. 그건 오이타현의 지도예요. 볼래요?"

"네? 그게 지도였구나."

시라토리 씨가 보여준 것은 오돌토돌하게 무수한 돌기가 돋아 있는 커다란 백지였다.

"이 지도에 벳푸도 있어요? 벳푸에는 가본 적이 있는데요."

"네, 이 근처가 벳푸였나. 아, 여기다. 봐요, 여기."

나도 만져봤지만 작은 돌기가 살짝 느껴질 뿐, 내가 아는 '벳푸'와는 전혀 비슷하지 않았다. 이렇게 손가락으로 만진 걸 소리로 변환할 수 있다니 대단하다고 감탄했지만, "그렇구나. 여기가 벳푸군요." 하고 아무렇지 않은 척했다.

너무 오래 있는 것도 뭣해서 "감사했습니다."라고 인사하며 마사지숍을 뒤로했다. 마지막까지 왜 여기에 마사지숍을 열었는지는 알 수 없었다.

길을 잃었을 때는

여하튼 이렇게 나와 시라토리 씨와 마이티는 함께 미술관을 돌아보기 시작했다. 명확한 이유는 나 자신도 잘 모르지만 아무튼 좀더 함께 작품을 보고 싶다고, 그러면 무언가 새로운 발견을 하지 않을까 하고 생각했다.

요코하마 미술관의 컬렉션전에 갔을 때는 당시 관장이었던 오사카 에리코 씨가 "와! 시라토리 씨, 오랜만이에요!"라며 크게 환영해주었다. 오사카 씨도 예전에 미토 예술관에 근무하며 시라토리 씨와 함께 작품을 관람한 적이 있다고 했다. 시라토리 씨는 해마다 수십 번씩 미술관에 가는 하드코어한 미술 관람자라서 나 따위보다 훨씬 미술에 해박하고, 미술계에 친구와 지인도 많다. 그래서 '함께 본다'고 해도 내가 미술관에 그를 데려가는 것은 아니고, 정확히 말하면 내가 시라토리 씨를 열심히 따라다녔다.

시라토리 씨는 항상 흰지팡이로 주위를 탁탁 짚으면서 전철을 이용해 약속 장소로 온다. 지각은 거의 하지 않는데, 유일한 예외는 도쿄도 현대미술관東京都現代美術館에 갔을 때다. 약속 시간이 되었는데 "좀 늦어요."라는 짧은 메시지가 왔다. 20분 늦게 도쿄 지하철 기요스미시라카와역에 나타난 시라토리 씨는 당황한 표정으로 "아니, 여기는 여러 번 와봐서 괜찮을 줄 알았는데, 기타센주역에서 환승하다가 길을 잃었어!"라고 했다.

"그 역에서 환승하는 거 복잡하지."라고 시라토리 씨와 마찬가지로 미토에 거주하는 마이티가 맞장구치며 고개를 끄덕였다.

아리오 오늘처럼 길을 잃으면 어떻게 해요?

시라토리 음, 주위에 걸어가는 사람한테 물어봐요!

아리오 발소리가 들리면, 죄송합니다, 하는 거예요?

시라토리 맞아, 맞아!

아리오 말을 걸면 다들 받아줘요?

시라토리 응, 대체로는. 80퍼센트 정도는 가르쳐주는데, 20퍼센트는 그냥 지나가요.

아리오 그렇구나, 그냥 지나치는구나. 야박하네.

마이티 역 안이나 보도에 있는 점자블록이 도움이 돼?

시라토리 도움이 되긴 해. 그걸 단서로 삼아 걷는 게 맹인의 기본이니까. 하지만 블록 위는 안전하다고 믿는 건 외려 좋지 않아. 눈이 보이는 사람이 횡단보도를 건널 때도 절대로 안전하다고 할 수는 없잖아? 보도는 사람이 우선해서 걷는 곳으로 정해져 있을 뿐이니까. 점자블록도 그거랑 비슷해.

아리오 점자블록 외에는 무얼 단서 삼아서 걸어요?

시라토리 배수로 덮개나 연석이나 담 같은 게 있죠. 여기에 이런 담이 있으니까 이 근처구나 하고. 단서를 만드는 방식도 사람마다 모두 다른데. 일부러 전신주에 부딪히면서 가는 사람도 있어요. 아아, 그때랑 같은 전신주다, 하고.

그렇게 해도 길을 잃어버릴 때가 있다고 한다. 바로 얼마 전에도 늦은 밤까지 술을 마시다 취해버리는 바람에 집에 가는 길을 잃어버렸다고 시라토리 씨는 이야기했다.

"새벽 세 시인가 그랬으니까, 사람이 거의 다니지 않아서 난처했어."

"그래서 어떻게 했어요?"

"좀 기다리다가 겨우 지나가던 할아버지한테 물어봐서 내가 어디 있는지 알았고, 그 덕에 집에 돌아갔죠. 사실 내가 짐작하던 곳과 별로 멀지 않은 곳이었지만 말이야!"

그 이야기를 듣고 역시 눈이 보이지 않는 건 큰일이라고 생각했다. 하지만 당사자인 시라토리 씨는 그렇게까지 '큰일'이라고 여기지 않는 듯했다.

"별로 큰일이 아닌가?"

"응, 애초에 나한테는 눈이 보이지 않는 상태가 평범한 거고, '보이는' 상태는 모르니까. 보이지 않아서 뭐가 큰일인지 실은 잘 몰라."

우리는 미술관에 가는 길에, 그리고 전시회를 본 다음에 많은 이야기를 나눴다. 나는 시라토리 씨의 세계를 알고 싶었다. 그가 아는 세계는 내가 모르는 세계 그 자체였다. 내가 질문하면 시라토리 씨는 담담한 어조로 뭐든 답해주었다.

어떤 계기로 미술 관람을 시작했는가. 어떤 작품을 좋아하는가. 왜 안마사가 되었는가. 어린 시절은 어땠는가. 눈이 보이지 않는 사람은 어떻게 혼자 길을 걷는가.

특히 내 마음을 찌른 이야기는 시각장애인을 향한 선입견과 편견에 관한 것이었다. 솔직히 말하면 그 선입견이란, 그야말로 나 자신이 항상 생각하던 그것이었다.

즉, '눈이 보이지 않는다니 큰일이구나.' 하는 그 생각 말이다.

맹인다운 게 뭘까?

시라토리 씨는 1969년에 태어났다. 부모님은 모두 눈이 잘 보였고, 일가친척을 모두 살펴도 시각장애인은 없었다. 그 때문에 가족에게는 '눈이 보이지 않는다 = 틀림없이 고생한다'는 막연한 이미지가 있었다. 특히 시라토리 씨를 '겐짱'이라는 애칭으로 부르며 무척 아끼던 할머니는 거듭해서 타일렀다.

"겐짱은 눈이 보이지 않으니까 다른 사람들보다 몇 배는 노력해야 한다. 도와주는 사람에게는 꼭 감사하다고 인사하렴."

어린 시절의 시라토리 씨는 그 말을 들으며 '그럼 눈이 보이는 사람은 노력 안 해도 돼? 치사해!'라고 생각했다.

"나한테는 눈이 보이지 않는 상태가 평범한 거고 '보이는' 상태는 모르니까, '보이지 않으면 고생한다.'라는 말을 들어도 무슨 뜻인지 몰랐어."

실제로 시라토리 씨는 걷기, 먹기, 목욕하기 등 일상생활을 하면서 큰 불편을 느끼지 않았다. 하지만 주위 어른들은 줄곧 "큰일이구나." "그런 걸 하면 위험해." "딱해."라고 했다. 그럴 때마다 '왜? 왜? 뭐가 큰일이야?'라고 의문을 품었다.

　시라토리 씨의 눈이 잘 보이지 않는다고 가족들이 눈치챈 것은 그가 두 살 때였다. 친척 중 한 사람이 "이 아이 한쪽 눈이 움직이지 않아."라고 말했고 병원에서 검사를 받았다. 진단 결과는 약시, 원인은 불명이었다. 그래도 어릴 때는 시력이 약간이나마 있어서 자전거로 동네를 돌아다녔다.

　미약하지만 시력이 있었기 때문에 초등학교는 공립학교에 입학했다.

　"교과서는 읽을 수 있었어? 아니면 귀로 들으면서 공부했어?"

　"그게 말이지, 거의 공부하지 않았던 거 같아. 성적표에 잘했다는 과목이 없었다고 들었거든."

　미약하던 시력은 점점 더 약해졌고, 초등학교 3학년 때 지바현립 지바맹학교로 전학을 갔다.

　"충격 받았어?"

　"아니, 원래 잘 보이지 않았으니까 언젠가는 전학 갈 거라고 알고 있었어. '아아, 역시나.' 하는 느낌이었고 별로 실망하지는 않았지."

　시라토리 씨는 맹학교 부속 기숙사에 들어갔고, 가족과 떨어져 집단생활을 시작했다. 지바현에는 맹학교가 한 곳뿐이라서 당시에는 기숙사 생활이 당연한 일이었다.

"기숙사는 6인 1실. 다양한 학년의 학생들이 뒤섞여서 한방에서 생활했어."

"침대가 죽 늘어서 있었어?"

"아니, 오래된 곳이라서 바닥에 이불 깔고 잤어."

"뭐? 매일 이불을 깔고 갠 거야? 스스로?"

"응, 기본적으로 자기 일은 스스로 하는 게 규칙이라 청소, 빨래도 했어."

"대단해. 초등학생은 눈이 보여도 그런 일은 안 할 텐데."

학교에서는 통상적인 교육 과정 외에 점자 학습, 흰지팡이를 이용한 도보 훈련, 청소와 빨래를 비롯한 일상생활 등 시각장애인이 독립하는 데 필요한 기술도 가르쳤다.

"그때는 어느 정도 보였어?"

"예를 들어 눈앞에서 손을 흔들면 보이는 정도. 눈앞 10센티미터쯤 되었으려나. 그래도 그만큼 보이면 밤에 자판기 불빛을 이정표로 삼을 수 있어. 저 불빛이 보이니까 슬슬 모퉁이에서 돌자고."

"그런데 그것도 점점 보이지 않게 되었고?"

"맞아, 중학생이 되었을 즈음에는 전혀 보이지 않았어. 하지만 아무렇지 않았어. 아, 이제 안 보이네, 하는 느낌이었지."

"어, 겨우 그 정도?"

"아마 어릴 때부터 부모님이나 할머니가 너는 눈이 안 보이니까 이러쿵저러쿵하는 말을 하도 들어서 아무런 기대도 하지 않았던 거야. 아무래도 좋다고 생각했던 거지."

그 무렵의 시라토리 씨는 무척 내향적이었다고 한다. 체육 수업에서 구령 당번이 되면 긴장해서 눈물이 날 정도였다고.

"그렇게나 긴장했구나."

"그때는 그랬지."

그래도 초등학교 고학년이 되자 조금씩 다른 사람들 앞에서 말할 수 있었고, 부모님도 "겐지는 맹학교에 간 뒤로 밝아졌다."라고 말해주었다.

"확실하지는 않은데, 맹학교에 들어가기 전에는 학교에서도 집에서도 거의 말하지 않았던 거 같아."

이윽고 시라토리 씨는 흰지팡이를 사용해 거리를 걸을 수 있게 되었고, 중학생 때는 혼자 가게에서 물건도 살 수 있었다. 고등학생 때는 모든 역에 정차하는 완행열차를 타고 여행을 다니기도 했다.

"같은 기숙사의 선배 중에 철도 마니아가 있었는데, 얘기를 듣다 보니까 나도 철도가 좋아져서 여름방학 때 같이 증기기관차를 타기도 했어. 시즈오카의 오이가와 철도* 같은 거 있잖아.

• 시즈오카현에 본사가 있는 중소 철도 사업자로 증기기관차를 비롯한 관광 열차를 다수 운행하는 것으로 유명하다.

특히 좋아했던 건 모든 역에 정차하는 여행. 승객이 계속 바뀌면서 이런저런 얘기가 들리는 게 즐거웠어. 눈이 보이는 사람들이 번화가 카페에서 사람 구경하는 거랑 비슷할까."

그 무렵 좋아했던 건 미술 수업이었다. 미술 선생님은 도예 기법을 활용해 다양한 미술 작품을 만드는 예술가 니시무라 요헤이였다.

"그 수업에서는 주제만 주어졌고 뭘 만들든 각자 자유였어. 손만 멈추지 않으면 떠들어도 상관없었고."

물론 음악도 좋아했다. 고등학생 때 처음으로 혼자 멀리까지 갔는데, 도쿄의 료고쿠 국기관에서 열린 나카지마 미유키*의 콘서트를 보러 간 것이었다.

그렇게 행동반경이 넓어지고 하나씩 자유로워질 때마다 어린 시절부터 품었던 '장애인다운 모습'에 대한 의문이 커졌다.

"맹학교에서는 장애가 있기 때문에 더더욱 성실히 노력해야 한다고 배웠어. 아마 선생님들도 '장애인은 약자에 비장애인은 강자'고 부족한 부분이 있으면 그걸 메꿔서 가능한 비장애인에 가까워져야 한다는 선입견을 갖고 있던 것 같아."

왜 우리 맹인은 '보이는 사람'에 가까워지려고 노력해야 할

---

* 일본의 싱어송라이터로 1975년 데뷔 이래 지금까지 국민적인 인기를 얻고 있다.

까? 왜 '딱하다'는 걸까? 왜? 왜? 점점 의문이 커졌다.

시라토리 씨의 이야기를 들으면서 나도 안타까웠다. 선생님들의 말은 분명 현실일지도 모르지만, 그래도 어쩌다 그런 몸으로 태어난 개인에게 '노력'이라는 부담을 밀어붙이는 부조리한 말로 들렸다. 정말 바뀌어야 하는 것은 불공평하고 장벽투성이인 사회인데.

그렇지만 당시 시라토리 씨에게는 그런 의문을 표현할 방법이 없었다.

"생각은 많았는데, 사람들 앞에서 말하기가 어려워서 내 속에만 담아두었어. 지금 돌이켜보면 어릴 때부터 다양한 방식으로 '너는 안 돼.'라는 말을 계속 들어서 스스로에게 자신감을 잃어버렸던 것 같아."

다빈치가 만들어낸 '전환점'

맹학교 고등부를 졸업한 시라토리 씨는 직업 과정 중 물리치료과(3년 과정)로 진학해서 '안마 마사지 지압사' 국가자격증을 취득했다.

"그럼, 안마사가 되고 싶었어?"

"아니, 되고 싶었던 건 아냐. 하지만 그때만 해도 맹인은 안

마사나 침구사가 되는 게 당연했거든. 주위에서도 최소한 자격증은 따는 게 좋다고 했고."

"그 외에 되고 싶었던 건 없었어? 꿈이라든가."

"꿈 같은 건 전혀 없었어."

그렇지만 직업 과정을 수료하자마자 시라토리 씨는 멈춰 서서 생각했다. 이대로 맹학교 외의 사회를 거의 모른 채 안마사가 되어도 괜찮을까?

그때 역시 특별히 되고 싶은 직업은 없었지만, 생각 끝에 아이치현에 있는 일본복지대학교의 야간 과정에 응시했다.

"일본복지대학교는 꽤 오래전부터 점자로 시험을 치를 수 있어서 시각장애인 선배도 있거든."

대학교에 합격한 시라토리 씨는 익숙한 고향을 떠나 낯선 곳에서 자취를 시작했다.

"큰맘 먹고 멀리 갔네요." 나는 놀랐다.

"멀리 가고 싶었거든요. 집에서 벗어나고 싶었다고 할까. 부모님이 과보호하는 탓에 본가도 별로 편안하지는 않았으니까."

대학생이 된 시라토리 씨에게 호감 가는 여성이 나타났다. 동기인 S 씨로 '눈이 보이는 사람'이었다.

"그 사람은 센스가 좋다고 할까, 아무튼 자연스럽게 함께 있을 수 있었어. 예를 들어 같이 카페에 가면 메뉴판을 줄줄이 읽어주는 게 아니라 슬쩍 '이걸 추천해.'라고 말해주는데, 그런 게 좋았어."

어느 날, S 씨가 미술관에 가고 싶다고 했다.

'미술관? 데이트하기 딱 좋잖아!'라고 시라토리 씨는 생각했다.

그때까지 미술관에 가본 적이 없었지만 "그럼 나도 갈래. 같이 가자."라고 제안했다. S 씨도 흔쾌히 받아들였다. 그날이 인생의 분기점이 될 줄 모르고 나고야에 있는 아이치현 미술관으로 갔다. 종합문화시설의 10층에 자리한 미술관이었다. 그곳에서는 '엘리자베스 2세 컬렉션: 레오나르도 다빈치 인체해부도 특별전'이 개최 중이었다.

그날, S 씨는 말로 전시 내용을 설명해주었다. 처음 발을 들인 미술관, 처음 보는 예술 작품, 그리고 작품을 보려고 모여든 수많은 사람들.

이런 세계가 있었다니. 시라토리 씨는 가슴이 설렜다.

"전시 내용보다는 미술관의 조용한 분위기라든지, 암튼 모든 것에 두근두근했어요. 지금 생각해보면 데이트의 즐거움이랑 미술관의 즐거움이 한데 뭉쳐서 착각한 걸 수도 있지만!"

"하하하, 그런 일도 있긴 하죠."라고 답했다. 나도 20대에는 경마를 좋아했는데, 그저 경마를 좋아하는 아버지와 대화하고 싶었기 때문인지도 모른다.

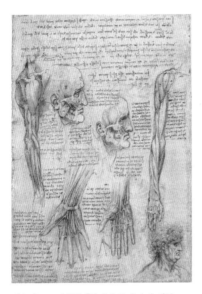

레오나르도 다빈치, 「안면과 팔과 손의 해부」
(1510~11년경) 20.0×28.8cm

그래도 그렇지 그날 두 사람이 고른 전시가 '인체해부도 특별전'이라니, 우연일까, 필연일까. 인체해부도는 르네상스 황금기(15세기)의 천재 레오나르도 다빈치(1452~1519)가 남긴 인체 구조 연구의 성과물이다.

다빈치는 관찰과 연구 결과를 면밀하게 적거나 그림으로 그린 '수고手稿'를 많이 남겼다. 다빈치의 수고는 건축, 천문학, 군사학, 도시 계획 등 폭넓은 분야에 걸쳐 있는데, 그중 특히 열심히 연구한 분야가 '해부학'이었다.

수많은 수고 중에서도 유명한 「비트루비우스의 인체도」는 오늘날 의학서의 표지 디자인에도 자주 쓰이기에 한 번쯤 본 사람이 많을 것이다. 원과 사각형 안에 두 남성의 그림이 서로 겹치듯이 그려져 있는데, 인체 비례에 관한 연구를 집대성한 것이다. 자신의 연구 성과를 간단히 알려주기 싫었는지 다빈치는 수고를 옛 이탈리아어로 썼고 거울로 보듯이 좌우 반전까지

시켰다고 한다.

다빈치가 눈감은 뒤에는 제자 중 한 명이 수고를 지켰지만, 머지않아 유럽 전역으로 뿔뿔이 흩어지고 말았다. 다만 그중에 꽤 많은 수의 소묘가 영국 왕실의 소유물이 되었고, 그려지고 500년이 지난 뒤에 바다 건너 머나먼 나고야까지 찾아온 것이다.

골격, 근육, 인체의 구조에 관해서는 안마사 자격을 지닌 시라토리 씨도 잘 알았다. 시라토리 씨와 S 씨는 심장의 혈관, 자궁과 태아의 관계, 팔과 목 근육의 연결 방식, 두개골의 형태 등을 표현한 귀중한 소묘를 관람했다.

다빈치가 남긴 스케치는 근대 의학 발전의 주춧돌이 되었다. 그리고 아이치현에서 생활하는 한 전맹 남성의 인생도 바꿨다.

"그때까지는 그림 같은 거에 전혀 흥미가 없었는데, 전맹인 나도 그림을 즐길 수 있을까 싶더라고요. 그리고 맹인이 미술관에 다니는 건 어쩐지 맹인답지 않은 행동이라 재미있기도 했고."

다른 맹인들이 해보지 않는 일이었기 때문에 시라토리 씨는 해보고 싶었다.

미술 정보 잡지 『피아びあ』를 친구에게 읽어달라고 하고, 궁금한 전시회가 있으면 직접 미술관에 전화를 걸었다. 처음으로

가보자고 마음먹은 것은 빈센트 반 고흐 전람회였다.

"저는 전맹이지만, 작품을 보고 싶습니다. 누군가 안내를 해주면서 작품을 말로 설명해주었으면 합니다. 잠깐이라도 상관없으니 부탁드립니다."

그렇지만 수화기 너머의 사람은 당황스러운 목소리로 "그런 서비스는 제공하지 않습니다."라고 답할 뿐이었다. 1990년대 중반은 시각장애인의 접근성을 배려하는 미술관이 아직 적었고, 전맹인 사람이 미술 작품을 관람하는 것은 전혀 상정하지 않은 상황이었다.

나는 "계속 거절당하면서 좌절하지는 않았어요?"라고 물어보았다.

"그게요, 오랫동안 '장애인'으로 살아온 나한테는 이미 익숙한 대응이라서 '그래도 어떻게 좀 해주세요!'라고 부탁한 거예요. 그러니까 '다시 전화를 드릴게요.'라고 일이 전개되더니 결국에는 '그럼 오세요.'라고 하더라고요."

그렇게 미술관의 문이 열렸다. 그다음 일은 뒤에서 다시 다루겠다.

3장

우주의 별조차 저항할 수 없는 것

크리스티앙 볼탕스키
「출발」「최후의 시간」「성유물 상자(부림절)」「발언하다」
「스피릿」「버력더미」「하얀 모뉴먼트, 내세」 등

어느 날, 시라토리 씨와 마이티를 우리 집에 초대해 점심 식사를 함께했다. 토마토소스를 만들고 파스타가 전부 익기 직전이 되어서야 '잠깐만, 시라토리 씨한테 면류는 먹기 힘든 음식 아닐까?' 하는 생각이 들었다. 하지만 실제로 시라토리 씨는 면류를 무척 좋아했고, 혼자 밥 먹을 때는 맨날 "소면을 삶아서 먹는다"고 해서 안도했다.

마이티와 시라토리 씨에게는 일본 전국에 가보고 싶은 미술관들이 있었고, 식사하는 동안에도 끝도 없이 미술관의 이름이 화제에 올랐다. 나는 주로 대화 내용을 적는 서기가 되었다.

그 무렵 나는 크게 착각을 하고 있었다. 어쨌든 시라토리 씨는 눈이 보이지 않으니까 이러니저러니 해도 작품을 만질 수 있는 편이 좋을 거라든지 체험형 작품을 더 즐길 수 있을 것이라고 믿었던 것이다. 하지만 시라토리 씨 본인은 만질 수 있는지 여부를 티끌만큼도 신경 쓰지 않았다. 평면이든, 영상 작품이든, 조각이든, 관심이 가면 "좋은데, 보고 싶어."라며 미소 지었다.

단, 모든 작품이 좋은 건 아니라서 흥미 없을 때는 "나는 됐어!"라고 잘라 말했다. 시라토리 씨의 취향을 단적으로 말하면 '이해하기 어려운 작품', 장르를 꼽자면 현대미술이다.

"이해하기 어려운 작품이야말로 그냥 넘길 수 없다니까. 오히려 이해할 수 없는 게 좋아. 하나도 모르겠어! 의미가 있는지도 모르겠어! 이런 게 최고야."

 "맞아, 나도 그래!" 나도 종종 이해하기 어려운 것에 마음이 끌린다. 아니, 아마도 '이해할 수 없음' 그 너머의 것에 끌린다고 해야 할지 모르겠다. 어릴 적에 학교의 괴담이나 버뮤다 삼각지대 같은 것에 열중했던 느낌과도 비슷하다.

 한편 마이티는 이 작품이 좋다든지 이 작가는 좋고 저 작가는 싫다 같은 이야기를 전혀 입에 담지 않는다. 딱히 세상만사에 냉담한 것은 아니다. 마이티는 배우나 뮤지션은 '팬심'을 폭발시키며 지나치게 열심히 쫓아다니는데, '미술'이 얽히면 갑자기 초연한 태도를 취한다. 마치 '감상'이라는 행위 자체가 자신에게 주어진 임무라는 듯이 모든 작품을 있는 그대로 받아들인다.

 한번은 마이티가 이런 말을 했다.

 "그 사람이 자기 자신으로서 작품을 보거나 만드는 행위가 소중하다고 생각해."

 대수롭지 않게 말한 '그 사람이 자기 자신으로서 본다'는 발언은 매우 흥미롭다. 마이티에게는 작가의 작품 제작, 미술관의 작품 전시, 관람자의 작품 감상, 이 세 가지 행위가 우열 없이 평등한 관계인 듯했다. 그리고 작품 제작부터 감상까지 이르는 일련의 계주에서 마지막으로 배턴을 받는 관람자에게는 자유롭게 작품을 해석할 권리가 있다고 마이티는 믿고 있다.

그 신념은 미술 감상에 올바른 지식과 해석이 필요하다는 권위주의와 지식편향주의에 정면으로 저항하는 것이다.

프랑스에서 온 현대미술의 거장

우리 세 사람이 입을 모아 "보러 가자"고 들뜬 전시회가 도쿄의 국립신미술관国立新美術館에서 개최한 '크리스티앙 볼탕스키: Lifetime라이프타임'이었다. 프랑스인인 볼탕스키 (1944~2021)는 현대미술계의 세계적인 거장으로 개인의 기억, 죽음, 인간의 '부재' 같은 진중한 주제로 작품을 제작했다. 일본에도 폐교를 통째로 사용한 「최후의 교실」(니가타현 도카마치시), 「심장 소리 아카이브」(가가와현 데지마섬) 등의 작품이 있어서 거의 1년 내내 볼 수 있다.

국립신미술관은 지요다선 노기자카역에서 걸어서 금방 갈 수 있으며, 전면이 유리로 된 현대적인 건물이다. 그날은 내 친구 아리무라 마유미에게도 같이 가자고 했다. 그는 행정사로 일하며 고등학생 아들을 홀로 키우는 싱글맘이다. 행동력이 남달라서 갑자기 여행을 떠나거나 산에 오르거나 플라멩코를 추는 등 정력적인 사람이다.

마유미와는 내 책으로 독자와 만남 행사를 했을 때 처음 만났다. 마유미는 내 이야기를 들으며 고개를 열심히 끄덕였는데, 그 열중한 모습에서 내 책의 애독자가 틀림없다고 확신했다. 하지만 책에 사인을 하며 이야기를 들어보니 "아직 한 권도 읽지 않았는데, 지금부터 읽어볼게요!"라고 해서 내가 힘껏 헛발질했음을 알았다. '읽은 적도 없으면서 행사에 온 건가, 재미있는 사람이네.' 하고 호감을 품었고, 지금은 친구가 되어 하이킹 등도 함께하고 있다. 마유미에 대해 내가 특히 강조하고 싶은 것은 바로 목소리다. 마유미의 목소리는 가볍고 부드러운데 차분하고 은은한 매력까지 풍겨서 그야말로 듣기 좋다. 그래서 '말'로 작품을 보는 행위에 마유미가 안성맞춤이라고 나는 생각했다.

평일 오후에 불려 나온 마유미는 볼탕스키라는 이름을 들어본 적도 없다고 했다. 하지만 다른 세 사람도 잘 알지는 못했기 때문에 우리는 미술관 앞에서 완전한 무지를 드러내며 대화했다.

"볼탕스키가 프랑스인이었지?" "어? 세르비아 같은 데 아니었나?" "아냐, 프랑스일 텐데." "이름은 러시아 사람 같은데." "부인도 현대미술가였던 거 같은데." (이후 비슷한 대화가 계속 이어졌다.)

국립신미술관의 전시는 볼탕스키의 여러 작품들 중에서 과

거 50년 동안 제작된 49개 작품을 고른 회고전으로 전람회 자체가 하나의 거대한 작품처럼 연동되어 있다고 했다.

왠지 굉장할 거 같은데?

심장 소리 속에서

처음 마주한 작품은 한눈에도 기이한 영상이었다.

카메라 앞에는 당장이라도 죽을 듯한 한 남성이 있었다. 콜록콜록 심하게 기침을 하고 입에서는 웩웩 피를 토하며 처절하게 괴로워했다. 살풍경하고 낡아빠진 방에 남자 홀로 있었다. 끝없이 고독했다.

'이 사람은 머지않아 죽게 될 거야. 싫어, 죽는 장면은 보기 싫어.'

그렇게 생각하며 영상이 나오는 방을 도중에 나왔는데, 이번에는 불길하게 푸른 기운이 감도는 네온사인이 벽에 걸려 있었고, 'DEPART'라는 글자가 요란하게 빛났다.

'디파트'라니, 설마 백화점department store…을 뜻하는 건 아니겠지. 뭘까?

• 일본에서는 백화점을 가리킬 때 'department store'를 줄여서 '데파토(デパート, depart)'라고 부른다.

크리스티앙 볼탕스키, 「출발」(2015) 280×170×10*cm*

다음 전시실에는 오래된 흑백 가족사진들이 늘어서 있었다. 우리는 눈에 보이는 것을 차례차례 이야기했다.

마이티 A4 용지 정도 크기의 사진이 세로로 열다섯 줄, 가로로 열 줄이니까, 전부 150장 정도인가? 위쪽에 달린 조명이 사진을 비추고 있는데, 그렇다고 사진이 또렷하게 보이지는 않아.

아리오 2차 세계대전 전에 유럽에서 찍은 사진 같아. 사진에 찍혀 있는 건 전부 대가족인데. 휴가 중인가? 해변 풍경이나 파라솔이 있네.

시라토리 그럼, 즐거운 분위기야?

아리오 즐거워 보여. 아기도 있거든. 왁자지껄한 느낌이야.

마유미 사진은 금속 느낌의 은색 액자에 끼워져 있어.

시라토리 씨가 "즐거운 분위기야?"라고 물어본 데에는 이유가 있다. 시라토리 씨는 예전에 몇 차례 볼탕스키의 작품을 보았는데, 전부 울적하고 무겁기 그지없어서 "기분이 즐거워지지 않는 작품"이라는 인상을 품고 있었다. 과거에 받은 그런 인상과 달리 이 작품은 즐거워 보이는 가족사진이었다. 하지만 쭉 물러나서 작품 전체를 바라보면 역시 차갑고 불온한 분위기가 감돌았다. 그 이유는 마이티의 말대로 "사진이 또렷하게 보이지는 않"기 때문인지도 몰랐다. '잘 보이지 않는다'. 이것이야말로 볼탕스키의 작품에 공통된 중요한 특징 중 하나다.

그다음 전시실은 사방이 5미터 정도인 작은 방이었는데, 엄청난 폭음으로 심장 소리가 울리고 있었다. 어둑어둑한 방 안에는 천장에 전구 하나가 매달려 있을 뿐.

두근, 두근, 두근.

텔레비전에서 나는 소리였다면 '야, 소리 좀 줄여.'라고 불평했을 것이다.

두근, 두근, 두근.

"있잖아, 이런 심장 소리 같은 걸 들으면 어때?" 나는 시라토리 씨에게 물어보았다.

"싫어, 싫지. 꺼림칙해. 불안한 느낌이야."

"맞아, 그렇지."

같은 심장 소리라도 섬세하게 슬며시 들려주는 방법도 있을 텐데, 작품은 정반대 방식이라 완전히 호러였다.

두근, 두근, 두근.

심장 소리의 리듬과 맞춰서 전구의 빛이 밝아졌다 약해지기를 반복했다.

시라토리 씨는 스무 살 무렵까지 빛은 보였다고 했다. 어릴 적에 시각을 잃었기 때문에 모양과 색 등 '시각의 기억'(시라토리 씨는 이렇게 부른다)은 거의 없지만, 그래도 빛의 이미지만은 뇌리에 강렬히 새겨져 있다고. 그래서 소리와 빛으로 구성된 이 작품은 우리가 보는 것과 시라토리 씨가 그리는 이미지가 어느 정도 일치하지 않을까 생각했다.

그렇다고 해서 시라토리 씨가 갑자기 달변이 되어 작품에 관해 술술 말하지는 않았다. 단순한 나는 '시라토리 씨는 시각 정보가 없는 만큼 청각 등 다른 감각이 엄청 날카로울 게 틀림없어. 다른 누구도 눈치채지 못한 걸 발견해서… 그러면 재미있겠다, 우후후.'라며 멋대로 기대에 부풀었다. 하지만 시라토리 씨는 단숨에 그런 기대를 부정했다.

"보이지 않기 때문에 느끼는 게 있지 않느냐고 자주 듣는데. 그야 보이지 않아서 느끼는 게 있긴 해요. 하지만 보이지 않으니까 느끼는 건, 보이니까 느끼는 것과 나란히 있는 동등한 관계라고 생각해요. 그 두 가지에 무슨 차이가 있냐고 묻고 싶다니까. 보이지 않기 때문에 비로소 보이는 게 있다고 말하는 사람은 아마 맹인을 미화하는 게 아닐까 싶어."

네, 맞는 말씀입니다. 죄송해요….

축구공에 설치된 종소리 등에 의지하여 자유자재로 공을 다루는 시각장애인 축구선수와 전맹 피아니스트 쓰지이 노부유키의 세계적인 활약 등을 보며 '전맹인 사람은 특출한 감각을 지니고 있다'는 편견이 내 속에 퍼진 것 같아서 부끄러웠다.

"저기, 당연한 말인데. 전맹인 사람 중에도 감각이 예민한 사람이 있는가 하면 그렇지 않은 사람도 있어. 운동신경이 좋은 사람도 있고, 음악에 재능 있는 사람도 있고. 나에 관해 말하면 보통 수준이지."라고 시라토리 씨가 말했다.

그러고 보면 내가 전에 '몸을 건드리기만 해도 인간성 같은 이런저런 걸 알 수 있냐'고 물어봤을 때도 시라토리 씨는 "아뇨, 전혀 몰라요."라고 답했다. 아마도 그는 그처럼 특별하게 보는 시선이 지긋지긋한 모양이었다. 하긴 나도 일본인이라는 이유만으로 기모노를 손쉽게 입을 게 틀림없다고, 대단하다고 단정하는 외국인에게는 "아니, 벌써 20년 넘게 입지 않았고, 입는 법도 몰라."라고 답할 수밖에 없다.

그렇지만 본심을 말하면, 함께 있을수록 청각과 촉각 등 시라토리 씨의 일부 감각이 나보다 훨씬 날카롭다고 느끼는 순간이 있는 것도 사실이다.

두근, 두근, 두근.

흥미롭게도 심장 소리에 대한 마유미의 반응은 시라토리 씨와 정반대였다. 그는 폭음에 몸을 맡기듯이 편안하게 말했다.

"나는 꽤 (심장 소리가) 좋아. 살아 있다는 느낌이 들어. 배 속에 아기가 있는 느낌이야. 갑자기 아까 본 사진 속의 가족들이 살아 있다는 느낌이 들기 시작했어. 그 사람들이 모두 자신의 인생을 살았구나 하는 생각이 드는 건 이 심장 소리가 들리기 때문일까?"

마유미는 남편과 사별했다. 그는 나중에 그런 이유도 있기 때문에 심장 소리를 들으면서 아들이 배 속에 있었던 시절을 떠올린 것이라고 가르쳐주었다.

볼탕스키는 인간의 심장 소리를 아카이브로 만드는 프로젝트도 했다(가가와현 데지마섬에 있는 「심장 소리 아카이브」). 그곳에서는 볼탕스키의 심장 소리를 비롯해 전 세계 사람들의 심장 소리를 들어볼 수 있다(2020년 기준 약 7만 명). 이 폭음 같은 심장 소리는 7만 명 중 한 사람의 것일까? 그런 생각을 하는데, 마이티가 뜬금없이 말했다.

"아까 높은 자리에 디지털로 숫자가 표시되는 게 있었지? 봐, 저기!"

"음, 어디? 아, 진짜네!"(일동)

마이티의 말대로 벽 높은 곳에 막대한 숫자를 차례차례 표시하는 전자 계수기 같은 게 걸려 있었다.

마이티 저 숫자랑 심장 소리가 연동되는 것 같아. 엄청 큰 수인데 2억 3천… 아니다, 23억 6천만인가.

시라토리 뭔가 세는 거구나. 디지털이지? 무슨 색?

마유미 빨강이랑 검정이네요.

아리오 아, 혹시 볼탕스키의 심장 고동 횟수일까?

크리스티앙 볼탕스키, 「최후의 시간」(2013) 48×18×6*cm*(계수기)

우리가 이야기하는 사이에도 점점 숫자가 커졌다. 아무리 바라봐도 의미를 알 수는 없었다. 모르는 걸 고민해도 소용없어. 자, 다음으로 가자!

산더미처럼 쌓인 사체

앞으로 나아가니 광장처럼 널따란 공간이 나타났다. 어둑어둑한 방 여기저기에 흑백 얼굴 사진과 조명을 많이 사용한 설치미술 작품이 전시되어 있었다.

"와…." 나도 모르게 탄성이 나왔다.

희미한 빛이 가득한 공간이 아름다워서 대성당에 들어간 듯한 느낌이 들었다. 촛불의 빛이 흔들거리는, 사람이 기도를 올리는 장소였다.

그렇지만 각 작품들을 세세히 살펴보니 당혹감이 들었다. 작품에는 교회에 있을 법한 것이 단 하나도 없었다. 그저 액자에 담긴 얼굴 사진과 전기스탠드, 작은 양철 상자가 기하학적으로 전시되어 있을 뿐이었다. 예술가만이 걸 수 있는 마법을 보는 듯한 기분이었다.

그때, 가만히 작품을 관찰하던 마이티가 불쑥 말했다.

"저기, 매번 생각하는 건데 볼탕스키의 작품은 (사진의) 눈

크리스티앙 볼탕스키, 「성유물 상자(부림절)」(1990) 190×195×23cm

부분이 무서워. 안구가 안 보이잖아. 얼굴에서 윤곽이 뚜렷한 부분일수록 새카매. 그런데도 표정은 웃고 있는 것 같아서 무서워."

어? 또 뭐가 무서운 거야? 그렇게 생각했지만 확실히 마이티의 말이 맞았다. 각각의 사진은 있는 대로 확대되어서 초점 없이 흐릿했다.

"얼굴이 너무 가까워서 사람 속으로 들어가는 것 같아. 볼탕스키는 이 사람들 속으로 들어가고 싶었던 걸까."

마유미가 말했다. 그럴듯했다.

사진들은 모두 광고에서 볼 법한 '행복해 보이는 사진'과 동떨어져 있었다. 저 사람들이 어떤 인생을 살았을지 상상도 할 수 없었다. 행복한 인생이었을까, 고난이 많은 인생이었을까. 그걸 알 만한 단서도 없었다. 하지만 어떤 인생이었든 아무래도 상관없는 것 같기도 했다. 그들은 기념비로서 제단에 모셔져 어딘가 다른 차원의 존재로 승화되어 있었다. 얼굴도 표정도 또렷이 보이지 않았다. 바로 그래서 우리는 그 사진에 다른 사람의 얼굴을 겹쳐보며 누군가를 떠올릴 수 있는 것이다.

널따란 전시실에서 벗어나 통로를 나아가니 안쪽에 거대한 검은 산 같은 것이 보이기 시작했다.

"커다란 산이 있어요. 뭔가가 겹겹이 쌓여 있고요. 높이는

4미터 정도인가. 아, 셔츠! 아니, 재킷이다. 새카만 재킷이 겹겹이 쌓여 있어요!"

마유미가 살짝 흥분한 말투로 설명했다.

검정 재킷으로 만들어진 산 위에서 천장에 매달린 수많은 얼굴 사진이 흔들거렸다. 마치 영정 사진 같았다.

반사적으로 대량 학살이 떠올랐다. 혹시….

"홀로코스트와 관련이 있을까? 실제 희생자의 재킷일지도 모르겠다. 근데 전부 비슷한 재킷이니까 아닐 수도 있겠고. 무언가 '기호'로 쓰인 재킷일까?"

내 말에 다들 "음." 하듯이 고개를 갸웃거렸다. 그다음 순간, 더욱더 기기묘묘한 것이 눈에 들어왔다.

"저건 뭐지? 나무 막대가 검은 코트를 입고 있는데, 앞으로 나아가는 듯한 모양이고, 머리(부분)가 전등이야."

마이티가 가리킨 방향에는 '램프 인간'이라고 불러야 할 법한 기이한 인형이 있었다. 그 인형은 검정 재킷의 산을 둘러싸듯이 드문드문 여러 개가 서 있었다. 가까이 다가가보니 작은 목소리까지 흘러나왔다.

아리오 목소리가 들려.

시라토리 응, 들리네. 아까 전부터 말하고 있었어.

아무래도 시라토리 씨는 한참 전부터 속삭임을 듣고 있었던 듯했다.

— 있잖아, 알려줘. 갑작스러웠어?

— 무서웠어? 알려줘. 의식은 있었어?

— Tell me was it brutal?(말해줘. 그건 잔혹했어?)

— Tell me did you pray?(가르쳐줘. 그때 기도했어?)

가슴이 덜컥했다. 램프 인간은 명백히 사람이 죽는 순간에 관해 질문하고 있었다. 부드럽고 정중한 말투와 동떨어진 질문의 내용에 섬뜩했다.

— 있잖아, 당신은 하늘을 날고 있었어?

— 빛이 보였어?

"절대로 (죽은) 당사자에게 닿지 않을 질문들이네."

모든 램프 인간의 목소리에 귀 기울인 마이티가 어이없다는 듯이 지적했다.

— 가르쳐줘. 죽음이란 어떤 느낌이야?

크리스티앙 볼탕스키, 「스피릿」(천장, 2013) 「버력더미」(2015)

크리스티앙 볼탕스키, 「발언하다」(2005)

어이, 램프 인간. 아무리 말을 걸어도 죽은 사람은 답해주지 않아. 그게 상대성 원리보다도 분명한 이 세계의 섭리라고. 너무나 방약무인하게 질문하는 램프 인간에 화가 났다.

나중에 조사해보니 '홀로코스트'라는 짐작은 정답이 아니었지만 아예 헛짚은 것도 아니었다. 볼탕스키의 부친은 유대인으로 2차 세계대전 중에 2년 동안이나 마루 밑에 숨어서 생활했다고 한다. 볼탕스키의 부모는 전쟁이 끝난 뒤에도 가족이 서로 떨어질 것을 겁냈고, 밤마다 가족 모두가 같은 방에 모여서 잠자게 했다. 그 때문에 볼탕스키는 거의 학교를 다니지 못했고, 18세가 되어서야 처음으로 혼자 길거리를 걸었다.

그러니 당연히 홀로코스트는 볼탕스키가 작품을 만드는 데 출발점이라 할 수 있다. 우리가 본 「버력더미」 역시 대량 학살과 무언가 관계가 있을 것이다. 하지만 볼탕스키는 개별 작품과 홀로코스트를 직접적으로 관련짓는 발언을 한 적이 없다. 아마도 「버력더미」가 표현하는 것은 한 가지 사례가 아니라 좀 더 보편적인 무언가일 듯싶다.

그저 쌓여서 산을 이룬 검정 재킷들은 질문에 답할 수 없게 된 사람들을 상징한다. 그런 사람들은 홀로코스트 희생자뿐 아니라 아득한 옛날부터 오늘날에 이르기까지 이 세계에 항상 존재해왔다.

— 있잖아, 당신은 하늘을 날고 있었어?

볼 수 있는 것, 볼 수 없는 것

전시는 드디어 후반에 접어들었다. 이번에는 한자로 '來世내세'라 쓰인 현란한 보라색 네온사인이 등장했다. 음? 인간 사회의 잔혹성을 축약한 듯한 작품 다음에 밝게 빛나는 '내세'라니 뭐지? 심지어 주위에는 묘비를 방불케 하는 직육면체 오브제들이 늘어서 있었다. 느닷없이 변두리 바에서 "어서 오십쇼!"라고 호객하는 듯한 분위기로 급변하는 바람에 우리는 웃음을 터뜨렸다.

"내세라니, 이제 죽는 건가!" "좋았어. 내세로 가보자!" 우리는 까불면서 네온사인 아래를 빠져 나갔다.

내세 구역에는 여러 형태와 색상의 오래된 옷이 걸려 있었다. 앞서 본 산처럼 쌓인 검정 재킷과 달리 정말로 누군가 오래 입은 옷들 같았다.

그 뒤로도 작품이 이어졌고, 피로를 느끼기 시작할 무렵에 기나긴 전시도 막바지에 접어들었다.

출구에는 또다시 반짝반짝 빛나는 붉은 네온사인이 있었다.

크리스티앙 볼탕스키, 「하얀 모뉴먼트, 내세」(2019)

ARRIVEE.

"'ARRIVEE'라. 프랑스어네." 나는 고개를 갸웃했다.

"무슨 뜻이야?" 마이티가 물었다.

"도착."

"그럼 우리는 어딘가에 도착한 거야?" 다시 마이티가 물었다.

"그런 뜻이겠네."

그렇게 말한 순간 번뜩 깨달았다.

아, 그렇구나. 그런 거였구나!

둔한 나도 그제야 이해할 수 있었다. 전시 초입에 있었던 'DEPART'도 생각해보니 '출발'을 뜻하는 프랑스어였다(역시 백화점이 아니었다).

그 두 단어가 가교가 되어 마흔아홉 점의 작품들을 한 줄기 강처럼 이어주었다.

즐거워 보이는 가족 사진.

그 옆에 두근두근하는 심장 소리.

막대한 숫자를 계속 보여주는 불가사의한 전자 계수기.

흑백 얼굴 사진이 놓인 제단에, 사체들의 산.

그리고 내세.

그랬어. 전람회 제목이 처음부터 알려주고 있었어.

Lifetime 라이프타임.

그렇다. 이 전시가 보여준 것은 인간의 삶과 죽음이었다.

인생에는 항상 태어남이라는 '출발'이 있으며 죽음이라는 '도착'이 있다. 심장은 오직 그 사이에만 계속 고동친다. 사람은 태어나서 각자 주어진 시간을 살고, 죽는다. 아무리 'Life goes on.'이라고 해도 언젠가 끝나버린다. 그 당연한 진리의 단편, 즉 사람이 살아간 증거인 사진, 낡은 옷, 심장 소리를 볼탕스키는 생애에 걸쳐 모아왔다. 그리고 작품을 만든다는 행위를 통해 기도하고 죽은 이를 애도한 것이다.

수수께끼 같은 숫자를 표시하던 전자 계수기도 틀림없이 언젠가는 딱 멈출 것이다. 인생이 '도착'에 다다른 그 순간, 모든 심장이 멈추듯이.

아, 그런 의미였구나. 수수께끼를 풀어낸 것 같아서 속이 시원했다.

회고전이라는 형식으로 50년에 걸친 작품을 한 번에 본 덕에 간신히 볼탕스키라는 작가의 발뒤꿈치라도 엿본 것 같았다. 모두와 함께 이야기하며 관람했기 때문에 비로소 엿볼 수 있었다.

크게 기지개를 켜며 미술관에서 나와 보니 바깥에는 초여름의 태양이 빛났고 사람들은 번화가 사이를 바삐 오가고 있었다.

그날은 미술관 앞에서 시라토리 씨의 프로필 사진을 찍기로 했다. 마사지숍을 완전히 폐업한 시라토리 씨는 앞으로 미술 관람과 관련한 활동과 일을 늘리겠다고 조용히 마음먹고 있었다. 앞서 말했듯 애초에 시라토리 씨는 젊은 시절 안마사를 목표하지 않았다. 미래가 불투명한 시기에 "최소한 자격증만이라도"라는 주위의 권유로 시작한 안마사의 길을 오랫동안 걸어온 것이었다.

"아리오 씨도 와줬는데, '아트센터를 열자'(미토 예술관)에서 마사지숍을 했잖아요. 그 일로 내 속에서 마사지와 미술이라는 두 가지 세계가 이어졌어요. '좋았어. 이걸 계기로 좀더 미술 쪽에 가볼까.' 하고 의욕이 불붙은 것 같아요."

그 불가사의했던 미술관의 마사지숍은 오랫동안 생업으로 삼았던 안마사에 마침표를 찍는 일이었다. 나는 목덜미의 통증을 고치러 갔을 뿐이지만, 실은 꽤 소중한 순간을 지켜본 것이었다.

그렇다면 앞으로 활동을 위해 프로필 사진을 제대로 촬영해야겠다는 이야기가 나왔고, 내 친구인 사진가 이치카와 가쓰히로에게 촬영을 부탁했다. 이치카와는 부르는 곳이 많은 사진가이지만, 만날 때마다 삼촌처럼 싱글거리면서 사진을 찍어주었다. 가족사진이든, 생일 파티든, 일상 풍경이든, 가리지 않고 아낌없이 셔터를 눌렀다. 나는 수많은 순간을 기억하고 싶었기 때문에 그가 그렇게 해주는 게 무척 기뻤다. 사진을 찍는다고 전부 기억할 수 있는 건 아니지만, 사진을 찍었다는 그 사실만으로도 그 자리에 있었던 나를 누군가가 기억해주는 것 같았다.

이치카와는 배경과 각도를 달리하면서 스무 번 정도 셔터를 눌렀다.

"잘 찍혔어요."라고 이치카와가 시라토리 씨에게 말했다. 하지만 저 사진 역시 볼탕스키의 손에 걸리면 누군지 알아볼 수 없게 확대되겠지.

죽는 건 역시 무서워

미술관을 뒤로하고 에비스에 있는 내 여동생의 사무실로 이동했다. 그곳에서 우리는 특급열차 같은 속도로 와인병을 비우면서 수다에 빠졌다.

"오늘 전시는 초점이 맞지 않는 사진이 계속 이어져서 모든 작품을 보기는 힘들려나 싶었는데, 중간부터 좋은 흐름을 타서 볼 수 있었던 것 같아."

시라토리 씨는 화이트 와인을 마시며 기분 좋게 말했다. 사실 시라토리 씨는 이 전시를 두 번째 보는 것이었는데, 앞서 봤을 때와 비교해 작품의 인상이 크게 달라졌다고 했다.

"마유미 씨가 있어서일까. 눈이 보이든 보이지 않든, 그런 것과 상관없이 누군가를 만나면 세계가 넓어지나 봐. 오늘도 마유미 씨가 있었던 덕분에 작품을 더 폭넓게 볼 수 있었다고 생각해."

시라토리 씨는 누군가의 주관과 함께 작품을 보는 걸 즐기고, 작품에 관한 해석의 폭이 넓어지는 것도 긍정적으로 받아들인다. "사람마다 작품을 보는 방식이 다른데, 무엇을 믿고 무엇을 믿지 않을지 정하는 건 나니까 신경 쓰지 말고 자유롭게 얘기해줘."라고 시라토리 씨는 말한다. 실제로 직감과 관찰에 의존한 우리의 작품 해석은 엄밀하지 않고 불확실하다. 이를테면 수수께끼의 전자 계수기를 도록에서 찾아 작품 의도를 확인해보니, 그건 「최후의 시간」이라는 작품으로 볼탕스키가 살아온 시간을 초 단위로 보여주는 것이었다. 그리고 그가 죽는 순간에 계수기가 멈춘다고 쓰여 있었다. 그러니 내가 '심장 고동 횟수일지 모른다'고 추측했던 것은 완전한 정답이 아니었다.

그렇지만 작품을 본래 의도와 전혀 다르게 해석한다 해도 볼탕스키는 전혀 신경 쓰지 않을 듯싶다. 작품을 보는 방식은 단 하나가 아니라 보는 사람 수만큼 존재하며, 또 시대에 따라 그 해석과 가치도 달라진다. 실은 이것이야말로 미술을 보는 재미 중 하나다. 2019년을 살아가는 우리에게는 어처구니없는 졸작도 22세기에는 억만금으로 거래될지 모르는 것이다.

아리오 오늘처럼 모두의 대화를 들으면 시라토리 씨의 머릿속에 이미지가 만들어지는 거야? 그게 기억에 남고? 색이라든지.

시라토리 응, 오늘을 예로 들면 색이 특징적이었으니까 인상에 남지. 전구의 파란 불빛이나 보라색 네온사인 같은 게.

이치카와 그러면 서로 다른 '색'으로 식별하는 거예요?

시라토리 아뇨, 개념으로 남을 뿐이에요. 전구의 파란색이 강한지 약한지는 모르죠. 아마 그걸 아무리 설명으로 들어도 내 머릿속에서 (축적된 기억이 없기 때문에) 세세하게 재현하지 못할 거예요. 그래도 '푸른' '전구의 빛'이라는 개념은 남죠.

이 '색'의 개념에 관한 이야기는 시라토리 씨와 함께 작품을 관람한 '눈이 보이는 사람' 대부분이 물어보는 것인데, 그날도 시라토리 씨는 꼼꼼히 답해주었다.

이치카와 시라토리 씨는 전시를 '본다'고 말씀하시네요. 그 표현이 무척 좋다고는 생각하는데, 역시 '보는' 거군요.

시라토리 응, 맞아요.

마이티 그러고 보면 책을 읽는다고도 하지. 시라토리 씨는 귀라는 감각 기관을 쓰면서도 '읽는다'거나 '본다'고 하네.

시라토리 그야 그렇지. 맹학교에서도 '텔레비전을 듣는다'고 하는 사람은 없어. 설령 눈으로 보지 않아도 텔레비전이라는 물건은 '보는' 것이고, 책은 '읽는' 거니까.

마이티 뭐, 실제로 보고 있기도 하니까.

그 후 화제는 인생의 '도착'으로 옮겨갔다. '도착'이 언제 찾아들지는 모른다. 아직 머나먼 미래일 수도 있고, 다음 주일지도 모른다. 부루마불을 할 때처럼 주사위를 던지고 한 칸 나아갔는데 갑자기 '도착'으로 건너뛸 수도 있는 것이다.

"우리 집에 준야(마이티의 남편)는 말이지. 자기가 죽는 걸 상상하면 무서워서 잠도 못 자. 나는 그게 너무 재미있어. 평소에는 언제든 어디서든 잘 자는 사람이 죽는 것만 상상하면 잠을 못 잔다니까. 부모님도 모두 건강히 지내시고 주위에 돌아가신 분도 없는데, 자기가 죽는 상상만 하면 어쩔 줄을 모르나 봐. 그렇게 무서우면 필름이 끊길 때까지 술이나 마시지 말라고 하고 싶다니까."

마이티는 어이없다는 듯이 말했다. 나는 생각했다. '아, 마이티는 죽음을 두려워하지 않는구나. 부럽다.' 꽤 분명하게 자각하고 있는데, 나는 준야 씨와 비슷할 만큼 죽는 것이 무섭다. 심지어 언젠가부터 나는 요절하지 않을까 생각하고 있다. 내게 '죽길 바라는 마음'이 있는 것은 결코 아니다. 그저 소중한 친구와 가족을 몇 사람 떠나보낸 뒤로 내게는 죽음이 옆집 사람만큼 현실적인 존재가 되어버렸다. 그렇기 때문에 그 램프 인간이 거침없이 던진 질문에 화가 났다.

— 가르쳐줘. 죽음이란 어떤 느낌이야?

시끄러워. 그런 거 아무도 몰라.

사람이 죽음을 무서워할 때, 실제로는 무엇에 공포를 느끼는 걸까? 전시 초입에 있었던 「기침하는 남자」(1969)가 보여준 신체적 고통에 대한 공포일까? 혼자 죽어야 한다는 사실에서 느껴지는 터무니없는 고독일까? 자신의 육체가 사라진다는 것에 대한 공포일까? 아니면 남겨질 사람을 생각하다 슬퍼지는 걸까? 누군가를 잊어버리는 것일까? 아니면 지금 말한 모든 것일까?

그때, 7년 전에 세상을 떠난 친구가 머릿속에 떠올랐다. 그는 불과 20대였고, 심지어 스스로 죽음을 선택했다.

아리오 이건 나만의 문제일지 모르는데… 친구 중에 젊어서 세상을 떠난 사람이 있어요…. 저는 그 사람을 무척 좋아했어요. 내가 그와 둘이서만 보낸 시간은 이제 나밖에 기억하지 못한다고 생각하면 엄청난 중압감이 느껴져. 그 순간의 그를 전부 잊어버리고 싶지 않아요. 그걸 기억할 수 있는 사람은 나밖에 없으니까.

마유미 아, 알 것 같아. 마치 내가 하드디스크가 된 것 같지. 그 사람의 기억은 이제 나한테만 남아 있으니까.

아리오 심지어는 하드디스크가 잘 망가지기도 하고. 옛날 기억이 불분명하니까.

시라토리 다들 '과거의 기억'이라는 표현을 쓰는데, 애초에 기억이란 끊임없이 새롭게 쓰이는 것이니까 결국에는 '지금의 기억'인 게 아닐까? 어떻게 해도 떠올릴 때마다 기억은 덧쓰이게 마련이니까 과거의 시간은 그 당시 그대로가 아닌 거야. 원래 기억의 구조가 그러지 않으면 안 돼. 과거의 기억을 있는 그대로 보존할 수 있는 사람이 있다면 그 사람은 병에 걸린 거예요.

아리오 응, 확실히 기억이 점점 변해버리는 건 맞는 말이야.

시라토리 그리고 말이지. '미래'라는 것도 우리는 알 수 없잖아. 예를 들어 내 할머니는 어떤 종교의 독실한 신자라서 성실하게 믿으면 다시 태어나서 미래를 바꿀 수 있다고 자주 말했어. 그래서 나도 어릴 적에는 욕조에서 멍하니 있다가 다음 인생에서는 눈이 보이게 될까 하는 생각도 했어. 하지만 곰곰이 생각해보니 결국에는 '미래를 바꿀 수 있다'는 논리를 잘 모르겠더라고. 미래를 바꿀 수 있다고 해도 내 운명이 어딘가에 미리 쓰여 있는 게 아니니까 나는 미래가 바뀌었는지 아닌지 모르잖아. 그러니까 미래는 어쨌든 알 수 없는 거야.

우리는 차례차례 차가운 와인병을 열었다. 초여름의 햇빛에는 차가운 화이트 와인이 잘 어울렸다. 마유미의 부드러운 목소리와 마이티의 쾌활한 말투가 하모니를 자아냈고, 시라토리 씨도 술술 이야기했다.

"나는 요즘 싼 화이트 와인에 얼음을 넣어서 마셔. 싸구려 와인도 차갑게 마시면 맛있거든. 그야말로 일본주다운 청주를 조림 같은 요리의 반주로 마시는 것도 좋아하고. 그래도 초여름에 안주는 역시 해초 초절임이 어울리지."

고주망태가 되어갈수록 나는 내가 지닌 생에 대한 지나친 집착(간단히 말해 '장수하고 싶다'는 것이다)을 지겹도록 되풀이해서 이야기했다. 이러쿵저러쿵 따지다 보니 내 경우 죽음에 대한 공포가 오직 한 지점으로 집중된다는 것을 깨달았다. 그 지점이란 아직 어린 딸의 미래를 보지 못하고 죽기는 싫다는 것이다. 딸의 미래를 보지 못하고 죽어버리는 나, 그리고 딸의 기억에서 점점 흐릿해지는 나를 상상하기만 해도 너무 원통해서 오열하고 싶다. 정말 싫다. 너무 싫어서 공포라 할 수밖에 없다.

그런 내 이야기를 들은 시라토리 씨는 숨을 내쉬어 촛불을 끄듯이 "나는 아무래도 상관없어. 내일 죽어도 돼."라고 말했다.

"뭐! 왜? 유코 씨가 슬퍼할 거야."

시라토리 씨에게는 자타 공인 사랑해 마지않는 파트너 유코 씨가 있다. 그 사람과 이별하는 건 괴롭지 않을까?

"언제 죽든 결국에는 후회할 것 같거든. 무언가를 성취했으니 만족한다고, 이제 죽어도 여한이 없다고 할 일은 없을 것 같아. 그러니까 그런 건 바라지 않아. 그리고 말이야, 과거의 일도 일단 지나가면 점점 기억이 변하거나 사라지잖아? 아까 말했듯이 미래도 알 수 없고. 그 말은 즉 내가 제대로 아는 건 '지금'밖에 없다는 뜻이야. 그래서 나는 '지금'만으로 충분해. 과거나 미래 같은 게 아니라 오직 '지금'. 그래서 나는 내일 죽어도 된다고 생각해."

'지금'만으로, 충분해.

그때 실로 대수롭지 않게 그런 말을 한 시라토리 씨에게는—과장도 미화도 아니라—역시 특별한 무언가가 보였던 게 아닐까? 나는 남몰래 의문을 품어본다. 아무리 그래도 너무 단언했거든.

그 회고전을 본 뒤 나는 볼탕스키의 작품과 생애에 관해 쓰인 400면에 달하는 두꺼운 책을 천천히 읽었다. 현대미술의 거장은 자신의 생애를 바쳐 무엇을 보여주려 했을까? 그 답을 내 나름대로 생각해보았다.

그러다 책 속의 한 문장에서 눈길이 멈췄다.

볼탕스키가 보여주려 했던 것이란 불로불사의 약을 만들어내려 했던 사람도, 예수도, 우주의 별도 저항할 수 없는 '그것'이 아니었을까.

보이는 눈을 타고난 우리가 아무리 갈망해도 볼 수 없는 것.

볼 수 없지만, 우리 몸속에 똑같이 흐르고 있는 것.

"인간은 많은 것들과 싸울 수 있지만, 시간을 상대로는 싸울 수 없다." ─크리스티앙 볼탕스키

4장

빌딩과 비행기, 어디도 아닌 풍경

펠릭스 곤잘레스토레스
「무제(가짜 약)」

오타케 신로
「8월, 하리활도」「에릭 사티, 홍콩」
「빌딩과 비행기, N.Y. 1」「빌딩과 비행기 N.Y. 2」

그 무렵 나는 혼자서 미술관이나 갤러리에 가면 '가상의 시라토리 씨'를 상상하면서 관람했다. 그곳에 '시라토리 씨가 함께 있다'고 상상하기만 해도 혼자서 볼 때보다 훨씬 꼼꼼하게 작품을 관찰하고 깊이 생각할 수 있는 것 같았다. 내가 시라토리 씨였다면 스토커 같아서 기분 나쁠 것 같았기에 시라토리 씨에게는 말하지 않았다.

그러다 한여름인 8월의 어느 날, 다시금 현실의 시라토리 씨와 함께 미토 예술관에 가게 되었다. 미토 예술관은 마이티와 시라토리 씨의 홈그라운드나 마찬가지라 언젠가는 다 함께 갈 줄 알았지만, 그 기회는 생각보다 빨리 찾아왔다. 내가 이바라키현의 쓰쿠바 대학교에서 강연을 하게 되었는데, 마이티와 시라토리 씨가 응원할 겸 들으러 오겠다고 했다. 마이티가 가까이 온 김에 "내일 우리(미토 예술관) 전시도 보러 와."라고 러브콜을 보내기에 나는 응하기로 했다.

가공의 풍경에 뒤섞이다

미토 예술관에서 열린 전람회는 '오타케 신로 빌딩 풍경 1978~2019'였다. 일본을 대표하는 예술가 오타케 신로大竹 伸朗 (1955~)의 작품들 중에서 '빌딩'이 주제인 작품을 한자리에 모은 전람회였다. 전시 작품 수는 놀랍게도 600점 이상! 홍콩, 런던, 도쿄 등 여러 도시가 뒤섞인 가공의 풍경이라 했다.

이번에는 오래된 친구인 작가 사쿠마 유미코도 불렀다. 그는 뉴욕에서 살고 있지만, 마침 그때는 일본에 귀국해 있었다. 오타케 신로 전시회를 이야기하자 "와, 가고 싶어. 오타케 신로의 전시회는 가본 적 없거든. 그 작가가 쓴 책도 좋아했는데."라며 바로 동행을 결정했다. 10대부터 친구 사이라서 나는 그를 '유미'라고 부르고, 유미는 나를 '앗짱'이라고 부른다.

관람 당일, 유미는 헤드폰을 목에 걸고 티셔츠에 청재킷 차림으로 미술관 로비에 나타났다. 붙임성 좋은 미소를 지으며.

"앗짱! 늦어서 미안! 역에 도착해서 보니까 아침부터 아무것도 안 먹었더라고. 서둘러 먹고 오느라 늦었어."

유미와 처음 만난 건 고등학생 때였다. 당시 내가 사귀던 사람과 유미가 같은 학원을 다녔는데, 다 같이 놀다가 사이가 좋아졌다. 유미에 따르면 "서로 철없는 꼬맹이"였던 시절이다.

철없는 두 꼬맹이는 일본과 안 맞는다고 느꼈던 것일까. 대학 졸업 후 우리는 동시에 미국으로 건너갔고 나는 워싱턴, 유미는 코네티컷주에 있는 대학원에 진학했다. 유미는 어땠는지 모르지만 나는 우수한 학생들 사이에서 멀쩡한 곳이 없을 만큼 악전고투하다 아슬아슬한 성적으로 졸업했다. 그 뒤에는 앞서 적었듯이 워싱턴에 있는 컨설팅 회사에 취직했다. 그 무렵 유미는 몇 차례 이직을 거쳐 뉴욕의 로이터에서 일하고 있었다. 나는 6년 동안 지내다 미국을 떠났지만, 유미는 프리랜서 작가로 독립하여 지금도 뉴욕에서 살고 있다. 최근 유미는 뉴욕과 도쿄, 오키나와와 방콕을 현기증이 날 만큼 오가면서 여행과 일상, 일과 놀이를 한데 뒤섞은 듯한 생활을 하고 있다.

그날 시라토리 씨의 안내는 전적으로 유미에게 맡기기로 했다. 시라토리 씨는 유미의 왼쪽 팔꿈치에 가볍게 손을 대고 반걸음 뒤에서 따라가기 시작했다.

"그렇게 하면 시라토리 씨가 팔에서 전해지는 감각으로 진행 방향이나 계단을 알 수 있어."라고 나도 반년 전에 알았을 뿐이면서 잘난 척하며 알려주었다.

"어, 그리고 뭘 하면 됐지? 작품 설명이었나?"

"뭐, 그렇지."

"나 어휘력이 많이 빈약한데 괜찮을까?"

"괜찮아. 시라토리 씨는 작품의 올바른 해설을 원하지 않으니까."

당연하지만 시각장애인도 사람마다 달라서 그중에는 상세한 해설과 정확한 묘사를 원하는 사람도 있다. 미술 애호가 중에 오디오 가이드를 들으면서 관람하는 사람이 있는가 하면 오직 자신의 감각으로만 보기를 좋아하는 사람이 있는 것과 마찬가지다. 시라토리 씨는 오디오 가이드를 듣지 않는다. 시도해 본 적도 있다는데 전시를 즐길 수 없었다고 했다. 시라토리 씨가 원하는 것은 음악에 비유하면 CD에 녹음된 곡이 아니라 라이브 연주, 그것도 재즈의 즉흥 연주다.

평일 대낮의 전시실은 한산했다. 미술관 전체가 우리의 놀이터가 된 것 같아서 마음이 들떴다.

첫 전시실에는 대형 유화가 여러 점 있었다. 몇 번이고 색을 덧칠해서 색들이 서로 섞여 있었고, 전시 제목부터 '빌딩 풍경'이라 그런지 모두 빌딩이 있는 풍경이었다. 그 풍경은 꿈속에서 보는 듯이 변형되어서 한 번도 본 적 없는 듯한, 그런데 어디에나 있을 법한 도시의 모습을 보여주었다. 그런 풍경이 마치 산맥처럼 길게 이어졌다.

'흡인력이 대단한 작품이네. 이런 게 앞으로 600점이나 있는 건가, 이야.' 하고 감탄했다.

"사쿠마 씨, 자세히 보고 싶은 작품을 골라주세요."

시라토리 씨가 말했다. 유미는 주위를 한 번 둘러보고는 "빌딩 풍경이 많네요."라고 나른하게 졸린 듯한 말투로 말했다.

"많은 게 아니라 전부 빌딩이야. 전시 제목도 '빌딩 풍경'이잖아."

"아, 진짜 전부 빌딩이네. 놀래라! 그렇구나, '빌딩 풍경'이구나! 제일 중요한 걸 빠뜨리고 있었어!"

폭소가 터졌고, 작품의 흡인력을 흐트러뜨리듯이 분위기가 가벼워졌다. 유미 같은 사람을 가리켜 분위기 메이커라고 할 것이다.

흑인일까, 백인일까

유화와 대형 설치미술 작품 구역을 통과하자 미국 만화책과 전단지 등을 콜라주(책, 사진 등을 오리고 붙여서 작품을 만드는 기법)한 작은 작품의 구역이 나왔다. 한눈에 보기에는 주제도 모티프도 전혀 알 수 없었다. 오늘은 설명하기 퍽 어렵겠다 싶었다.

아리오 콜라주네.
유미 어.

오타케 신로가 처음 콜라주를 시작한 건 초등학생 때였다. 학급신문을 만들기 위해 선생님이 나눠준 모조지를 집에서 살펴보다가 학급신문은 까맣게 잊어버리고 모조지를 여러 장 연결해서 등신대의 '커다란 뽀빠이'를 만들었다.

그렇게 예상을 뛰어넘은 커다란 뽀빠이가 완성되었다. 그런 뽀빠이는 본 적이 없었다. 방금 전까지 들었던 '해냈다!' 하는 성취감을 명백히 뛰어넘어 경험한 적 없는 감정이 복받쳤다.

— 오타케 신로, 『보이지 않는 소리, 들리지 않는 그림』

그런데 그다음에는 뽀빠이 주위의 여백이 신경 쓰여서 오타케 신로는 뽀빠이를 오려내기로 했다. 그때 느꼈던 시원한 쾌감이 계기가 되어 오타케는 그 뒤에 다양한 소재를 '자르고 붙이는' 작업을 계속해왔다. 콜라주란 감각적인 작업으로 간단히 말해 '누더기'이기 때문에 작품의 의도를 찾아내기가 쉽지 않다. 아예 논리 정연한 의미 같은 건 없을 가능성도 있다.

그래도 우리는 모래사장에서 표류물을 모으듯이 이야기했다.

유미가 선택한 것은 「8월, 하리활도8月、荷李活道」(1980년)라는 작은 작품이었다.

유미 정장을 입은 한 남자가 있고, 손수건으로 얼굴을 닦는 것 같아. 오른손에는 쟁반처럼 둥근 걸 들고 있어. 배경에는 수많은 테이프가 붙어 있고.

• 大竹 伸朗, 『見えない音 聴こえない絵』新潮社 2008.

오타케 신로, 「8월, 하리활도」(1980) 12×16.8㎝

아리오 다양한 것들이 몇 겹이나 겹쳐져 있는 느낌이야. 그래서일까? 거리를 묘사한 것 같아. 북적북적한 거리. 뉴욕 아닐까? 작품에 잡티가 많은데, 그걸로 소리나 색 같은 도시의 북적거림을 표현한 것 같아.

유미 응, 그러게. 뉴욕일 수도 있겠네. 여러 색이 겹쳐 있는 게 뉴욕 느낌이 나.

25년이나 살아온 사람이 '뉴욕'이라고 말할 정도니 틀림없겠다고 확신한 직후, 팸플릿을 살펴본 유미가 "어? 홍콩인가봐."라고 말했다. "홍콩? 정말로?"라며 시라토리 씨가 재미있어했다.

"이 남자 때문에 뉴욕으로 보인 것 같아. 봐, 정장 차림이 월스트리트에 있는 비즈니스맨 같잖아."

내 말이 끝나자 한동안 옆에서 지켜보던 마이티가 갑자기 대화에 끼어들었다.

"잠깐 있어봐. 이거 어린애가 아이스크림 먹는 거 아냐?"

그 한 마디로 대화는 혼돈에 빠져들었다.

아리오 어린애? 어떻게 봐도 아저씨잖아. 이거 봐. 이거 모자

• 하리활도(荷李活道)는 홍콩에 있는 '할리우드 거리'를 중국어로 표기한 것이다.

아냐?

마이티 아냐, 좀 떨어져서 봐봐. 아무리 봐도 어린애야. 게다가 흑인이 아니라 백인이고.

유미 뭐? 백인으로 보인다고? 흑인이야. 그것보다 아이스크림은 무슨 말이야? 나한테는 아무래도 손수건으로 얼굴을 닦는 사람으로만 보이는데. 음…? 그런데 확실히 멀리 떨어지니까 어린애로 보이네. 아냐, 스무 살 정도인가. 그래도 역시 흑인으로 보여.

마이티 그건 그렇고 뉴욕이라느니 '거리'라느니, 무슨 말이야? 나는 가게로만 보이는데. 이건 아이스크림 가게야!

아리오 아이스크림이라니, 마이티가 지금 먹고 싶은 거 아냐?

시라토리 씨는 혼란이 심해질수록 "와! 진짜? 재미있다, 하하하." 하며 크게 웃었다. 우리는 딱히 결론을 내리지 못한 채 다음 전시실로 이동했다.

"시라토리 씨, 지금 어디 있는지 알 수 있어?"라고 내가 물어보자 뭘 그런 걸 묻느냐는 말투로 "당연하지. 제3전시실에 들어온 참이잖아."라고 답했다. 미토 예술관을 수없이 방문한 시라토리 씨에게 이곳은 동네 산책길이나 마찬가지였다. 그래서 그날만큼은 지금 우리가 어떤 공간에 있는지 설명할 필요가 없었다.

외국 사탕의 맛

시라토리 씨가 현대미술의 재미에 눈뜬 곳이 바로 미토 예술관이다. 사실 그뿐 아니라 시라토리 씨와 미토 예술관은 '미술관의 마사지숍'에서 알 수 있듯이 끊으려야 끊을 수 없는 깊은 연으로 맺어져 있다. 다른 길로 새는 셈이지만, 이쯤에서 시라토리 씨와 미토 예술관이 어떻게 처음 만나서 깊은 관계를 맺었는지 설명하고 넘어가겠다.

약 20년을 거슬러 올라가 1997년의 어느 봄날, 미토 예술관에 걸려온 한 통의 전화에서 모든 일이 시작되었다. 전화를 건 사람은 "시라토리 겐지라고 합니다."라며 자신을 소개했다.

다빈치와 만났던 대학생 생활을 마친 시라토리 씨는 아이치현에서 지바현의 나가레야마시로 이사했다. 그곳에서도 새로운 미술관 개척은 계속했다. 그러던 와중에 지인이 소개해준 곳이 미토 예술관이었다.

시라토리 씨가 여느 때처럼 "전맹이지만 전시회가 보고 싶습니다. 누군가 안내해주시길 바랍니다."라고 부탁했는데, 미토 예술관은 수월하게 요청을 받아주었다. 그래서 시라토리 씨는 '미토 애뉴얼 '97 부드러운 공생'이라는 전시를 보러 미토 예술관에 찾아갔다.

그때 처음으로 현대미술을 접한 시라토리 씨는 작품과 관람객의 거리가 가까워서 깜짝 놀랐다. 특히 인상에 남은 것은 쿠바 출신의 현대미술가 펠릭스 곤잘레스토레스(1957~96)의 작품이었다. 전시실 가운데에 은색 포장지로 싸인 사탕이 무수히 깔려 있었다. "사탕을 먹어도 된다고 해서 주워서 입에 넣어봤어. 과일 맛이었던 것 같은데 엄청 달더라고. 그야말로 외국 사탕 같은 맛이었지. 사탕을 먹는 게 무슨 의미인지는 잘 몰랐지만, 작품이 내게 말을 걸어오는 느낌이 재미있었어."

그때까지 시라토리 씨가 보았던 작품들은 주로 명화였는데, 당연히 '만질 수 없는 것'들이었다. 하지만 곤잘레스토레스의 작품은 보는 사람이 작품 일부를 주머니에 넣거나 먹어버리는 걸 전제로 삼고 있었다. '재미있네. 이것도 예술이구나.' 그 일로 시라토리 씨의 마음이 움직였고 현대미술 작품을 적극적으로 보기 시작했다.

시라토리 씨가 미토 예술관을 두 번째 찾았을 때는 형광등을 설치한 라이트박스와 사진을 이용해 만든 작품으로 유명한 캐나다의 예술가 제프 월(1946~)의 전람회가 개최 중이었다. 그날 시라토리 씨의 안내를 맡은 사람은 교육 프로그램 담당자인 모리야마 준코 씨였다. 상사가 "전맹인 분이 전시를 보러 오니까 전람회를 함께 돌아주길 바란다."라고 부탁했다고 한다.

펠릭스 곤잘레스토레스, 앞쪽은 「무제(가짜 약)」(1991), 안쪽은 「무제(화학요법)」(1991)

(그 상사란 그 뒤에 요코하마 미술관 관장을 거쳐 현재 국립신미술관 관장으로 있는 오사카 에리코 씨다.)

뭐? 전맹인 사람이 미술관에? 모리야마 씨는 놀랐다. 어릴 적에 맹학교 근처에서 자란 모리야마 씨는 흰지팡이를 쓰며 거리를 걷는 사람을 많이 봐왔지만 전맹인 사람이 미술 감상을 하는 모습은 도저히 상상할 수 없었다. 그날 미토 예술관에 나타난 사람은 조용한 분위기의 남성이었다.

모리야마 씨는 어떤 식으로 이야기하면 좋을까 주저하면서도 오사카 씨와 함께 시라토리 씨를 안내해 전람회를 돌아보았다. 별다른 문제도 없었고, 즐겁게 감상을 마쳤다고 한다. 하지만 모리야마 씨의 마음속에는 개운하지 않은 감정이 남았다. '오늘 했던 걸로 충분했을까? 무슨 이야기를 더 해야 했을까? 색이나 형태? 작품 배경? 인상?' 그런 의문은 타다 남은 장작불처럼 연기를 계속 냈다.

"개운하지 않다고 했지만, 여러 의미로 무척 풍족한 시간이었어요. 몇 번이나 시라토리 씨와 함께한 시간을 떠올리면서 미술 감상이란 무엇인지, 장애란 무엇인지 생각하는 출발점으로 삼았어요."

그로부터 1년 뒤의 일이다. 모리야마 씨는 문득 눈에 들어온 전시회의 전단지에서 신경 쓰이는 정보를 발견했다. 한 워크숍의 정보로 '눈이 보이지 않는 사람과 보기 위한 워크숍: 두 사람이 볼 때 비로소 알 수 있는 것'이었다. NPO 일본장애인예술문화협회(현재는 에이블 아트 저팬)가 기획하고 도쿄도 미술관에서 개최한 '이 아트로 기운을 얻다 에이블 아트 '99'의 관련 프로그램이었다.

'혹시 내 속의 의문을 이해하기 위한 단서를 줄지도 몰라.' 모리야마 씨는 참가를 신청했다.

그 워크숍의 진행을 맡은 사람이 우연히도 시라토리 씨였다. 시라토리 씨는 목소리로 금세 모리야마 씨를 알아채고 "아, 모리야마 씨 오셨네요!"라고 말을 걸었다. 생각지 못한 재회에 두 사람은 기뻐했다.

전시회 중에 세 차례 열린 워크숍은 반향을 불러일으켰고, '시각에 장애가 있는 사람의 미술 감상이란 만져서 감상하는 것'이라는 기존의 관념이 크게 바뀌는 계기가 되었다. 또한 만질 수 없는 평면 작품을 말로 감상하는 방식에 커다란 가능성이 숨어 있다는 사실을 많은 사람들이 발견하고 직접 느꼈다.

눈이 보이는 사람들도 혼자 볼 때와 다른 감각으로 작품을 마주할 수 있었고, 작품에서 많은 것들을 새로이 발견해 감동할 때가 많았다. 그들은 몇 번이나 '눈이 번쩍 뜨이는' 경험을 했다.

　　—『백문이 불여일견이라고?: 시각장애가 있는 사람과 말로 미술 감상하기 핸드북』•

　그 워크숍은 시라토리 씨의 개인적인 활동에 지나지 않았던 '보이는 사람과 보이지 않는 사람의 예술 감상'이 분명한 형태를 지니고 사회로 진출한 기념할 만한 일이었다. 평소 알고 지내던 일본장애인예술문화협회 관계자가 건넨 진행 제안을 시라토리 씨는 워크숍을 조금 앞두고 승낙했다. 처음 제안을 받았을 때는 별로 내키지 않았지만, 나중 일은 어떻게 되든 용기

• エイブル・アート・ジャパン編,『百聞は一見をしのぐ!?: 視覚に障害のある人との言葉による美術鑑賞ハンドブック』エイブル・アート・ジャパン 2005.

를 내서 사람들 앞에 섰고 처음으로 자신의 경험과 생각을 말로 표현했다.

"사람들 앞에서 이야기하는 걸 싫어하니까 썩 내키지는 않았는데, 주위에서 권하기도 해서 내 경험을 이야기했어요. 그런데 사실 그날 어땠는지는 별로 기억나지 않아요. 나도 꽤 긴장했거든!"

"그때도 미술 감상을 일이나 생업으로 삼겠다고 생각했어요?" 내가 물어보았다.

"아뇨, 전혀. 그저 나라는 개인이 뭘 즐길 수 있고 뭘 즐길 수 없는지, 그런 것부터 알고 싶었을 뿐이었어요."

워크숍에서는 참가자와 진행자가 그날의 감상 경험을 돌아보는 시간이 있었다. 그 시간에는 참가자들이 "색에 관해 설명해도 괜찮나요?" 같은 질문을 많이 했다. 모리야마 씨는 시라토리 씨와 참가자들의 대화를 들으며 확신했다고 한다. 눈이 보이지 않는 사람과 함께하는 시간이 미술 감상이란 무엇인지, 그리고 장애인 혹은 타인과 하는 소통이란 무엇인지 생각해보게 하는 귀중한 경험이 될 것이라고. 그래서 워크숍을 마친 다음 모리야마 씨는 "저희가 진행하는 자원봉사자 연수에 와주시지 않겠어요?"라고 시라토리 씨에게 제안했다.

여기서 특히 강조하고 싶은 것은 당시 제안의 목적이다.

"눈이 보이는 사람과 보이지 않는 사람의 차이를 줄이려는 것이 아니었어요. 오히려 시각장애가 있는 분들과 함께 작품을 보면 미술관, 학예사, 그리고 눈이 보이는 감상자도 무언가 얻을 것이라고 생각했죠. 작품을 보는 방식이란 지극히 개인적인 것이라 눈이 보이는 사람들도 모두 일치하지는 않아요. 그런 인식의 엇갈림을 장애의 유무와 상관없이 서로 대화하면서 보정할 수 있지 않을까 생각했어요."

그것은 도움을 주는 쪽과 받는 쪽이라는 관계를 뒤집는 새로운 발상이었다.

모리야마 씨가 주저하지 않고 전례 없는 행동에 나설 수 있었던 것의 배경에는 미토 예술관만의 사정이 있었다. 그 전부터 미토 예술관은 관람객을 대상으로 '대화형 감상 투어'를 진행했고, 그 투어를 담당할 시민 자원봉사자 육성에도 노력을 기울여왔다. 앞서 언급한 모리야마 씨의 상사 오사카 에리코 씨는 뉴욕 현대미술관(이후 MoMAThe Museum of Modern Art)이 제창한 대화형 미술 감상법*을 일본에 소개한 사람으로 MoMA의 교육부 직원을 미토 예술관에 초청해 일본 전역의 학예사를 대상으로 연수를 실시한 적도 있다. 당연하지만 모리야마 씨도

• 미국의 인지심리학자이자 미학자인 애비게일 하우센(Abigail Housen)의 심미적 발달 단계 이론과 시각적 사고 전략(VTS) 감상 이론에 기초하여 MoMA가 개발한 감상법으로 작품을 면밀히 관찰하고 각자 생각을 자유로이 표현하며 토론하는 감상법을 가리킨다. 일본과 이탈리아 등 여러 나라의 교육 현장에서 대화형 미술 감상법을 활용한 수업이 이뤄지고 있다.

그 연수를 받았다.

"놀라운 점은 시라토리 씨가 자연스레 했던 감상 방법이 MoMA에서 고안한 방식과 매우 비슷하다는 거예요. 감상을 시작하면서 다 함께 작품에 관한 간략한 묘사를 거듭하는 것. 참가자들이 내는 해석과 의견을 하나로 정리하지 않고, 답이 나오지 않거나 모순이 있어도 그 자리에서 공유하는 것. 그러면서도 무리해서 답을 하나로 통일하지 않는 것. 그런 자유로운 감상 스타일이 정말 유사해요."

그렇게 미토 예술관과 시라토리 씨는 드라마틱하게 재회했다. 그 뒤로 시라토리 씨는 1년에 한두 차례씩 자원봉사자와 박물관 실습생의 연수를 맡게 되었다.

같은 해인 1999년 시라토리 씨는 한 여성과 결혼하여 지바현 마쓰도시로 이사했고, 이윽고 아이가 태어나 삶의 새로운 단계가 시작되었다.

또한 앞서 언급했던 '눈이 보이지 않는 사람과 보기 위한 워크숍'의 참가자들 사이에서는 시각장애인과 비장애인이 함께 감상하는 활동을 계속하고 싶다는 의견이 나왔고, 그 결과 2000년에 '뮤지엄 액세스 그룹 MAR'(이후 MAR)가 발족했다. MAR(발음은 '마')는 'Museum Approach and Releasing'의 앞 글자를 딴 것인데, "미술관이라는 공간에서 작품 앞에 서야 비로소 맛볼 수 있는 것이 있다"는 시라토리 씨의 말을 따라 시민과 미술관의 새로운 관계를 만들기 위해 '모두의 것인 미술관을 더욱 즐기자'는 마음을 담아 붙인 이름이다. 시라토리 씨를 비롯한 MAR 구성원들은 미토 예술관을 포함해 일본 각지의 미술관을 방문하며 정력적으로 감상을 계속해왔다.

그렇게 미토 예술관과 시라토리 씨의 연은 더욱더 깊어졌다.

더 나아가 2006년 미토 예술관에서는 현대미술가, 만화가, 사회운동가, 장애가 있는 작가 등 다양한 사람들이 참가하는 '라이프전'을 개최했다. 그 전시와 관련해 시라토리 씨가 진행을 맡아 시각장애인과 비장애인이 함께하는 관람 투어가 기획되었고, 처음으로 일반 관객들에게도 투어의 문을 열었다. 투어에는 시각장애인과 비장애인이 20명 정도 참가했다.

2010년에는 투어의 명칭을 '시각장애인과 함께하는 감상 투어, 세션session!'(이후 '세션!')이라고 바꾸었고, 현재까지 1년에 한두 차례씩 진행하고 있다. 그래서 시라토리 씨는 미토 예술관의 전시를 거의 전부 보았고, 내부에서 마사지숍을 열 정도로 미토 예술관과 연이 있는 것이다.

앞서 시라토리 씨가 결혼하여 지바현으로 이사를 갔다고 적었는데, 그 뒤로 20여 년 동안 그의 신변에는 많은 변화가 일어났다. 2006년에는 7년 동안의 결혼 생활에 종지부를 찍고 도치기현의 나스로 이사했다. 이혼한 이유에 관해서는 "90퍼센트는 나 때문이라고 생각한다"고 설명할 뿐이라 자세히는 나도 모른다. 단, 시라토리 씨에게 인생에서 가장 괴로운 시기였다고 한다.

나스에는 아는 사람이 전혀 없었지만, 거처를 제공하는 일자리가 있다는 이유만으로 그곳에 갔다. 일이란 출장 안마사로 온천 마을에 있는 숙박 시설의 객실에 불려 다녔다.

"안마사의 기숙사 같은 곳에서 지냈어. 나 외에도 맹인 안마사가 더 있었고. 좁은 방이라 그때까지 모았던 CD는 거의 처분해야 했고, 한가할 때는 퍼즐 같은 걸로 시간을 때웠지."

나스는 겨울에 무척 춥고 눈도 많이 내린다. 교통수단도 적고 언덕길도 많은데 혼자 힘들지 않았을까.

"응, 그쪽은 이동 수단이 자가용이니까 거의 돌아다니지 못했지. 그래서 두세 달 쉬지 않고 일하다 '슬슬 속세의 공기를 마시고 싶다'는 생각이 들면 미토에 가서 이틀 정도 묵으면서 예술관에 가거나 술을 마셨어."

그렇게 2년 반 동안 출장 안마사로 일하며 미토를 오가는 사이에 지인과 술자리 친구가 부쩍 늘어났다. 특히 미토 예술관 근처의 이발관에 다니다가 그곳의 직원과 친한 술친구가 되었다. 마침내 시라토리 씨는 2008년 가을에 미토로 이사를 결정했고, 단골 이발관의 1층에 '시라토리 마사지'라는 가게를 개업

했다.

그 마사지숍이 시가지 재개발 때문에 2019년 폐업했다는 사실은 앞서 적었다. 현재 시라토리 씨는 재혼하여 아내인 유코 씨와 함께 미토 시내에서 살고 있는데, 그에 관해서는 뒤에서 좀더 다루겠다.

이런저런 일이 있었지만 시라토리 씨의 곁에는 늘 미술관이, 미술 감상이 있었다.

저건 쌍둥이 빌딩일까?

샛길이 꽤 길어지고 말았는데, 다시 '빌딩 풍경'으로 돌아가겠다.

전람회에는 회화뿐 아니라 입체 작품도 있었는데, 압도적인 물량과 질감으로 덮쳐오는 듯했다. 오타케 신로는 도시의 골목과 어둑어둑한 샛길을 오랫동안 걸어다니며 그 안쪽까지 들여다본 게 틀림없다. 그리고 도시가 지닌 잡다한 풍경의 기억에 상상력을 보태어 '그린다'는 육체적 충동에 따라 작품으로 승화시킨 것이다. 그 힘 있는 작품 속을 걸어보면, 가본 적 없는 도시의 습기와 숨 막히는 냄새까지 느껴지는 듯했다. 여행이 곧 일상인 유미가 오타케 신로의 작품을 왜 좋아하는지 이해할 것 같았다.

그다음 우리의 주의를 끈 것은 빌딩과 비행기가 그려진 작은 작품이었다.

"이 그림, 뉴욕일지도 모르겠어…."

나는 반사적으로 말했다. 그 작품은 두 고층 빌딩에 비행기가 돌진하는 듯한 구도로 그려져 있었다.

"어? 혹시 쌍둥이 빌딩?"

유미는 얼빠진 듯한 목소리를 냈다. 내 뇌리에 떠오른 것은 2001년에 동시 다발로 일어난 '9·11 테러'였다.

유미는 잽싸게 전람회 팸플릿을 꺼내고는 작품 제목을 확인했다. 거기에는 「에릭 사티, 홍콩」이라고 쓰여 있었다.

"홍콩 같은데."

"뭐야, 홍콩이구나!"

"응, 응."

우리 사이에 안도하는 분위기가 흘렀다. "옛날 홍콩 공항은 착륙할 때 비행기가 빌딩 사이로 들어가는 것 같았다고 들은 적 있어." "나도 기억나."라고 서로 말했다.

"홍콩 좋아해?" 나는 유미에게 물어보았다. "응, 여러 번 가봤어. 좋아하는 도시야. 왜 그런지는 모르는데, 나는 오래전부터 혼란스러운 도시에 마음이 끌려."라고 유미는 이야기했다.

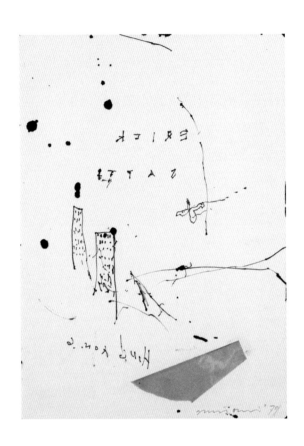

오타케 신로, 「에릭 사티, 홍콩」(1979) 18.7×26*cm*

나란히 있는 두 고층 빌딩과 비행기를 보고 반사적으로 '9·11 테러'를 떠올린 것은 우연이 아닐 것이다. 2001년 9월 11일. 유미는 뉴욕, 나는 워싱턴에 살고 있었다. 모두 당시 테러의 목표가 되었던 도시들이다.

앞서 관람자는 뇌에 저장된 과거의 기억이나 경험에 기초해서 작품을 본다고 했다. 그러니 작품에서 무언가를 느끼거나 의미를 찾는 것은 관람자의 몫으로 그 결과에는 각자의 가치관과 경험이 짙게 배어난다. 예술을 보는 행위의 재미는 바로 그 점에 있다. 다양한 해석을 용인하는 작품의 넓은 품이 시대와 사람을 거울처럼 보여주는 것이다.

계속해서 '빌딩'이 나타났다. 멀리서 빌딩을 바라본 작품이 있는가 하면, 실내의 풍경을 묘사한 것도 있었고, 뭉개버리듯이 꾹꾹 눌러 칠해서 빌딩의 잔상만 느껴지는 작품도 있었다.

응?

새로운 전시실에 들어가니 이번에도 빌딩과 비행기를 모티프로 삼은 두 회화 작품이 보였다. 모두 짙고 어두운 남색의 밋밋한 하늘이 배경이었고, 두 빌딩이 하얀 선으로 쓱쓱 그려져 있었다. 빌딩은 어쩐지 미덥지 않아 보였고, 그 바로 위에 하얀 비행기가 날고 있었다.

이 작품도 홍콩인가?

팸플릿을 확인해보니 작품명은 「빌딩과 비행기, N.Y. 1」「빌딩과 비행기, N.Y. 2」였다.

이번에는 틀림없이 뉴욕이었다. 제작 시기는 2001년 12월.

"뉴욕이네."

"그렇네."

"2001년인가."

"응."

그렇게 말한 뒤 나와 유미는 입을 꾹 다물었다.

간신히 내 입에서 흘러 나온 말은 "그날, 뭐 했어?"라는 질문이었다.

"마침 신혼여행에서 돌아온 다음 날이었어. 너는?"

"나는 애인이랑 한창 크게 싸우고 있었어."

2001년 9월 11일 아침, 나는 워싱턴의 내 아파트에서 당시의 애인과 등을 돌리고 누워 있었다. 서로 나이프로 찌르듯이 말싸움을 한 바로 다음 날이었다. 두 사람 모두 치명상을 입은 동물처럼 일어나지도 못했고, 이제 헤어질 수밖에 없다고 슬픔과 분노를 느끼며 막다른 곳까지 몰려 있었다. 그날따라 애인의 휴대전화가 끈질기게 울렸다. 그는 귀찮다는 듯이 침대에서 일어나 휴대전화로 손을 뻗었다. 그리고 "뭐?"라고 놀라며 서둘

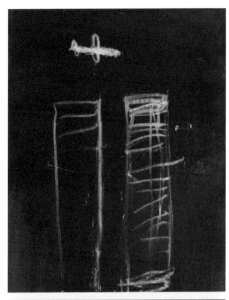

위쪽: 오타케 신로, 「빌딩과 비행기, N.Y. 1」(2001) 72.7×91.0cm
아래쪽: 오타케 신로, 「빌딩과 비행기, N.Y. 2」(2001) 72.2×91.0cm

러 텔레비전을 켰다.

뉴욕의 쌍둥이 빌딩에서 연기가 피어오르며 하늘로 퍼지고 있었다.

"불이야?"

"아냐, 사고 같아."

작은 그림자가 빌딩으로 다가가다 곧장 건물을 들이받는 영상이 텔레비전에 나타났다. 나는 그저 멍하니 화면을 바라봤다.

인간은 서로 다른 종류의 슬픔을 동시에 감당할 수 없는 듯 싶다. 방금 전까지 우리를 사로잡은 분노는 다른 차원의 공포와 슬픔에 지배당했고, 우리는 말없이 끌어안기만 했다. 결국 그와는 한 달 뒤에 완전히 헤어졌지만, 그 순간에는 우리의 언쟁이 모두 방구석에 쌓인 먼지처럼 여겨져서 서로 붙어 있기만 했다.

한편 유미는 앞서 언급한 대로 신혼여행에서 돌아온 참이었다. 일로 복귀하는 날, 아침에 일어났을 때는 이미 첫 번째 비행기가 쌍둥이 빌딩을 들이받은 뒤였다.

"출근하려고 해도 대중교통이 전부 멈췄어. 일단 집에서 대기하라기에 계속 텔레비전을 보는데, 얼마 지나지 않아서 (세계무역센터가) 무너졌어. 한동안 넋이 나가 있다가 갑자기 정신이 번쩍 들더라고. '저기서 일하는 친구가 있는데!'라고. 몇 번이나 재다이얼, 재다이얼, 재다이얼을 눌렀지만 전혀 연결되지 않았어. 연결될 거라고 생각한 나도 참 바보야. 빌딩 자체가, 더 이상 빌딩이 존재하지 않았으니까."

어느새 그로부터 18년. 우리가 '그날'에 관해 이야기한 것은 그때가 처음이었다.

시라토리 씨는 그런 우리를 조용히 지켜봐주었다. 솔직히 말하면, 그 순간에는 시라토리 씨의 존재가 머릿속에서 사라져 있었다. 그래서 그가 우리의 대화에 어떻게 반응했는지는 기억나지 않는다. 그만큼 그 작품의 인상은 강렬했다.

그렇다 쳐도 빌딩, 비행기, 뉴욕.

이 작품은 정말로 9·11 테러와 관련이 있는 걸까. 아니면 그저 우연일 뿐 우리가 멋대로 작품과 테러를 관련지었을 가능성도 충분히 크다.

작품은 그저 조용히 그 자리에서 보는 이에게 질문을 건넨다.

'당신은, 이 세계를 어떻게 보고 있습니까?'

그 뒤에도 우리는 종종 작품 앞에서 "이건 뭘까?"라며 할 말을 잃고 망설였다. 그럴 때 시라토리 씨는 느긋하게 우리의 다음 말을 기다려주었다. 그 말로 표현할 수 없는 '공백'조차 그는 사랑한다. 무의식중에 새어 나오는 "아아…" 하는 탄식에 흐르는 수많은 생각과 감정을, 그 즉흥적인 음색을 그는 즐긴다.

사람과 사람이 만나서 자아내는, 태어나자마자 사라지는 음색을.

마음이 동할 때

"내가 평소에 얼마나 작품을 제대로 보지 않았는지 깨달았어. 재밌더라!"

미술관에서 나온 유미는 만면에 웃음을 띠었다. 600점이나 되는 작품의 소용돌이에 빠졌던 몸은 녹초가 되었지만, 아직 집에 돌아가고 싶지 않았다. 우리 넷은 이른 저녁부터 문을 여는 술집을 찾아 생맥주를 주문했다.

"건배!"

뒤늦었지만 시라토리 씨에게 유미를 정식으로 소개해주지 않았다고 반성하며 "유미는 46세 생일을 스트립 바에서 맞이한 여자야!"라고 소개했다. 유미는 현재 뉴욕을 거점 삼아 에세이와 논픽션 등을 쓰고 있고 인기 팟캐스트도 진행하고 있다. 나는 그런 공식적인 내용을 전부 제쳐두고 '스트립 바에서 생일을 맞은 여자'라고 소개한 것인데, 유미는 의기양양하게 "맞아, 친구가 시부야에서 스트립 바를 하거든!"이라고 이야기하기 시작했다.

시라토리 와!

유미 그 생일에는 종일 일만 했고, 심지어 비도 엄청 왔어. 그래서 힘드니까 그냥 집에 갈까 싶었는데, 스트립 바를 하는 친구가 평범한 바도 운영하고 있어서 일단 거기에 가본 거야. 그랬는데 미국인 친구가 그곳에 와 있었고, 같이 스트립 바에 가자고 하더라고. 뭐, 나도 생일이고 친구네 장사도 잘되는 것 같아서 가봤더니 가게 앞에 끝내주는 마세라티가 서 있었어. 가게에 들어갔는데 '엄청난 부자가 와서 여자애들을 독차지했는데, 괜찮으세요?'라더라. 가게 안은 이미 난리도 아니었고.

아리오 엄청난 부자! 돔 페리뇽을 마구 시키는 사람?

유미 맞아. 그래도 나한테는 생일이라는 전가의… 뭐였지? 그 집안 대대로 내려오는 그거.

시라토리 응? 보도?

유미 아아, 그래. 전가의 보도다. 암튼 나는 생일이었으니까 여자애들을 세 명 정도 우리 쪽으로 보내줬어.

시라토리 재미있네!

유미 그 바에서는 주로 외국인이나 혼혈인들이 일하는데, 다른 바하고는 좀 달랐어. 들어보니까 도쿄의 바에서는 백인

혼혈이 아니면 거의 고용하지 않는데. 일본에는 브라질이나 파키스탄 계통 혼혈이 많은데, 그런 애들은 일하고 싶어도 일할 곳이 별로 없다고. 그런데 내 친구 가게에는 다양한 여자애들이 있고, 개성파에 재미있는 애들이 많아서 진짜 최고였어.

시라토리 최고였구나, 하하.

유미 응!

유미는 어떤 순간이나 사람과 마주했을 때 마음이 끌리는지에 대해 이야기를 이어갔다. 시라토리 씨와 마이티는 유미의 이야기에 흠뻑 빠져서 연신 폭소를 터뜨렸다. 이야기가 점점 성적인 방향으로 흘러가는 걸 핑계 삼아 나는 전부터 시라토리 씨에게 궁금했던 것을 물어보았다.

아리오 시라토리 씨는 어떨 때 욕구가 솟아나? 미인이고 세련됐다 같은 시각 정보가 없는데, 그럼 뭐가 중요할지 궁금해.

유미 오, 갑자기 핵심을 묻네.

시라토리 내 경우 20대에는 냄새가 꽤 중요했어.

아리오 아, 냄새.

유미 냄새는 중요하지!

아리오 이 사람한테서는 좋은 향기가 나는구나, 하는 거야?

시라토리 맞아, 맞아. 그런데 아마 40대가 된 다음 같은데, 최근 몇 년 동안에는 왠지 냄새에 반응하지 않는 것 같아. 최근 들어 그렇거든. 무슨 일인가 걱정돼, 하하.

유미 왜 그런 걸까요. 목소리는 어때요?

시라토리 목소리도 중요하죠. 좋아하는 목소리 같은 게 있어. 외모처럼 목소리를 듣고 설레기도 하고.

아리오 어떤 목소리가 좋아?

시라토리 설명하기 어려운데, 목소리가 부드러운 사람 같아. 예를 들면, (볼탕스키의 전시회를 함께 본) 마유미 씨의 목소리가 엄청 좋았어. 발성하는 방식도 편안하게 힘을 뺀 느낌이라 좋았고. 내 경우에는 외모가 아니라 '목소리'에 속을 때가 있어. 눈이 보이는 사람들이 외모에 혹하는 거랑 비슷하지 않을까.

아리오 그래도 외모보다는 목소리가 본질을 드러내는 것 같지 않아? 몸속에서 나오는 거잖아. 맞다! 시라토리 씨는 아내분이랑 엄청 금슬이 좋아.

유미 와, 그렇구나!

시라토리 씨와 아내 유코 씨는 미토 시내에서 개최된 '시라토리 마라톤'이라는 행사에서 처음 만났다. 시라토리 씨가 주최한 행사인데, 마라톤이라고 해서 정말로 달리기를 한 것은 아니다. 그저 하루 종일 한 가게에서 마라톤처럼 계속 마시는, 어떤 점에서는 무척 금욕적이라 할 만한 행사였다. 장소는 시라토리 씨의 단골 레스토랑인 트라토리아 블랙버드였다.

"그 가게 사람들이랑 개업 직후부터 친해져서 내 마사지숍의 1주년 기념 파티를 거기서 했어. 내가 평소에 찍은 사진을 프로젝터로 큰 화면에 상영하기도 하고."

아침부터 밤까지 사람들이 들락날락하는 떠들썩한 행사였고, 친구는 물론 모르는 사람들도 많이 찾아왔다. 그날 밤늦게 나타난 사람이 유코 씨였다.

아리오 첫인상은 어땠어?

시라토리 그게 나는 하나도 기억이 안 나. 만취했으니까. 나는 아침 8시부터 마셨고, 유코 씨는 밤 9시쯤 와서 어쩔 수 없었어. 그래도 며칠 뒤에 같은 가게에서 마시고 있는데, 유코 씨가 먼저 말을 걸었어. 그때 봤죠, 하고.

아리오 그렇게 만나고 금방 결혼까지 한 거지?

시라토리 응, 맞아.

유미 대단하다.

아리오 결혼식은 했어?

시라토리 안 했어. 사귀자고 말하기도 전에 함께 살자는 것부터 정했으니까.

유미 어? 뭐라고! 왜? 어떻게 그런 거야?

시라토리 우리도 그걸 잘 모르는데, 만나서 얘기해보니까 말이 엄청 잘 통하는 거야. 정신 차리고 보니까 우리는 홀 케이크처럼 함께 있는 게 완전한 형태라고 둘 다 이해하게 되었어. 함께 있는 게 지극히 자연스러우니까 그냥 함께 살자고 한 거지. 처음 만나고 2주 정도 지났을 때였나. 유코 씨랑 어머님이 함께 살기로 해서 그럼 나도 그 집에 끼워달라고 하고 이사했어.

유미 굉장해!

아리오 유코 씨 어머님도 많이 놀라지 않으셨을까? 2주 전까지 흔적도 없던 남자가 갑자기 나타났고, 전맹이고, 결혼하겠다니, 연타석 홈런이네.

시라토리 나중에 얘기를 들었는데, 친구가 많은 사람이면 괜찮지 않겠냐고 하셨대. 나는 아는 사람이 많으니까.

마이티 그렇게 판단하신 것도 대단해. 보통은 무슨 일을 하고 수입은 얼마인지 물어볼 텐데 친구가 많으니까 괜찮다니, 뭔가 좋다!

무엇이 보였나요?

나는 전시회를 본 다음에 나누는 대화를 관람 시간만큼, 아니 그 이상으로 좋아했다. 젊은 시절에는 영화를 보면 찻집에 들어가서 실컷 수다를 떨었는데, 그때로 돌아간 느낌이었다.

앞서 언급한 '세션!'에도 전시를 관람한 다음 '돌이켜보는 시간'이 있다. 다 함께 감상을 공유하고 참가자가 시라토리 씨에게 질문하기도 한다. 그때 참가자들이 시라토리 씨에게 종종 같은 질문을 던진다고 한다.

"제대로 전해졌나요?" "시라토리 씨에게 '보인 건' 무엇이었나요?" 하는 질문들이다.

'눈이 보이는 사람'의 관점에서는 지극히 마땅한 질문이겠지만, 시라토리 씨는 그 질문을 들을 때마다 '음, 뭔가 다른데…' 하고 마음이 살짝 복잡해진다고 한다. 나 역시 볼탕스키의 전시회를 본 다음 "머릿속에 이미지가 만들어지는 거야?"라고 물어보았으니, 그때도 시라토리 씨는 마음이 복잡했을지 모른다. 하지만 그렇다고 해서 상대를 배려하여 궁금한 걸 묻지 않고 참는 것도 기분이 좋지는 않다. 결국은 서로 더욱 깊이 이해할 수 있도록 대화하는 수밖에 없는 것이다.

"중도에 실명한 사람 중에는 머릿속으로 구체적인 이미지를 만들어내는 경우도 있으니까 '이 정도는 전해졌어요.'라고 답할 수 있을 거야. 하지만 나는 시각의 기억이 거의 없어서 막연한 이미지를 떠올릴 뿐이야. 그게 그림이 될 때도 있고, 안 될 때도 있고. 그래서 그런 질문을 받으면 '전해졌어요.'라고 답하지만 핵심은 그게 아냐."

"시험처럼 정답률이 몇 퍼센트라고 할 수는 없지."

"응, 정답률을 원하면 결국은 '시각의 기억'을 얼마나 썼느냐는 얘기가 될 수밖에 없어. 나한테 그런 건 하나도 재미없어."

나는 시라토리 씨와 함께 관람하는 경험을 거듭하면서 겨우 이 말을 이해했는데, 실은 무척 핵심을 찌르는 말이다.

문제는 눈이 보이는 사람들이 시각장애인들을 '눈이 보이지 않는 사람'이라는 커다란 분류로 뭉뚱그린다는 것이다. 시각장애인이라고 해도 선천적으로 보이지 않는 사람과 어느 정도 성장한 다음 실명한 사람은 살아오며 전혀 다른 경험을 했기에 머릿속에 축적된 정보량과 그 내용이 다르게 마련이다. 그래서 사물을 본 경험이 극도로 적은 시라토리 씨가 '보는' 세계는 눈이 보이는 사람, 그리고 중도에 실명한 사람들과 같지 않다. 다른 말로 표현하면, 지금 내가 눈앞에 두고 있는 컵을 시라토리 씨는 머릿속에서 같은 크기, 색, 형태로 재현하지 못한다. 그는 전혀 다른 상상력을 써서 컵을 '본다'. 이 말을 뒤집어보면 '눈이 보이는 사람' 또한 시라토리 씨가 '보는 것'을 상상조차 할 수 없다.

미토 예술관에서 워크숍을 기획한 모리야마 씨의 말을 다시 떠올려보길 바란다. 워크숍의 목적은 "눈이 보이는 사람과 보이지 않는 사람의 차이를 줄이려는 것이 아니었"다고 했는데, 바로 여기에 핵심이 있다. 눈이 보이지 않는 사람과 보이는 사람이 함께 작품을 보는 행위의 목적은 작품의 이미지를 서로 일치시키는 것이 아니다. 그 목적이란 생생하게 살아 있는 말을 실마리로 삼으면서 보이는 것, 보이지 않는 것, 이해하는 것, 모르는 것, 그 전부를 한데 아우르는 '대화'라는 여정을 공유하는 것이다.

감상과 해석이 같지 않다고 해서 상대방이 틀린 것은 아니다. 오히려 차이가 있기 때문에 새로운 발견을 할 수 있고, 그 덕에 내 내면의 바다가 풍요로워질 수 있다. 그러다 보면 스스로도 오랫동안 잊어버렸던 것을 다시 이야기하게 될지 모른다. 그날 우리가 그랬듯이.

'그 뒤'를 살아가다

아리오 아까 9·11인 것 같은 작품을 볼 때 유미가 신혼여행에서 돌아온 다음 날이었다고 했는데, 그때는 로이터 통신에서 일하고 있었지?

유미 맞아, 그때는 진짜 지옥 같았어. 전날 여행에서 막 돌아왔고 11시 반에 출근하는 일정이었는데, 아침에 일어나서 텔레비전을 켰을 때는 이미….

마이티 아, 그랬구나.

유미 '언니'의 인생에 큰일이 일어났는데 나는 일에 지배를 당한 거야. 그래서 이런 일 당장 때려치우겠다고 생각했지만, 회사 동료들도 모두 울면서 일하는 느낌이라 그럴 수는 없었어. 하필이면 그날 세계무역센터에서 열리는 콘퍼런스를 취재하러 간 동료들이 있었거든. 그 사람들도 그날 세상을 떠나서.

'언니'란 나와 유미의 친구를 가리킨다. 10대 때부터 미국에서 살아온 언니는 지식이든 물질적 도움이든 언제나 아낌없이 베푸는 사람으로 나도 유미도 미국에서 말로 표현할 수 없을 만큼 신세를 졌다. 아파트를 찾는 법부터 운전면허 따는 법, 밥 짓는 법, 업체에 항의하는 법, 리포트 쓰는 법까지 언니에게 물어보면 뭐든 해결되었다. 현지에서 프로페셔널하게 일하는 늠름하고 아름다운 언니는 그야말로 우리가 동경하는 사람이었다.

미국에 건너오고 6년이 지난 2001년, 나는 필립스 컬렉션 근처의 작은 컨설팅 회사에서 일하고 있었다. 그 무렵 언니는 뉴욕으로 이사해서 전처럼 자주 연락하지 않았다. 그래서 세계무역센터에서 일하던 언니와 약혼자가 테러에 휘말렸다는 소식은 다른 사람을 통해 알았다. 언니는 살아남았고, 약혼자는 그러지 못했다고 했다. 충격적이었다. 믿기 어려웠다. 가까운 사람에게 그런 일이 일어날 리 없다고 근거 없이 믿던 소인배인 나로서는 바로 받아들일 수 없는 소식이었다.

연락해야 한다고 생각했다. 그런 반면, 갑자기 연락해도 될지 망설였다. 이런 때만 연락하는 건 너무나 앞뒤가 안 맞는 행동이고 외려 언니에게 상처를 주지 않을까. 그래, 좀더 진정되면 전화해보자…. 하지만 이러저러하는 사이에 한 달이 지났고, 타이밍을 완전히 놓쳐버린 나는 컨설팅 회사를 그만두고, 애인과 헤어지고, 미국을 떠났다.

언니와 재회한 것은 16년 후, 2017년 가을이었다. 도쿄의 베트남 음식점에서 얼굴을 보았을 때, 나는 울었다. 호들갑이 아니라 정말로 살아서 다시 만난 게 기뻤다. 더 빨리 연락할 걸 그랬다고 생각했지만, 16년 전에 전하고 싶었던 것은 더 이상 말로 표현할 수 없었다. "네가 그렇게 생각하는 걸 알았으니까 그것만으로도 언니는 틀림없이 기뻤을 거야." 유미는 방긋 웃으며 말해주었다.

"그럴까? 그렇게나 신세를 졌으면서 전화 한 통 안 하다니 난 진짜 틀려먹었어."

그날, 그 순간에만 할 수 있는 말이라는 게 있는 법이다. 그 순간, 그 타이밍을 놓치면 두 번 다시 할 수 없는 말. 사람은 삼켜버린 수많은 말들을 가슴속 깊은 곳의 서랍에 간직하고 살아갈 수밖에 없다. 그렇지만 오래된 친구에게 이야기함으로써 몇 그램이나마 서랍이 가벼워진 것 같았다.

아리오　재작년(2017년)에 오랜만에 뉴욕에 갔을 때, 쌍둥이 빌딩 자리에 가봤어. 2001년에 미국을 떠나고 뉴욕에는 안 가봐서 그곳이 어떻게 되었는지는 몰랐어. 가보니까 지하에 쇼핑몰이 생겼고 다들 즐겁게 쇼핑하고 있더라. 진심으로 놀랐어. 물론 지상에는 추모비가 있지만, 지하에는 미국의 평범한 일상이 있었어. 그런 일이 있었던 곳에 지하라고는 해도 '쇼핑몰'을 세우다니, 그 발상을 전혀 이해하지 못하겠더라. 나는 한때 미국에 살았지만, 미국을 전혀 모르는구나 싶어 기묘한 느낌이 들었어.

유미　그때 쌍둥이 빌딩 자리를 어떻게 할까 논의가 있었어. 그곳이 경제적으로 활기 넘치는 장소가 되는 게 진정한 추모라는 이야기도 나왔고.

아리오　가령 그냥 조용한 곳으로 놔두자는 의견은 없었던 거야?

유미　있었다고 해도 소수 의견 아니었을까? 왜냐하면 미국

적 사고방식에서 그건 '패배'니까.

아리오　그렇구나. 미국적인 '성공'과 '승리'라고 하면 역시 경제적 번영이니까. 미국의 가치관이 여실히 드러나는 곳인 거구나.

유미　그 장소에는 '9/11 메모리얼 뮤지엄'이라는 박물관도 있어. 박물관에는 그때 어떤 일이 일어났는지 사실을 알려주는 코너가 있고, 들어갈지 말지 선택할 수 있는 곳이 있거든. 그 안쪽으로 들어가면 '그날'의 오디오 자료실이 나와.

아리오　어? 진짜?

유미　진짜로.

아리오　그날의 음성을 들을 수 있는 거야?

유미　응, 누군가 지인에게 건 전화라든지.

아리오　진짜로?

유미　진짜야.

마이티　체험하겠다고 선택하면 들을 수 있는 거구나.

유미　맞아, 작은 방에 들어가면 서라운드로 엄청 생생하게 들을 수 있어.

아리오　헤드폰을 끼고 듣는 게 아니고?

유미　응, 헤드폰이 아냐. 방 안에 들어가면 음성이 확 들이닥쳐. 시라토리 씨, 튀김 드실래요? 유부 치즈 튀김, 맛있어요.

시라토리　그럼 하나 주세요.

유미 이건 너무 뜨거우려나. 자, 이쪽 접시에 담았어요.

아리오 서라운드라니.

추모비와 쇼핑몰과 '그날의 음성'이 물리적으로 중첩되어 있는 그 장소는 아까 본 오타케 신로의 콜라주 작품 같았다. 사실 도시 자체가 그런 곳인지도 모른다. 도시에는 수많은 사람들의 생활과 일, 경제, 여행과 일상, 온갖 기능과 제도, 감정과 기억이 겹겹이 쌓여 있다. 그중에서도 특히 '잊어서는 안 된다'고 누군가에게 인정을 받은 것은 그대로 보존하거나 기념비 등을 세워 기억한다. 그에 비해 인정을 받지 못한 것은 바람과 함께 사라지거나 개발 과정에서 폭력적으로 부서진다.

마이티 그래도 거기(오디오 자료실)에 들어갈지 말지 선택권이 있다니, 주체성이 있어서 좋다고 생각해. 스스로 선택할 수 있는 거잖아. 일본의 박물관은 아무래도 순서대로 보게 하는 식이라서 관람객이 보지 않겠다는 선택을 할 수 없잖아.

유미 '보지 않겠다는 선택을 할 수 없다'. 마이티가 중요한 얘길 했어. 선택지조차 없다는 말이지.

마이티 그런 데다가 일본은 왠지 폭탄이라도 다루듯 조심한다고 할까? 박물관 같은 곳에서도 그저 사실만 전시하는 것 같아. 미국에서는 관람객이 추체험할 수 있게 하잖아. 예를 들어 관람객에게 인식표 같은 걸 주면서 당신은 이제 병사가 되었다고 하고 그때그때 선택지를 고르면서 2차 세계대전을 경험할 수 있게 하는 전시도 있고. 철저하게 관람객으로 하여금 나라면 어땠을까 생각해보게 하는 거야.

유미　그렇긴 해. 다만 그 전에 관람객도 마음의 준비를 해야 해. 바로 내가 마음의 준비도 안 하고 오디오 자료실에 들어갔거든. 너무 바쁠 때라 별로 예습하지 않고 박물관에 가서 평소처럼 순서대로 관람하다 자료실에 들어갔는데, '잠깐만, 잠깐만, 여기는 이렇게 생각 없이 들어올 곳이 아냐.'라고 깨달아서 일단 나갔다가 마음을 가다듬고 다시 들어갔어.

아리오　…그래서 어땠어?

유미　엄청 잔혹했어. 아마 인간이라면 으악 하고 반응할 만한 정말 끔찍한 경험이었지만, 그래도 경험해보길 잘했다고 생각해.

마이티　만약에 경험하는 걸 선택하지 않았다고 해도, 거기서 자문자답해서 나는 왜 선택하지 않았을까 생각해볼 수 있을 것 같아. 아니면 들어간 사람한테 이야기를 들을 수도 있을 테고.

아리오　시라토리 씨는 어때? 그런 오디오 자료실에 들어가고 싶어?

시라토리 응, 나는 아마 들어갈 것 같아. 그런데 나는 그보다 앞서서 전시의 방식 자체를 더 생각해보고 싶어. 예를 들어 히로시마에 있는 평화기념자료관에서도 원자폭탄 피해 당사자의 이야기를 영상이나 다른 자료로 접할 수 있어. 물론 그런 게 필요하다고 생각하지만, 그렇다면 일본 밖에서는 '히로시마'를 어떻게 바라볼까 하는 관점이 그곳에는 없어. 히로시마도 나가사키도 홀로코스트도 상반된 의견과 관점까지는 알 수 없어. 그건 9·11 테러에 관해서도 마찬가지 아닐까.

유미 그렇네. 확실히 그래.

아리오 비극 자체에 초점을 맞추기만 해서는 불충분하다는 말이지. 왜 그런 비극이 일어났는지는.

시라토리 맞아, 그 부분에 나는 불만이 많아.

이 사회에서 일어나는 모든 일에는 서로 다른 관점이 존재하고, 서로 다른 '정의'가 있다. 경제를 위해, 효율을 위해, 회사를 위해, 국가를 위해. 나는 필설로 다 담을 수 없을 만큼 후쿠시마 원자력발전소 사고가 부조리하다고 생각하지만, 그 일에도 누군가의 '정의'가 있다. 아무리 누군가 고통을 겪어도 '그럼에도 원자력발전소는 필요하다'고 굳게 믿고 주장하는 사람이 있다. 나가사키와 히로시마의 원자폭탄 투하에도, 시리아

내전에도, 관점을 바꿔보면 누군가의 '정의'가 존재한다. 그처럼 '정의'와 '정의'가 충돌하여 산산이 부서질 때, 그 파편은 때로 아무런 관계도 없는 사람까지 다치게 한다. 그러니 하나의 정의를 믿는 나 역시 누군가에게 무도한 칼날을 휘둘렀을 수 있다. '비극'을 후대에 전하는 것뿐 아니라 그 비극의 다면성, 복잡성을 이해하며 한 걸음씩 앞으로 나아가야 한다. 시라토리 씨는 그런 말을 하려고 했던 것 아닐까.

뉴욕, 미토, 도쿄, 서로 다른 곳에서 살아가는 우리가 다음에 모이는 건 언제일까. 한동안 만나지 못할 게 분명했기 때문에 우리의 수다는 한참이나 이어졌다. 하지만 장편소설과 영화가 그렇듯이 아무리 즐거운 시간이라도 끝이 있게 마련이다. 유미가 휴대전화를 손에 들었다.

유미 어떡할래?

아리오 그러게. 거의 다 왔네. 막차일지도 모르겠다.

유미 어? 막차? 벌써 그렇게 늦었어? 지금 몇 시야?

아리오 응, 아직은 괜찮은데 슬슬 도쿄로 돌아가야지.

5장

호수로 보이는 들판이란 무엇일까

다시 한 번 1995년으로 거슬러 올라가겠다.

좋아하는 사람과 데이트가 하고 싶어 처음 미술관에 방문한 시라토리 씨. 그 즐거운 시간이 계기가 되어 미술관에 다가가기 시작했다.

"저는 전맹이지만, 작품을 보고 싶습니다. 누군가 안내를 해주면서 작품을 말로 설명해주었으면 합니다. 잠깐이라도 상관없으니 부탁드립니다." 시라토리 씨는 끈질기게 미술관들에 전화를 걸었다.

시라토리 씨가 딱히 미술 관람을 일생의 과업으로 삼겠다고 마음먹었던 것은 아니었다. 하지만 결과적으로는 미술을 보는 행위를 통해서 그때까지 '눈이 보이는 사람'에게 품었던 열등감, 그리고 '보이는 것'과 '보이지 않는 것' 사이에 있던 장벽을 없앨 수 있었다고 한다.

그 과정에서 중요한 전환점이 되었던 두 가지 사건이 있었다. 첫 번째는 1996년 나고야시 미술관에서 열린 고흐 전람회를 처음 혼자서 방문했을 때였다. "소묘가 많았다."라고 시라토리 씨는 기억한다.

그날은 기나긴 하루였다고 한다.

지금이야 시라토리 씨에게는 "우리가 좋아하는 걸 골라서 보자." "힘들면 그만 보자."라는 방침이 있지만, 당시에는 더듬

더듬 헤매는 상태였다. 안내를 맡은 미술관 직원도 마찬가지라 그날 두 사람은 한 점 한 점 시간을 들여 무려 전 작품을 관람했다. 73점의 작품을 모두 보는 데 세 시간 넘게 걸렸다고.

"나는 녹초가 되었고, 그 사람도 입을 쉬지 않았으니까 꽤 지쳤을 거라고 생각했어. 그래서 감사 인사를 하려는데, 상대방이 먼저 '감사했습니다.' 하는 거야. 뭐가 고맙다는 거지 싶었는데, 전람회를 기획했다고 해도 작품을 찬찬히 볼 기회는 없었던 모양이야. 오히려 나한테 고맙다고 하니까, 깜짝 놀랐어."

자신을 도와주는 줄 알았는데, 실은 그 사람도 함께 보는 걸 즐기고 있었다. 언제나 "고맙다"고 말하는 쪽이었던 시라토리 씨가 "고맙다"는 말을 듣는 쪽으로 역전된 순간이었다.

두 번째 사건은 '눈이 보이는 사람도 실은 제대로 못 보는 게 아닐까.'라고 생각하게 해준 재미있는 일이었다. 나고야시의 마쓰자카야 미술관에서 열린 인상파 작품전이었는데, 남성 직원이 안내를 맡아주었다. 몇 작품을 함께 본 다음 남성 직원은 한 작품 앞에 서서 "호수가 있습니다."라고 설명하기 시작했다. 그런데 곧 "어?"라고 목소리를 높이더니 "죄송해요. 노란색 점들이 있는 걸 보니 호수가 아니라 들판이네요."라고 정정했다. 직원은 "이 작품을 여러 번 봤는데, 지금까지 호수라고 믿고 있었어요."라며 놀랐다.

그 말에 시라토리 씨 역시 무척 놀랐다.

"뭐어! 호수랑 들판은 전혀 다르잖아! 하고 놀랐어. 그때까지 '보이는 사람'은 뭐든 전부 제대로 보는 줄 알았거든. 그런데 '눈이 보여도 그렇게까지 잘 보지는 못하는구나!'라고 깨달았어. 그걸 아니까 이래저래 마음이 편해지더라."

실제로 그랬다. '눈이 보이는 사람'이 '눈이 보이지 않는 사람'과 함께 작품을 관람해보면, 자신의 고정관념과 착각을 자주 깨닫게 된다. 보통 눈이 보이는 사람들은 방대한 시각 정보에 노출되며 생활하는데, 세세한 정보까지 전부 뇌에서 처리하기란 불가능하다. 그 때문에 눈은 필요한 부분에 주목하여 필요한 정보만 취사선택한다. 그와 동시에 필요하지 않은 부분은 시야에 들어와도 뇌에서 처리하지 않는다. '선택적 주의'라고 불리는 일종의 인지적 편향이다.

이런 인지적 편향을 증명한 것이 그 유명한 '보이지 않는 고릴라 실험'이다. 연구자들은 실험을 위해 검은 셔츠와 하얀 셔츠를 입은 사람들이 좁은 공간에서 움직이며 농구공을 주고받는 영상을 촬영했다. 연구진은 실험에 참가한 사람들에게 그 영상을 보며 하얀 셔츠를 입은 사람들이 몇 차례 패스했는지 헤아리라고 지시했다. 영상 도중에는 고릴라 인형 옷을 입은 사람이 농구공을 주고받는 사람들 사이를 천천히 가로질렀다. 영상을 본 참가자들에게 "고릴라를 보셨나요?"라고 물어보니 대략 절반에서 3분의 2는 고릴라를 보지 못했다고 답했다. 참가자가 '봐야 하는 것'에 집중한 결과 그 외에는 보이지 않았던 것이다. 하지만 패스 횟수를 헤아리라고 지시하지 않은 경우에는 대부분의 참가자들이 고릴라를 보았다고 답했다.

철학자 와시다 기요카즈는 비슷한 내용을 책에 썼다.

그래서 우리의 통상적인 '보기'는 무척 변변찮다. 보도록 조정된 것, 즉 봐야 하는 것을 보는 것만으로도 대부분의 시간이 흘러간다. (…) 눈은 의미 혹은 기호에 반응하는 것이 되었으며, 그러면서 '보기'에서 야성이 결여되고 있다. 쏘아보기는커녕 헤매고, 주저하고, 조는 것조차 잊어버린 눈….
보이는 것에 어떠한 표준을 고정하기 위해서는, 그리고 보이는 것에 '세계'라는 질서를 부여하기 위해서는 그런 효율성이 반드시 필요하기 때문인 듯싶다.
— 와시다 기요카즈, 『상상의 레슨』•

우리는 미술관으로 가서 오랫동안 줄을 서고 입장료를 내며 작품을 보지만, 실은 제대로 보지 못하는 것이 압도적으로 많

• 鷲田 淸一, 『想像のレッスン』ちくま文庫 2019.

다. 그런데 '눈이 보이지 않는 사람'이 곁에 있으면 평소에 사용하는 뇌의 취사선택 기능이 꺼지고, 우리의 시선은 말 그대로 작품 위를 자유롭게 헤매며 세세한 부분에도 눈길을 준다. 그 덕분에 마쓰자카야 미술관의 직원이 그랬듯이 '지금껏 보이지 않던 게 갑자기 보이는' 경험을 할 수 있다. 시라토리 씨에게 그 일은 '보기'의 개념을 뒤흔드는 획기적인 경험이었다.

"눈이 보이는 사람도 제대로 보려고 하지 않으면 보지 못한다는 지식은 내게도 있었어. 사물을 보는 방식이나 주의력에 관한 이야기라고 생각은 했는데, 실제로 내가 경험하고 느낀 적은 없었지. 눈이 보이는 사람은 일단 보면 뭐든 아는 줄 알았어. 그래서 그때 '뭐야, 눈이 보여도 실은 제대로 보지 못하잖아.'라고 생각한 거야. 그걸 아니까 많은 점에서 홀가분해졌어."

이 이야기를 듣고 나는 무릎을 쳤다. '그렇구나, 너무 재미있다!' 그와 동시에 그때 시라토리 씨에게 깨달음을 준 '호수처럼 보이는 들판'은 대체 무슨 작품이었을까 참을 수 없이 궁금했다. 20년 넘게 지난 일이라 확인하기는 어려울 듯했지만, 그래도 가능한 것부터 조사해보기로 했다.

시라토리 씨에게 다시금 기억을 확인해보니 장소는 틀림없이 마쓰자카야 미술관이고 시기는 미술관 순례를 시작한 직후라고 했다. 그렇다면 1996년이나 1997년일 터였다.

단순하게 구글에서 검색해보니 '인상파·후기 인상파 특별전'이라는 전시회가 1996년 2월부터 3월까지 열렸고, 그 전후에 인상파 관련 전시가 이뤄진 적은 없었다. 좋았어, 찾았다!

그다음 도록을 구하기 위해 계속 검색해보았다. 다시 구글에서 찾아보니 경매 사이트에서 도록이 판매되고 있었다. 세상 참 편리하네! 100엔에 낙찰을 받았다.

도착하자마자 도록을 펼쳤다. 호수로 보이는 들판. 그런 작품이 그리 흔할 리 없으니까 바로 알 수 있을 게 분명했다.

도록을 넘기다 이거다 싶은 작품을 찾았다. 빈센트 반 고흐의 「수양버들이 있는 정원」(1888). 확실해. 노란 점들도 있어.

혹시나 해서 다른 작품들도 보았는데, '어? 음.' 하고 당황했다. 들판 같기도 하고 호수 같기도 한 그림이 그 외에도 여럿 있는 게 아닌가. 알프레드 시슬레의 「오르반 강둑의 풀밭」(1883)에 카미유 피사로의 「루브시엔」(1870)도 수상했다.

혼란에 빠진 나는 나중에 시라토리 씨, 마이티와 함께 도록을 다시 봤다. 그런데 마이티는 내가 고른 작품을 보고 "어, 이게? 전혀 호수 같지 않아."라면서 도록을 가져가더니 다른 작품을 가리키며 "이거 아냐? 봐, 호수로 보이지 않아?"라고 했다. 나는 전혀 신경 쓰지 않았던 작품이었다.

이게 뭐야? 대체 무슨 일이지?

왜 이토록 혼란스러울까?

이 의문을 풀 열쇠는 '인상파'에 있다.

애초에 인상파는 인간의 시각이 감지한 '빛'을 물감과 캔버스로 재현하려 했던 새로운 시도에서 비롯되었다. 많은 사람들이 인상파의 작품을 사랑하는데, 그 매력을 새삼 생각해보면 자연스러운 빛을 느낄 수 있는 투명감, 그리고 복잡한 색채가 만들어내는 산뜻함에 마음이 끌리는 것 아닐까.

빛을 묘사하는 기술이야말로 인상파가 일으킨 혁명이라 할 수 있다. 지금 보면 당연한 듯한, 물감으로 '빛'을 재현하는 기술은 감성뿐 아니라 과학적인 탐구의 결과물로 생겨난 것이다.

물감이라는 도구는 섞으면 섞을수록 색이 탁해지는 물질적인 성질을 지니고 있다. 복잡한 색을 만들려고 물감을 계속 섞어버리면, 색은 점점 어두워지다 최종적으로 검정색이 된다. 그렇다면 하얀색을 섞으면 어떨까. 색감은 밝아지지만, 투명감이 사라져서 역시나 '빛'과는 거리가 멀어진다.

그렇다. '빛'이란 투명한 것이다.

그래서 고안된 것이 '필촉분할(색체분할)'이라는 기법이었다. 인상파 화가들은 물감을 섞지 않고 서로 다른 색들을 점 모양으로 칠해보았다. 그러자 여러 색들이 섞여서 탁해지지 않았고, 밝고 가볍게 보였다. 그 기법은 다른 색끼리 가까이 붙어 있으면 인간의 망막이 무심코 한데 섞어서 처리해버리는 '시각 혼합'이라는 현상을 이용한 것이다. 시각 혼합 현상은 오늘날의 인쇄 기술에서도 활용하고 있는데, 무수한 색채를 표현하는 듯한 컬러 인쇄도 사실 인쇄기는 검정, 파랑, 빨강, 노랑이라는 네 가지 색들의 작은 점을 수없이 찍을 뿐이다.

인상파의 기원이라고 일컬어지는 작품은 클로드 모네 (1840~1926)가 선착장의 풍경을 그린 「라 그르누예르」(1869)다. 아직 가난한 무명 화가였던 클로드 모네와 피에르 오귀스트 르누아르(1841~1919)는 어느 날 함께 센강에 스케치를 하러 갔다. 같은 스승에게서 그림을 배운 두 사람은 절친한 사이로 종종 함께 스케치를 했다.

당시는 튜브식 물감이 개발된 무렵이라 물감을 야외로 가지고 나갈 수 있었다. 모네와 르누아르는 야외에 이젤을 세우고 눈에 보이는 빛과 바람, 공기의 흐름에 따라 계속 변화하는 자연의 풍경을 그리려고 분투했다. 한순간밖에 존재하지 않는 투명한 빛과 인상을 묘사하려면 완전히 새로운 회화 기법이 필요했다. 그래서 그들은 캔버스에 서로 다른 색들을 무수한 점들로 찍어보았다….

그날 르누아르와 모네는 수면에 햇빛이 아름답게 반사되는 선착장의 풍경을 작품으로 남겼다. '인상파'라는 이름의 계기가 된 모네의 작품 「인상, 일출」이 세상에 나온 것은 그로부터 5년 뒤였다.

인상파 화가들은 뚜렷한 선으로 그림을 그리지 않았고, 점의 집합과 거친 붓놀림을 그대로 캔버스에 남겨두었다. 물체의 사실성보다 그 순간의 '빛'과 '인상'을 우선했기 때문이다. 인상파의 그림이 처음 등장했을 때, 선과 색이 명료한 그림에 익숙하던 비평가들은 큰 충격을 받아서 '그리다 만 벽지 이하'라고 평했다고도 한다.

누구도 모르는 것

도록을 앞에 두고 나와 마이티는 시라토리 씨에게 "그림에 대해 더 기억나는 건 없어? 사람이 있었다든가, 날씨가 어땠다든가."라고 물어보았다.

"음, 꽤 오래전 일이라서 잘 기억은 안 나는데, 그림에 사람은 없었던 거 같아."

"노란 점들은 확실해?"

"응, 그랬다고 기억하는데…."

노란 점이 유일한 단서였다.

최종 후보로 추린 작품들은 빈센트 반 고흐의 「수양버들이 있는 정원」(1888), 블랑쉬 오슈데(1865~1947)의 「밭」(1890년경), 클로드 모네의 「홍수」(1881)였다.

「홍수」는 마이티가 선택한 작품인데, 나는 절대 아니라고 확

클로드 모네, 「홍수」(1881) 100.3×60㎝

신했다. 왜냐하면 「홍수」는 물이 불어난 센강을 그린 작품으로 '물'로만 보였고, 들판이라기에는 전체적으로 인상이 너무 어두웠기 때문이다.

우리 세 사람은 도록을 보며 이러쿵저러쿵 논의했다. 하지만 모두 억측에 지나지 않았고, 결론이 나올 리 없었다. 애초에 유일하게 답을 아는 시라토리 씨부터 "그래, 이거야!"라고 단언하지 못했다. 안내를 맡았던 마쓰자카야 미술관의 직원이 누구인지도 몰랐다.

수수께끼의 그림을 찾아 헤맨 직후, 나는 나라현립 도서정보관에서 강연을 하게 되었다. 강연 주제는 바로 시라토리 씨와 함께하는 미술 감상 체험이었다.

좋아, 이렇게 되면 사람들의 힘, '집단 지성'을 이용해서 결론을 내려주겠어. 나는 강연 당일, 프로젝터로 세 장의 그림을 순서대로 보여주고 약 40명의 청중들에게 "이 중에 무엇이 호수로 보이는 들판이라고 생각하세요?"라고 질문했다.

청중의 의견은, 완전히 분분했다. 의외로 「홍수」를 고른 사람도 많았다.

그 소식을 전해주자 마이티는 기뻐했다.

"실은 누구도 답을 모른다는 게 이 수수께끼의 좋은 점이야."

맞는 말이다. 그럴지도 모른다.

다 같이 예술을 본 날들

어디서 목소리가
들리지 않아?

이 작품은
어디의 풍경일까?

다몬 씨는 불상
잘 알 것 같아

나 이런 거
많이 좋아해.

1 미쓰비시 1호관 미술관. 시라토리 씨와 첫 관람. (1장)
2 국립신미술관. 맨 왼쪽이 아리무라 마유미, 맨 오른쪽이 마이티. (3장) ⓒ市川勝弘
3 미토 예술관. 왼쪽 끝이 사쿠마 유미코. (4장) ⓒ武田裕介
4 고후쿠지 경내. 모자를 쓴 남성은 야기 다몬. (6장)
5 고후쿠지의 승려 미나미 슌케이의 이야기를 듣는 워크숍 참가자. (6장)
6 시작의 미술관. 극단 '악마의 증표'가 제작한 「반입 프로젝트」에 열중한 관람객. (7장)

이렇게 큰데 엄청 세밀해. 목판화라니 믿기지 않아!

시라토리 씨, 왠지 고택의 요정 같아!

저기, 이거 조개 아냐?

으음, 해마?

1 구로베시 미술관. 가자마 사치코의 작품 앞에서. 왼쪽 끝은 다키가와 오리에. (9장)
2 「꿈의 집」. 준비된 옷으로 갈아입었다. (11장)
3 「꿈의 집」. 거실의 탁자에서 쉬는 시간. 오른쪽에서 두 번째는 사토 준야. (11장)
4 「꿈의 집」 밖에서. 하룻밤을 보낸 아침. (11장)
5 이바라키현 근대미술관. 시오야 로타의 「태도(2015)」 앞에서. (12장) ⓒ市川勝弘

6장

귀신의 눈에 반짝이는 눈물

에드워드 호퍼
「밤을 지새우는 사람들」

법교 고벤
「목조 천등귀 입상」「목조 용등귀 입상」

세이초 외
「목조 천수관음 입상」

"좋아, 나라에 불상을 보러 가자!"라고 말을 꺼낸 사람은 나였다. 현대미술을 편애하는 마이티는 "뭐? 불상? 정말로 불상? 불상을 왜?"라며 주저했다. 뭐, 무슨 생각인지는 이해할 수 있었다. 나도 마이티도 불상에 관해서는 문외한이라 불상을 어떻게 감상하면 되는지 무엇이 재미있는지도 몰랐다. 하지만 인간은 변화를 추구하는 생물이다. 유럽 회화에 현대미술을 봤으니 다음 차례는 불상이지 않겠는가.

내가 "분명히 새로운 발견이 많을 거야."라며 독단적으로 선택한 곳은 나라현의 고후쿠지興福寺 국보관이었다.

1300년이 넘는 역사가 있는 고후쿠지는 유네스코 세계문화유산에도 등록되었고, 국보인 목조 5층탑을 비롯하여 가마쿠라 시대에 재건된 호쿠엔도北円堂, 북원당, 가람의 중심에 자리한 주콘도中金堂, 중금당 등 볼만한 곳이 많다. 특히 주콘도는 최고의 사찰 건축 기술을 집결하여 20년 동안 재건한 끝에 2018년 다시 개방했다. 예전의 주콘도는 노후화가 심각해서 썩어 무너질 듯한 처마를 임시 기둥으로 떠받치고 불상 위에는 천막을 쳐서 비를 막는 등 엉망진창이었다고 한다.

고후쿠지는 불상으로 유명하기도 하다. 안내 책자를 본 바로 그곳에 있는 불상들은 꽤 매력적이었다. 그중에서도 애수가 느껴지는 아름다운 소녀풍의 아수라상은 팬클럽까지 존재한다고 했다. 그 외에도 팔이 42개나 있는 박력 만점의 천수관음상,

불사佛師* 운케이運慶**가 만년에 만들었다고 하는 무착상無著像과 세친상世親像***도 볼만할 듯했다.

알아볼수록 불상의 세계란 퍽 전위적이었다.

시라토리 씨에게 안내를 부탁하다

셋이서 간사이 지방까지 가는 건 처음이라 학창 시절의 소풍 전날처럼 가슴이 두근거렸다. 지금까지는 항상 미토에 거주하는 마이티가 시라토리 씨를 약속 장소까지 안내했지만, 이번에는 마이티가 보고 싶은 전시를 보러 한발 앞서 간사이에 간다고 했다. 마이티는 언제 어디서나 전시를 볼 기회를 놓치지 않는다. 그래서 내가 도쿄에서 나라까지 시라토리 씨를 데리고 가기로 했다.

좋아, 임무를 제대로 수행해야지….

시라토리 씨는 모처럼이니 가와사키시 시민 뮤지엄의 전시를 보고 가겠다고 했다. 이쪽 역시 전시를 볼 기회를 놓치지 않

---

* 불상을 만드는 사람을 뜻한다.
** 12세기 말과 13세기 초에 활동한 불사로 일본의 불교 조각에 큰 영향을 끼쳤다. 현재 그의 많은 작품이 일본 국보로 지정되어 있다.
*** 무착과 세친은 5세기경 인도에서 활동한 형제 승려로 불교 사상을 발전시킨 것으로 유명하다. 무착은 아승가, 세친은 바수반두라고도 한다.

는 사람이다. 그래서 우리는 가와사키시 시민 뮤지엄과 가장 가까운 무사시코스기역에서 만나기로 했다.

나는 30분 전에 무사시코스기역에 도착했다. 너무 여유 있게 도착해서 카페에서 시간을 때울 정도였다. 약속 시간 5분 전에 느긋하게 약속 장소인 버스 정류장으로 갔는데, 왠지 갑자기 모습을 감춘 듯이 버스 정류장이 눈에 띄지 않았다. 쓸데없이 역 주위를 빙글빙글 뛰어다닌 끝에 약속 시간이 지나서야 시라토리 씨를 발견했다.

"미안해! 나 길치라서. 어디 보자, JR 개표구는 이쪽이네!"

서둘러 개표구로 가려는 나를 시라토리 씨가 멈춰 세웠다.

"잠깐, JR이 아니라 도큐 도요코선을 타야 하잖아? 기쿠나역에서 요코하마선으로 갈아타고 신요코하마역까지 간 다음에 신칸센이지."

"어, 그랬나? 환승 안내에서 알아볼게… 아, 진짜네. 미토에 사는데도 도쿄 지리를 잘 아네!"

"응, 미리 알아봤거든."

그렇게 안내자인 나는 여행 시작부터 시각 정보를 제공하기는커녕 스마트폰에 너무 의존한 나머지 방향 감각도 기억력도 저하되었다는 사실만 형편없이 드러내고 말았다.

신요코하마역에서 도시락과 캔 맥주를 사서 신칸센 열차에 올라탔다. 진심으로 안도했다. 자신감을 완전히 잃어버린 나는 또 어이없는 실수를 저질러서 신칸센 열차를 놓칠까 무서웠지만, 이제는 벨트컨베이어에 올라탄 듯이 목적지까지 직행이라 안심할 수 있었다.

사실 이 책을 여기까지 읽은 독자라면 누구나 알 텐데, 시라토리 씨는 혼자 이동해도 전혀 문제를 겪지 않는다. 그러니 앞서 적었던 '데리고 간다'는 표현은 완전히 잘못된 것이다. 시라토리 씨는 언제나 혼자서 장을 보고, 술을 마시러 가고, 여행을 다닌다. 이번에도 시라토리 씨는 나라에서 일정을 마치면 혼자 교토에 가서 하룻밤을 보내고, 친구를 만나러 하마마쓰에 들른 다음 미토로 돌아간다고 했다. 즉, 내가 하는 역할이라고 해봤자 계단이 많은 역의 에스컬레이터 정도에 불과했다.

신칸센 열차에서 나는 당시 우연히 읽고 있던 『빛 혹은 그림자』라는 책에 관해 이야기했다.

"구성이 꽤 재미있는 소설집이야."

미국의 화가 에드워드 호퍼의 그림을 소재로 삼은 단편소설집인데, 소설가들이 호퍼의 그림을 보고 떠올린 이야기들이 담겨 있다. 시라토리 씨는 독서가이기도 하니, 호퍼의 그림이 모

• ローレンス・ブロック 編, スティーヴン・キングほか16人 著, 小林 綾子ほか11人 譯, 『短編画廊: 絵から生まれた17の物語』ハーパーコリンズ・ジャパン 2019. (한국어판: 로런스 블록 엮음, 스티븐 킹 외 16인 지음, 이진 옮김, 『빛 혹은 그림자: 호퍼의 그림에서 탄생한 빛과 어둠의 이야기』 문학동네 2017.)

티프인 소설에 흥미가 있지 않을까 생각했다. 하지만 뜻밖에도 시라토리 씨는 "호퍼가 누구야?"라고 질문했다.

"어? 몰라? 정말?"

이해가 되지 않았다. 에드워드 호퍼는 미국을 대표하는 화가로 미술에 관심이 없는 사람에게도 널리 알려져 있다. 매년 수십 번씩 미술관에 다니고 "좋아하는 작가는 펠릭스 곤잘레스토레스"라고 하는 시라토리 씨가 호퍼를 모를 리 없었다.

"갑자기 '호퍼'라고 하면 안 떠오를지 모르지만, 한밤중의 카페를 그린 그림은 본 적 있지 않아? 거리의 카페에서 불빛이 새어 나오고, 카페 안에는 남녀 몇 사람이 있는 그림. 제목이 「밤을 지새우는 사람들」이었던 거 같은데."

거기까지 말하고, 번뜩 깨달았다.

그렇구나. 눈이 보이지 않는다는 건 이런 뜻이구나.

눈이 보이는 사람들은 일상에서 광고나 텔레비전으로 수많은 시각 정보를 접한다. 내가 보기 싫어도 많은 것들이 자연스레 눈에 들어온다.

예컨대 요즘 전철에는 탈모 치료제나 단기 대출이나 로봇 청소기의 광고가 유독 두드러지게 걸려 있어서 멋대로 뇌리에 새겨진다. 시라토리 씨는 그와 달리 모든 미술 작품을 미술관에 가서 제대로 관람한다. 즉, 전시회에서 보지 않은 작품이 우연히 '눈에 들어오는' 일은 없다. 그 때문에 시라토리 씨에게는

에드워드 호퍼, 「밤을 지새우는 사람들」(1942) 152.4×84.1㎝

'잘 모르지만 어디선가 본 적 있는 작품'이 없다.

그렇구나… 그런 거구나.

생각해보면 나 역시 호퍼의 원화를 본 적은 한 번도 없으니 진정한 의미로 호퍼의 작품을 아는 셈은 아니었다.

"그래, 최근에는 호퍼의 작품이 통 일본에 오지 않았지. 언젠가 같이 보러 가자. 틀림없이 좋아할 거야."

경계 너머의 세계

신칸센 열차 안에서는 캔 맥주를 여러 개 비우면서 하염없이 서로의 젊은 시절 이야기를 했다.

앞서 적었듯이 시라토리 씨가 미술 감상을 시작한 계기는 대학생 시절의 데이트였는데, 어느새 예술은 그의 인생에서 중요한 부분을 차지하게 되었다.

"나는 말이지. 예술과 만나고 인생이 편해졌어."

"편해졌다니, 어떻게?"

"음, 뭐라고 할까. 가끔 예전의 맹인 친구를 만나면, 그 친구는 역시 맹인과 함께 있는 게 마음 편하다고 해. 나도 30대 초반까지는 그렇게 생각했는데, 30대 후반부터 그런 생각을 하지 않게 됐어. 이제는 눈이 보이거나 말거나 상관없어. 눈이 보이는 친구가 더 많고. 오히려 대하기 편해."

"어떤 느낌인지 알 것 같아. 예를 들어 외국에 살기 시작하면, 처음에는 일본인끼리 있는 게 편한데, 시간이 갈수록 점점 현지인 친구들과 있는 게 더 즐거워져. '일본인'이라는 이유만으로 모이면 오히려 좀 피곤한 일이 많기도 해. 분명히 그와 같은 거야. 왜냐하면 일본인이다, 전맹이다, 자녀가 있다, 하는 건 한 사람을 구성하는 요소 중 일부에 지나지 않으니까."

나는 20대에 미국, 30대에 프랑스로 이주하여 영어와 프랑스어를 익히고 그곳에서 일하며 생활했다. 두 나라 모두 살기 시작했을 때는 언어나 문화 관련한 문제로 난관이 끊이지 않았지만, 그것을 돌파하고 앞으로 나아가니 즐거운 경험이 계속 이어졌다.

눈이 보이는 사람들에게 둘러싸여 대학에 다닌 시라토리 씨, 다른 언어를 사용하는 사람들이 사는 나라로 이주한 나. 입장은 전혀 다르지만, 익숙한 장소를 벗어나 경계 너머 전혀 모르는 곳으로 나아갔다는 점에서 우리 둘은 닮은 점이 있었다.

대학 생활에 뛰어든 시라토리 씨에게 물론 난관도 있었다.

"첫 오리엔테이션에서 있었던 일인데, 뭔가 기입하라는 거야. 그때는 아는 사람도 전혀 없어서 어떡하지 싶었어. 기본적으로 나는 '기입' 자체를 할 수 없으니까. 애초에 유인물에 뭐라 쓰여 있는지도 모르고. 지금 생각해보면 사무국에 가져가서 써달라고 하면 되는데, 그때는 마음이 급해서 옆 사람한테 대신 써줄 수 있냐고 부탁했어. 그랬더니 그 사람이 '아뇨, 저도 지금 쓰는 중이라서.'라고 하더라. 그야 그렇지."

시라토리 씨는 대학을 6년 동안 다녔다. 충실하게 생활했지만, 결국 학점이 모자라서 졸업까지 하지는 못했다. 그래도 그곳에서 친구와 연인을 만났고, 예술과도 조우했고, 인생의 새로운 문을 열 수 있었다.

"시라토리 씨는 '눈이 보이지 않는 사람'과 '눈이 보이는 사람'의 경계선을 뛰어넘었기 때문에 편해졌고, 그 덕에 안락한 장소를 찾을 수 있었던 거네."

"맞아, 그 말대로야."

그렇게 수다 떨며 적당히 취기가 오를 즈음, 열차가 교토역에 도착했다.

"자, 나라행 전철로 갈아타자. 보자, 무슨 노선이었더라. 잠깐만 기다려. 지금 찾아볼게."

내가 말하자마자 시라토리 씨는 대번에 "나라선일 거야."라고 했다. 그의 말이 맞았다.

나라역 근처의 호텔에서 마이티가 합류했고, 우리는 싱글 침대 세 개가 나란히 놓인 방에 체크인했다. 시라토리 씨는 방을 한 바퀴 걸으며 이런저런 물건들을 만졌다. 화장실과 세면대, 침대 등의 위치를 확인했고, 그렇게 머릿속으로 방 안의 지도를 만드는 듯했다.

그날 밤 우리는 인도 음악을 들으며 수다를 떨다가 잠자리에 들었다.

귀신의 눈에 반짝이는 눈물

이른 아침, 쏴 하고 물이 흐르는 소리에 눈을 떴다. 암막 커튼을 친 방 안은 아직 어두워서 아무것도 보이지 않았다. '옆방 사람이 샤워하나 봐. 벽이 얇은 호텔이네.' 그렇게 생각하며 다시 잠들었다. 아침 7시쯤 잠에서 깼는데, 시라토리 씨는 이미

옷을 갈아입은 뒤였다.

"어? 일찍 일어났네. 아니, 혹시 아침에 샤워했어?"

"응."

"캄캄했는데, 괜찮았어? 아, 상관없겠구나." 내 말에 시라토리 씨는 "응, 편리하지?"라며 웃었다.

마이티는 오래전부터 아침에 잘 일어나지 못했다. 마이티와 유럽과 미국 등을 함께 여행했는데, 한 번도 나보다 먼저 일어난 적이 없었다.

"우아아, 졸려, 졸려! 시라토리 씨, 음악 좀 틀어줘. 아침다운 음악."

"응, 알았어."

시라토리 씨가 가방에서 노트북과 스피커를 꺼내더니 중후한 클래식을 틀었다.

"누구 곡이야?"

"하이든."

"그렇구나."

우리가 옷을 갈아입자 시라토리 씨는 기척을 느끼고 벽 쪽으로 빙글 돌아섰다.

"시라토리 씨는 항상 옷 갈아입는 사람 쪽으로 향하지 않으려고 신경 써!" 마이티가 말했다.

"그게 에티켓이지 싶어서."라고 시라토리 씨가 답했다. 고마웠다. 옷을 갈아입는데 남성이 내 쪽을 향하고 있으면 아무래도 저항감이 들게 마련이다.

교토에 거주하는 지인인 야하기 다몬 씨와 고후쿠지 경내에서 만날 예정이었다. 택시를 타고 고후쿠지에 가까워질수록 사슴 무리가 어슬렁거리는 게 보였다.

"우와, 사슴, 사슴, 온통 사슴! 사슴을 길거리에 풀어놓고 기르다니! 대단해!"

초등학생처럼 흥분한 내게 택시 기사가 "손님, 기르는 게 아니에요. 전부 야생 사슴이에요."라고 가르쳐주었다. 친절한 사투리를 듣고 '와, 역시 간사이야!'라고 기뻐했다.

국보관 앞에는 민머리에 안경을 쓴 다몬 씨가 서 있었다. 여름 태양이 사정없이 타오르는 날이었는데, 인도면으로 만든 셔츠가 시원해 보였다.

다몬 씨는 북 디자이너로 내 책의 디자인을 맡아준 적이 있다. 독특한 개성과 따뜻함이 느껴지는 디자인이 무척 매력적인데, 실은 그에 못지않게 다몬 씨의 인생도 독특하다. 특히 북 디자이너가 되기 전의 이야기가 무척 재미있다. 초등학생 때부터 학교에 잘 다니지 않았던 다몬 씨는 중학생 때 '인도에서 살고 싶다'고 생각하기 시작했다. 자신의 바람을 부모에게 호소한 결과, 중학생인 다몬 씨와 부모까지 세 사람이 인도로 이주했다. 다몬 씨는 그곳에서 느긋하게 그림을 그리며 살았다. 그 뒤 인도와 일본을 오가며 생활하다 여러 우연들이 겹치며 북 디자이너가 되었고, 결혼하여 아이가 태어난 지금도 인도와 일본을 거점 삼아 생활하고 있다.

다몬 씨는 어느 부분을 봐도 독특하기 그지없는 사람인데, 어째서인지 자신에게는 '언젠가 눈이 보이지 않을 것 같다.'라는 기묘한 예감이 있다고 고백한 적이 있다. 나는 수년 전 다몬 씨를 처음 만났을 때 그 고백을 들었는데, 그럼 그 '언젠가'에 대비하여 일단 시라토리 씨와 불상을 보러 가자고 꼬드겼다.

다몬 씨는 "오늘을 엄청 기다렸어요. 사실 저는 언젠가 눈이 보이지 않을 것 같다고 생각해서…"라며 오래된 친구처럼 시라토리 씨에게 이야기하기 시작했다. 역시 인도에서 살았던 만큼 타인과 스스럼없이 어울린다고 감탄했다. 게다가 다몬 씨는 절의 풍경과 유독 잘 어울렸다. 그러고 보니 다몬多聞이라는 이름 자체가 사도가시마섬에 있는 절의 이름에서 따온 게 아니었나….

'다문천多聞天'은 부처님을 사방에서 지키는 수호신 그룹, 이른바 '사천왕'의 일원이다. 산스크리트어로는 '바이스라바나', 그 발음에서 비롯된 것이 다문천이 솔로 활동을 할 때(혼자 장식될 때)의 이름인 '비사문천毘沙門天'이다. 하지만 일본 신화의 칠복신에 들어갈 때는 그룹 활동인데도 '다문천'이 아니라 '비사문천'이라고 하니, 이름만 해도 실로 복잡하다. 애초에 불상은 정말 종류가 많아서 (일설에 따르면 수천 가지 이상이라고) 진지하게 이해하려고 들수록 복잡한 세계다. 참고로 불계의 정점에 서는 것은 '여래如來'다. 여래는 석가모니가 득도한 뒤의 모습인데, 득도하기 전인 보살과 비교하면 좀더 모습이 검소하다. 별걸 다 안다고? 아, 나 자신이 정말 무지하기에 적어본 것이다.

"저기, 다몬 씨는 불상에 관해 잘 알지 않아?" 내가 물어보자 다몬 씨는 고개를 끄덕였다.

"뭐, 어느 정도는. 불상이란 대체로 고대 인도나 힌두교의 신들에서 비롯된 거니까. 인도 사람들을 일본의 사찰에 데려가면 엄청 재밌어해. 저 불상은 힌두교의 그 신 아니냐면서."

"저건 시바고, 이건 비슈누˙라고?"

"응, 그런 식으로."

깊이 생각하지 않고 다몬 씨에게 동행을 권유했는데 불상과 다몬 씨 모두 인도와 깊은 인연이 있으니 딱 맞춤인 조합이라고 나 자신에게 감탄했다.

자, 그러고 있는 사이에 우리 주위에는 동행인이 아홉 명 정

• 시바와 비슈누 모두 힌두교의 주신이다.

도 모였다.

사실 그날 우리는 워크숍 형식으로 불상을 감상할 계획이었다.

앞서 적었듯이 시라토리 씨는 최근 10년 동안 시각장애인과 비장애인이 함께하는 '세션session!'의 진행자를 맡아왔다. 모처럼 시라토리 씨가 간사이까지 가는 것이니 그 지방 사람들도 독특한 경험을 해보았으면 했다. 그래서 전부터 "언젠가 함께하고 싶네요."라고 했던 나라현립 도서정보관의 이누이 소이치로 씨(도서·공문서과 과장)에게 제안해보니 바로 "해보죠!"라고 답을 주었다. 그렇게 나라현립 도서정보관이 주최를 맡아 순조롭게 워크숍이 실현되었다.

나라, 교토, 시가현에서 모인 사람은 30대에서 60대까지의 남녀 9명. 불상보다는 시라토리 씨와 작품을 보는 데 흥미가 있는 듯했다.

각자 간단히 자기소개를 하고 다 함께 줄줄이 국보관으로 들어갔다.

국보관 내부는 검정과 하양에 기초해 현대적인 느낌으로 디자인되었고, 수많은 동상이 조명을 받으며 조용히 서 있었다. 전체적으로 어슴푸레해서 차분한 분위기가 풍겼다.

그런데 나와 마이티는 내심 '아이고, 이거 안 좋은데.'라고 걱정했다. 국보관의 통로가 생각보다 너무 좁아서 여러 사람이 함께 감상하는 데 전혀 맞지 않았기 때문이다. 이대로 진행하면 우리가 다른 관람객을 방해할 게 틀림없었다. 어쩌지?

그때 마이티가 재빨리 앞으로 나섰다. 마이티는 미술관 직원의 경험을 살려서 다른 사람들이 지나갈 통로를 확보하고 유도하기 시작했다. "천천히 살펴보세요." "이쪽으로 지나가주세요."라며 다른 관람객들을 계속 안내한 마이티는 영락없이 국보관의 직원 같았다. (이번 관람에 마이티의 말수가 적은 것은 그 때문이다.)

자, 우리가 처음 목표한 것은 두 귀신상, 즉 「목조 천등귀 입상」과 「목조 용등귀 입상」이었다. 크기는 작지만 독특한 분위기와 표정이 걸음을 멈춰 세우는 매력을 자아냈다. 가마쿠라 시대*에 제작되었는데, 작자는 그 유명한 불사 운케이의 셋째 아들 고벤康弁이다. 고후쿠지에는 운케이의 아버지 고케이, 운케이, 그리고 그들의 제자들로 이뤄진 불사 집단 '게이하慶派'의 불상이 여럿 남아 있다.

천등귀와 용등귀는 사악한 귀신이다. 다른 절에도 그와 같은 귀신상이 있지만, 보통은 절의 수호신인 사천왕에게 무참히 짓밟히며 영웅의 강함을 보여주는 불쌍한 악역으로 등장한다. 옛

* 1185년부터 1333년까지 이어진 일본의 무인 집권 시기를 가리킨다.

날이야기에서도 귀신은 퇴치되거나 용자의 칼날에 쓰러질 뿐. 그런데 국보관의 귀신상은 드물게도 커다란 등롱을 들고 기세등등하게 서 있다.

우리는 가장 먼저 두 귀신을 살펴보기로 했다.

워크숍 참가자들은 '그래서? 대체 어떻게 감상해야 해?'라며 망설이는 마음을 숨기듯이 아무도 입을 열지 않았다. 응, 나도 처음에는 그랬지. 나는 "여러분, 일단 눈에 무엇이 보이는지 알려주세요."라고 소리 높여 말했다. 내 말에 감을 잡았는지 미성으로 노래하듯 리드미컬하게 말하는 여성 A 씨가 곧장 말문을 뗐다.

"저기, 몸집이 작은 귀신이, 초등학생, 아니, 유치원생 정도 되는 크기의 귀신이 서 있는데, 표정은 험상궂고, 왼손에는 등롱 같은 걸 들고, 무서운 생김새로 이쪽을 노려보고 있어요!"

이해하기 쉬운 묘사에 시라토리 씨도 맞장구를 쳤다.

"다른 귀신은 어때요? 음? 귀신상이 두 개 있는 거 맞죠?"

이번에는 셔츠를 입은 남성 B 씨가 "맞아요."라고 답하며 두 귀신을 비교했다.

"오른쪽 귀신(천등귀)은 몸이 붉은데, 왼쪽 귀신(용등귀)은 초록빛을 띠고 있어요. 양다리를 벌리고 똑바로 서서 팔짱을 끼고 머리 위에는 등롱을 얹었어요. 자세는, 다리로 힘차게 버티고 서 있는 느낌이에요. 방금 전에 설명한 귀신은 얼굴이 무서운데, 이쪽은 좀 유머러스해요. 그리고 어깨에⋯ 뭐지, 용 같은 게 감겨 있네요."

누군가 "용이 아니라 뱀 아녜요?"라고 지적하자 "아냐, 아무래도 용 같은데."라고 또 다른 사람이 말했다. 뱀이다, 용이다, 하며 논쟁하는데 시라토리 씨가 "용은 커다랗다는 이미지가 있는데, 크기는 어떤가요?"라고 다시 물었다.

아리오 작은데요.

여성 C 그래도 이게 실제로 사람에게 감겨 있다고 생각하면, 깜짝 놀랄 만큼 두꺼워요. 비단구렁이랑 비슷할걸요!

다몬 저희 애한테 이게 감겨 있다면 새파랗게 질릴 거예요!

아리오 뱀치고는 표정이 있네요.

여성 C 응, 강아지 같아요!

다몬 귀신과 뱀이 닮았어요. 이목구비가 똑같네요.

역시 붙임성 좋은 간사이 사람들. 모두 거침없이 말하기 시작했다. 긴장이 풀리자 귀신들도 점점 친근하게 보였다. 어깨에 등롱을 짊어진 빨강 도깨비는 웃는 것처럼 보여서 동네에서 자주 마주치는 아저씨 같았다. 우리는 다른 각도에서 보거나 다가가서 보며 차근차근 관찰했다. 그러다 귀신의 눈에 수정이 끼워져 있는 것을 깨달았다.

법교 고벤, 「목조 용등귀 입상」(1215) 높이 77.8cm

법교 고벤, 「목조 천등귀 입상」(1215) 높이 78.2cm

다몬 눈이 독특하네요.

아리오 빛이 나나?

여성 D 네, 빛나요.

다몬 돌이 들어가 있는 건가.

시라토리 오, 돌이라고요.

여성 D 똑바로 정면에서 보면 금색으로 환하게 빛나고….

다몬 살짝 노란빛이 감도는데, 호안석 같은 색이네요.

시라토리 더 무서워 보이게 강조한 걸까?

아리오 아니, 별로 무섭지 않은 것 같은데. 응, 무섭지 않아. 오히려 빨강 도깨비는 배달이라도 하는 거 같아.

다몬 아, 진짜 배달 가방 같네. 대목이려나?

아리오 왜 오늘따라 이렇게 바쁜 거야, 하는 느낌이에요. '오래 기다리셨습니다.' 할 거 같아. 저 안에 라면이 들어 있고.

시라토리 라면을 배달하는구나! (웃음)

눈에 수정을 끼워 넣은 것은 딱히 놀라운 일이 아니다. '옥안玉眼'이라는 가마쿠라 시대를 대표하는 불상 제작 기법 중 하나다. 불상의 눈 부분을 칼로 파내고, 그 속에 수정 등을 넣은 다음 눈동자를 그리는 것이다. 그렇게 해서 마치 살아 있는 것처럼 보이게 하는 기술이다.

가마쿠라 시대보다 훨씬 오래전부터 불사들은 불상의 '눈'을 어떻게 표현할지 고심해왔다. 헤이안 시대*까지는 불상에 직접 눈을 새기는 기법인 '조안彫眼'으로 표현했지만, 헤이안 시대 말기부터 가마쿠라 시대까지는 '옥안'이 널리 쓰였다.

물론 국보관에서 두 귀신을 본 날 우리에게는 그런 지식이 없었다. 아무런 지식도 없이 옥안을 깨닫다니 관찰력이 퍽 뛰어났던 우리를 칭찬해주고 싶다.

귀신들 옆에는 한 쌍의 금강역사상도 있었고, 전부 울룩불룩한 근육과 세세한 몸매 묘사가 훌륭했다. 귀신상은 크기로 보면 유치원생 정도였는데, 역시 근육질이라서 "이런 유치원생이 있을 리가 없지."라고 마이티가 말했다.

다몬 방글라데시의 벽돌 공장 같은 곳에서 이런 사람을 본 적 있어요.

아리오 맞아. 노동자의 근육이랑 같은 건가.

여성 D 저는 근육질인 사람을 별로 좋아하지 않는데, 이 금강역사는 그래도 괜찮네요.

시라토리 왜 괜찮은 건가요? (웃음)

여성 D 왜 그런 걸까. (근육이 붙은 게) 적당해서 좋아요. (다

• 가마쿠라 시대보다 앞선 시대로 794년부터 1185년까지 헤이안쿄가 정치의 중심지이던 시대를 가리킨다.

같이 웃음)

여성 A 과시하려고 만든 느낌이 아니죠.

다몬 근육이 있어야 할 자리에 있고, 힘이 빠진 곳은 제대로 이완되어 있어요.

우리는 가볍게 워밍업 삼아 보기 시작한 두 귀신에 푹 빠져버려서 20분이 지난 뒤에도 그 앞을 벗어나지 못했다. 작품이 지닌 심오함과 깊은 고민이 배어든 구석구석이 우리를 붙잡는 게 틀림없었다. 그 때문에 불쌍한 마이티는 계속 다른 관람객들을 안내해야 했다.

초록 귀신을 바라보던 여성 C 씨가 허스키한 목소리로 말했다.

"이 귀신은 우는 것처럼 보이지 않나요?"

가까이 다가가서 들여다보니 정말로 귀신의 눈이 슬픈 듯이 반짝였다.

"진짜다. 눈물이 그렁그렁해. 무언가 견디면서 참는 것 같네요."라고 내가 말했다.

C 씨는 "들고 있는 게 무거워서 그럴까요?"라고 했다.

그렇구나. 이 귀신은 우는 걸 수도 있어. 갑자기 귀신이 괴롭힘을 당하는 어린애처럼 보이기 시작했다. 악역인 귀신은 가엾게도 그 불합리한 역할을 끝없이 견뎌왔던 것인지도 모른다.

한편, 옆에서 붉은 귀신을 가만히 지켜보던 남성 E 씨가 "어?" 하며 목소리를 높였다.

"잘못 본 걸 수도 있는데, 이마에도 눈이 있지 않아요?"

우리는 놀라서 다 함께 붉은 귀신을 둘러쌌다.

아리오 정말이네요. 정말로 이마에 뭔가 있어. 세 번째 눈일까요?

시라토리 거기에도 돌이 끼워져 있어요?

남성 E 그런 거 같아요. 눈이랑 비슷한 크기의 눈알만 한 돌을 끼워넣었어요.

시라토리 대단하네요. 귀신은 눈이 세 개구나.

세 번째 눈은 자세히 보지 않으면 알 수 없을 만큼 두드러지지 않았다. 둥근 모양이었고, 눈이 아니라고 해도 믿을 것 같았다.

과연 정말로 눈일까, 아니면 다른 것일까.

"지금까지 이 귀신상을 여러 번 보았는데, 오늘 처음으로 (세 번째 눈의 존재를) 알았어요."

여성 D 씨가 놀라운 듯이 말했다.

제자리를 잃은 불상들

국보관에는 깜짝 놀랄 만큼 수많은 불상이 안치되어 있었다.

왜 이 불상들은 원래 있던 자리가 아니라 '국보관'에 있을까? '국보' 수준으로 귀중한 것들이라 다른 장소에 전시해둔 건가? 음, 물론 그럴 수도 있다. 하지만 이유는 그것만이 아니다. 국보관의 불상들이야말로 고후쿠지가 창건되고 1300년 동안 겪은 수많은 재앙에서 살아남은 생존자인 것이다.

애초에 천등귀와 용등귀가 있었던 곳은 사이콘도西金堂, 서금당였다. 사이콘도에는 그 외에도 많은 불상이 있었고, 고후쿠지의 불상 중 스타인 아수라상도 원래는 그곳에 안치되어 있었다. 하지만 사이콘도는 1717년에 화재로 사라졌고, 아직까지 재건되지 않았다.

좀더 시간을 거슬러 고후쿠지의 역사를 살펴보자. 고후쿠지는 710년에 헤이조쿄平城京로 수도를 천도하는 것에 따라 당대의 명문가인 후지와라 씨藤原氏의 사찰로 후지와라노 후히토에 의해 건립되었다. 헤이조쿄가 한눈에 보이는 드넓은 부지에 세워진 훌륭한 가람伽藍은 시간이 흐르며 정비되었다.

고후쿠지는 여러 차례 큰불로 소실되었다가 후지와라 가문의 절대적인 권력으로 다시 재건되었다. 기록에 남아 있는 크고 작은 화재를 모두 헤아리면 100회 이상. 그중에서도 1180년 헤이시平氏 정권의 공격이 큰 피해를 냈다. 헤이시 정권의 수장인 다이라노 기요모리의 명령을 받은 장수 다이라노 시게히라가 이끄는 토벌군이 나라에 불을 질렀는데, 특히 헤이시 정권에 반항하는 세력이었던 고후쿠지와 도다이지東大寺는 괴멸적인 피해를 입었다. 하지만 그 피해를 극복하는 과정에서 불사들이 활약하여 오히려 그때 수많은 불상들이 만들어졌다. 앞서 살펴본 천등귀와 용등귀, 그리고 금강역사도 그때 제작되었다.

재해는 그 뒤에도 계속되었다. 앞서 언급한 1717년의 대화재로 경내의 서쪽 절반이 통째로 소실되었고, 사찰의 중심 시설인 주콘도를 비롯해 귀신상들과 아수라상이 안치되어 있던 사이콘도도 그 화재로 사라졌다. 당시 화재를 상상하다 보면 말 그대로 불 속에 뛰어들어 불상들을 구해낸 승려들이 떠올라 놀라게 된다. 구출 작전에는 행운이 따르기도 했다. 자료를 보면 지금 국보관에서 관람할 수 있는 아수라상과 십대제자상 등의 불상은 탈활건칠脫活乾漆*이라는 기법으로 만들어져 불상 내부가 비어 있다고 한다. 탈활건칠은 대량의 옻을 써야 하고 시

---

* 찰흙으로 불상의 대략적인 형상을 만든 다음 그 위에 삼베를 두르고 옻칠을 하고 다시 삼베를 두른다. 같은 과정을 반복하여 삼베를 여러 겹 두른 다음, 완전히 건조하여 겉이 단단해지면 내부의 흙을 제거하고 나무 뼈대 등으로 겉이 무너지지 않도록 보강한다. 이렇게 불상을 만들면 가볍다는 장점이 있다.

간도 수고도 많이 들기에 재력이 있는 사찰에서만 사용할 수 있는 기법이다. 다행히 그 기법으로 만들어진 불상이 가벼웠기에 승려들이 짊어지고 구출할 수 있었다. 그 덕분에 우리가 오랜 시간이 흐른 뒤에도 불상을 볼 수 있는 것이다.

해피엔드라고 생각하기는 아직 이르다. 고후쿠지의 위기는 큰불만이 아니었다. 메이지 시대 초기의 신불분리神佛分離와 폐불훼석廢佛毀釋* 때문에 수많은 불상이 파괴되었고, 고후쿠지 전체가 혼란의 소용돌이에 휘말렸다. 사찰의 영지는 정부의 소유가 되었고, 자신의 종파와 절의 이름도 말할 수 없게 된 승려들은 절을 떠났다. 그 때문에 고후쿠지에는 한때 주지가 없기도 했다. 건물도 무너져 폐사나 다름없게 된 경내는 황폐해졌고, 오늘날 고후쿠지의 상징인 5층탑까지 팔려 나갈 것이라는 소문이 돌았다고 한다.

그렇지만 고후쿠지가 다시 일어나기를 바라는 탄원이 꿋꿋이 계속되었고, 1881년에는 다시 절의 이름을 써도 된다는 허가를 받으며 황폐화도 멈추게 되었다. 그리고 1897년에는 오래된 신사와 절의 건축물과 보물을 보존하기 위한 법률인 '고

• 메이지 정부는 막부로 치우쳤던 권력을 천황에게 돌려놓기 위해 토착 신앙이자 왕족의 종교인 신도(神道)와 불교를 엄격히 분리하는 정책인 신불분리령을 시행하고 신사에서 불상 등을 철거하도록 했다. 하지만 신불분리령을 확대 해석한 이들이 사찰을 습격해 불상 등을 무참히 파괴하는 폐불훼석을 저질렀다. 그로 인해 막부와 밀접한 관계였던 불교의 영향력이 급감하고 신도가 득세하게 되었다.

사지보존법古社寺保存法'이 공포되었다. 그에 따라 고후쿠지의 호쿠엔도, 3층탑, 5층탑이 특별보호건조물(현재의 국보)로 지정되어 불상과 건물의 수리가 시작되었다. 하지만 혼란한 시기에 해외의 미술관 등으로 흘러 들어간 불상들도 있다.

국보관은 역사적인 대화재와 혼란의 시대에서 살아남은 불상들의 안식처인 것이다. 창건 이후 1300여 년이 지난 고후쿠지의 부흥은 창건 당시의 모습을 재현하기 위한 새로운 단계로 접어들어 있다. 때가 되면 대부분 불상이 원래 있었던 자리로 돌아갈지도 모른다.

천수관음의 진정한 모습

우리는 드디어 하이라이트인 「목조 천수관음 입상」을 보기로 했다. 이 불상은 앞서 언급한 헤이시 정권의 공격 뒤에 '부흥을 상징하는 큰부처님'으로서 제작된 것이다. 고후쿠지의 불상 중에서도 눈에 띄게 거대하고 박력이 넘치는데, 국보관은 그 천수관음을 정면과 양옆에서 바라볼 수 있도록 동선을 잘 짜두었다.

"모처럼 왔으니 각각의 방향에서 찬찬히 살펴보고 가죠."라며 마이티가 제안했다. 일단 왼쪽 옆에서 관찰했다.

시라토리 그럼 먼저 (천수관음이) 어떤 것인지 알려주세요.

아리오 우선, 엄청 커. (웃음) 깜짝 놀랄 만큼 큰데, 높이가 몇 미터일까? 5미터 정도?

시라토리 5미터나 된다고?

남성 F 아뇨, 4미터 정도일까. 제 키가 180센티미터인데, 두 배가 조금 넘는 거 같아요. (웃음)

여성 D 어? 180이라고요? 더 크지 않아요? (다 함께 웃음)

정답은 높이 약 5.2미터다. 천수관음에는 총 42개의 손이 있고, 합장하고 있는 정면의 두 손 외에 40개의 손은 전부 무언가를 쥐고 있다.

여성 C 손에 다양한 물건을 잡고 있어요. 저건 청소용품 같네요. (웃음)

시라토리 청소용품?

여성 C 그 외에 염주랑 종 같은 것도 있어요. 도끼도 있고.

시라토리 도끼도 있어요?

여성 C 꽃도 있어요.

여성 D 저건 연꽃 봉오리네요.

여성 C 그리고 화살인가? 화살이랑 지팡이도 보여요.

물건을 쥔 손들은 각각이 천상에서 지옥까지 스물다섯의 세계를 구제한다고 한다. 즉, 40(손)×25(세계)=1000(천)인 것이다. 여기서 '천'은 '무수하다'는 뜻이다. 상세한 원리까지는 모르지만, 아무튼 온갖 방법으로 무수한 세계의 모든 사람을 구제하는 감사하기 그지없는 보살이 천수관음인 것이다.

우리는 불상의 양옆에서 관음님의 체형부터 복장, 소지품, 표정까지 살펴보았다.

남성 G 몸의 선이 여성적이고 부드러워요. 특히 배가 살짝 나온 게 좋네요.

여성 H 왠지 정말로 천국에서 마중을 나온 것 같아요.

여성 A 배꼽이 드러나 있어요.

다몬 배꼽티인가?

아리오 어제 가이드북을 읽었는데, 뭐라더라, 관음님은 불상계의 패션 리더라고 쓰여 있었어요. '멋쟁이 불상'이라고 했나. 아무튼 이렇게 많은 물건을 갖고 있으면 못 하는 일이 없을 것 같네요. (웃음)

여성 H 맞아요. 만능이겠어요.

아리오 집이 무너져도 금방 고쳐줄 것 같아요. (웃음)

마지막으로 우리는 다시금 관음상과 마주 보기 위해 정면으로 갔다.

"자, 그럼 세 번째 컷(정면)이 되었네요. 어떤 모습인가요?"

시라토리 씨가 익살스러운 여행 가이드 같은 말투로 물어보았다.

정면에서 관음님을 올려다본 우리는 절로 침을 삼켰다.

지금까지 본 것과 놀랄 만큼 인상이 달라….

옆에서 보았을 때는 우아하고 얌전한 인상이었던 관음상이 갑자기 힘이 넘치는 모습으로 겁이 날 만큼 박력 넘치게 서 있었다. 키가 5미터가 넘는데도 고개를 숙이고 있어서 올려다보면 눈이 딱 마주쳤다. 옆에서 보았을 때는 몰랐는데, 천수관음은 사람들을 내려다보듯이 몸을 구부리고 서 있었다.

내가 "눈동자가 가운데로 모여 있어요. 엄청 집중한 거 같네요."라고 말하자 다른 사람도 "눈이 이렇게 붉었나."라고 했다.

관음님의 약간 무서운 눈빛이 올려다보는 이를 붙잡고 놓아주지 않았다.

아리오 죄송한데요, 천수관음은 원래 여성인가요?

남성 E 여성이에요. 관음님은 전부 기본적으로는 여성.

아리오 앞에서 보니까 여성스럽지 않은 강함이 느껴져요. 옆에서 봤을 때는 여성적인 느낌이었는데….

시라토리 표정 때문에?

여성 H 표정과 자세요. 떡하니 정면으로 서 있어요.

다몬 가슴판이 두꺼워요. (웃음) 그래서 튼튼하고 남성적으로 보이는 거예요.

여성 I 코도 좀 특징적이에요. 경단 같은 작은 코. 동그란 게 예쁘네요.

그때, 다몬 씨가 무언가 떠오른 듯이 말했다.

"뭐랄까, 식당 아주머니 중에 인상이 비슷한 분이 계시죠. 식당에 들어가면 '자, 주문해.'라고 무뚝뚝하게 말하는 아주머니 말이에요. 그래도 몇 번 다니다 보면 '아, 저렇게 따뜻한 표정도 짓는구나.' 하고 놀라기도 하고."

식당 아주머니⋯!

오오, 정말 그래! 다몬 씨의 말에 우리는 너나없이 신나서 말을 보탰다.

아리오 헤어스타일이 식당 아주머니 같아. 바글바글하게 볶은 머리.

시라토리 아, 바글바글하구나.

다몬 어릴 때 많았지.

여성 H 무뚝뚝하지만, 손은 빠르고요.

아리오 이 아주머니의 볶음밥은 틀림없이 맛있을 거야!

세이초 외, 「목조 천수관음 입상」(1229) 높이 520.5㎝

남성 F 손맛이 좋을 것 같네요. (웃음)

마이티 세상에, 식당 아주머니 같은 표정의 천수관음이었다니. (다 같이 웃음)

아리오 식당 아주머니라고 하니까, 갑자기 관음님이 하계로 내려온 것 같아.

다몬 앗, 혹시 나 뭔가 잘못 말한 건가. (웃음)

여성 C 아, 그래도 그 말을 들으니까 아까 화살이라고 했던 게 이제는 요리용 젓가락으로 보여요.

여성 H 손에 들고 있는 저 병에는 간장이 들어 있겠네!

마이티 왼쪽에 들고 있는 사각형은 토스트 같네요.

우리는 식당 아주머니라는 소재로 계속 농담을 주고받았다. 세계를 구제해주는 감사하기 그지없는 관음님 앞에서 그야말로 제멋대로 말했다.

그렇게 좀 불경한 무리를 한 스님이 가만히 보고 있었다. 관람 투어의 진행을 도와주는 고후쿠지의 승려 미나미 슌케이 씨였다.

아, 우리 너무 시끄러운가. 다른 사람들한테 방해될까. 그런 생각이 들어 죄송하다고 말하려는데, 그보다 앞서 미나미 씨가 "너무 재미있는데요!"라고 해서 할 말을 잃었다.

"네? 저, 죄송해요. 너무 제멋대로 이야기해서."

그러자 미나미 씨는 "전혀 아니"라면서 "틀린 말도 아니에요."라고 감탄한 표정으로 말했다.

틀린 말도 아니…라고?

"여기 계신 천수관음님은 고후쿠지 식당의 본존*으로 예전에는 승려들이 천수관음님 앞에 모여서 식사를 했거든요."

세상에!

"정말요? 그러면 정말 식당 아주머니…네요."

"맞아요. 그래서 여러분이 본질적인 부분에 다가갔다고 생각했어요. 보세요. 합장하고 있잖아요."

"그렇구나. 두 손을 모으고 '잘 먹겠습니다.' 하는 거네요."

미나미 씨의 설명에 따르면 국보관 자체가 원래 승려들의 식당이었던 자리에 세워진 것이었다. 창건 이래 두 차례 큰 피해를 입고 그때마다 재건된 식당은 신불분리와 폐불훼석의 태풍에 휘말려 1874년 끝내 무너지고 말았다. 그 뒤 식당 자리에는 네이라쿠 서원(오늘날의 나라교육대학교) 등이 세워졌는데, 1959년에 식당을 재건한다는 의미를 담아 세운 것이 바로 국보관이다. 다른 곳으로 옮겨졌던 천수관음상도 국보관에 돌아왔고, 일찍이 식당의 본존으로 서 있던 자리에, 즉 건물의 중심에 서서 관람객들을 지켜보고 있다.

• 법당에 모신 부처 가운데 가장 으뜸인 부처를 뜻한다.

다몬 정말로 식당이었구나.

아리오 이 건물이.

마이티 혹시나 했는데.

여성 C 정말로.

다몬 역시나.

시라토리 재미있다. (웃음)

그 사실을 알고 놀랐다기보다는 무언가 불가사의한 것에 닿은 듯한 느낌이 들었다. 여지껏 많은 미술 관람 워크숍을 담당해온 마이티가 말했다.

"이런 일이 가끔 있어. 다 함께 보다가 알게 모르게 작품의 핵심에 다가가는 거야. 혼자서 거기까지 다다르기는 어렵지만, 사람들과 이런저런 대화를 나누는 사이에 '실은 그럴지도' 싶은 곳까지 가는 거야. 혼자서는 불가능한 일도, 다 같이 하면 가능해져. 그래서 사람들과 대화하면서 작품을 보는 게 재밌는 거야."

마이티의 말을 과학적으로 따져보면 '집단 지성'이라 불리는 것일지도 모른다. 집단 지성과 관련해 유명한 실험이 몇 가지 있는데, '젤리빈 실험'도 그중 하나다. 병에 젤리빈을 가득 담고 사람들에게 젤리빈이 얼마나 들어 있는지 수를 맞추라고 했는데, 놀랍게도 실험에 참가한 사람들이 낸 답을 전부 더한 다음 인원수로 나눈 '평균값'이 실제 젤리빈의 수와 가장 가까웠다. 물론 미술 관람이 딱히 과학적 경험은 아니니 평균값을 따질 필요는 전혀 없다. 그래도 떠오르는 대로 불상의 인상을 이야기하다 나도 모르게 작품의 핵심까지 다가간 것은 꽤나 스릴 넘치는 경험이었다.

그 뒤에 우리는 세 그룹으로 나뉘어서 각각 인기 많은 아수라상, 코끼리 머리 모양 관을 쓴 천*의 상, 십대제자(석가의 제자들)상을 보았다. 모든 그룹에서 이야기꽃이 피었고, 불상 관람 투어는 대성공으로 막을 내리려 했다.

미나미 씨는 시종일관 생글생글 웃으며 우리를 지켜보다가 마지막에 말했다.

"생각해보니 많은 분들이 국보관에 방문했는데, 전맹인 분을 안내한 기억은 없어요. 이렇게 찬찬히 불상을 봐주시니 무척 기쁩니다."

"전맹인 사람은 거의 오지 않나요?"

"아쉽지만 별로 오시지 않지요. 하지만 부처님이 신앙의 대상이었던 옛날에는 눈이 보이거나 말거나 상관없이 그저 다 함께 손을 잡고 오지 않았을까요. 옛날 사람들도 여러분처럼 눈

* 불법을 지키는 여덟 신장인 팔부중의 구성원이다.

이 보이지 않는 사람에게 불상의 모습을 들려주었을 거라 생각합니다. 그러니 우리는 지금 오래전 사람들과 같은 일을 한 건지도 모릅니다. 그런 점에서도 이번 관람 투어는 대단한 일입니다."

기뻤다. 내가 특별한 뜻이 있어 불상을 보러 가자고 했던 것은 전혀 아니지만, 작품을 보러 가면 언제나 그 앞에는 새로운 발견이, 새로운 만남이 있었다. 그리고 함께 보낸 시간의 감촉이 사람들의 마음속에 남았다. 함께 작품을 본 우리 속에, 그리고 미술관이나 박물관에서 일하는 사람들 속에도.

그 순간 문득 생각나서 질문했다. "관음觀音님의 이름은 '볼 관觀'와 '소리 음音'이라는 한자를 쓰지요? 무언가 의미가 있는 건가요?"

"그렇죠. 인도에서 불리는 이름을 발음이 비슷한 한자로 옮긴 거라 한자 자체에 별다른 의미가 없는 경우도 있습니다. 하지만 관음의 본래 의미는 '모든 방향을 보다.' 또는 '사람들을 두루두루 보다.'라는 것입니다. 관음님에 관해 쓰인 불경에는 '시선'에 관한 부분이 있는데, 자애로운 눈으로 살아 있는 온갖 것을 '두루두루' 본다고 적혀 있답니다."

'두루두루'.

그 말에는 '여기저기', '이 사람 저 사람', '골고루', '빠짐없이' 같은 의미가 담겨 있다. 즉 '저 멀리까지 빠짐없이' 미치는 시선인 것이다.

"우리만 부처님을 올려다보는 것이 아닙니다. 부처님도 우리를 보고 계신다고 생각합니다."라고 미나미 씨는 말했다.

그렇구나. 천수관음은 모든 사람을 '두루두루' 구제하기 위해 세계를 구석구석까지 바라보고 있다. 우리가 두 손을 모아 관음상을 올려다볼 때, 그 역시 우리 한 사람 한 사람을 보고 있는 것이다.

그러고 보니 붉은 귀신의 이마에서 찾은 세 번째 눈. 그 눈은 대체 무얼 보기 위해서 있을까? 혹시 우리가 세 번째 눈을 처음으로 발견한 걸까?

그럴 리 있겠느냐고 생각하며 집에 돌아와서 책을 찾아보니 "천등귀 입상에는 두 개의 뿔과 세 개의 눈이 있으며"라고 쓰여 있었다. 역시 세기의 발견은 아니었다(실망). 하지만 세 번째 눈의 의미까지는 쓰여 있지 않았다. 뭔가 불교적인 배경이 있을까 싶어 검색해보려 했지만, 바로 손을 멈췄다.

뭐, 답을 몰라도 상관없어.

다 함께 작품을 보는 목적은 정답을 찾아내는 것이 아니다. 시라토리 씨에게 답을 가르쳐주는 것도 아니다. 애초에 사람들은 같은 것을 보아도 똑같이 보지 않는다.

서로 다른 인생을 살아온 우리가 함께 시간을 보내며 서로의 말에 귀를 기울이는 것, 그러면서 항상 '악'으로 치부해왔던 귀신이 때로는 눈물을 흘린다고 상상해보는 것. 그것만으로도 함께 작품을 보는 이유는 충분하지 않을까. 그렇게 사람과 사람 사이에 있는 경계선을 한 걸음씩 뛰어넘으면, 우리는 새로운 '시선'을 획득한다. 그 결과 세계를 '두루두루 보는' 따뜻한 시선에 아주 조금이라도 다가갈 수 있을 것이다.

7장

황야로 나아가는 사람들

오리모토 다쓰미
'아트 마마'

NPO 법인 스윙
「교토인력교통안내 "당신의 목적지, 알려드려요."」

사카이 미호코
「삿포로 이치반 간장 맛」

하시모토 가쓰미
'가쓰미 그림일기' 외

'매력적인 미술관'이란 어떤 곳인지 생각해보자. 전시가 훌륭하다, 건물이 멋지다, 입지가 최고다, 콘셉트가 좋다. 또 무엇이 있을까. 오랜 역사? 고즈넉한 분위기? 홀로 멍하니 있을 수 있는 장소를 꼽는 사람도 있을지 모르겠다. 사람이 미술관에 끌리는 이유는 다양할 텐데, 그렇다면 이 미술관의 매력은 대체 무엇일까?

"이 미술관을 한 마디로 표현하면, '미술관답지 않은 미술관'이겠네요."

학예사인 오마사 아이 씨가 자랑스러운 듯이 말했다.

그곳의 이름은 바로 '시작의 미술관はじまりの美術館'.

여름이 얼마 남지 않은 날, 네 살이 된 딸 나나오의 손을 잡고 이나와시로역의 플랫폼에 내려섰다. 큰 호수와 산 사이에 있는 이나와시로는 후쿠시마현의 한가운데쯤에 있다. 근처에 스키장과 리조트 호텔이 있어서 성수기에는 꽤 북적거리는 곳이지만, 여름 휴가철도 지난 시기라 오후의 역 앞 사거리는 대낮임에도 시간이 멈춘 듯했다.

"왠지 반갑네."

혼잣말처럼 중얼거렸는데 나나오가 고개를 갸웃거리며 "왜 반가워?"라고 물어보았다.

"예전에 이 근처에 온 적이 있거든. 엄마가 어렸을 때였는데."

초등학생 때, 가족 넷이서 이나와시로호에 갔다. 지금 돌이켜보면, 그때가 유일한 가족 여행이었다. 내 아버지는 가족을 전혀 돌보지 않고 놀기를 좋아하는 사람이라 가족 여행이라는 발상 자체를 떠올리지 않았다. 그런데 내가 열두 살이었던 해의 여름에 아버지가 아마추어 바둑 대회에 나가게 되어서 웬일로 가족끼리 멀리 나들이를 갔던 것이다. 이나와시로호에서 보트를 타고, 온천이 있는 숙소에서 맛있는 밥을 먹었다. 그때 찍은 사진이 본가에 남아 있으니 꿈도 환상도 아니다. 겨우 1박을 했을 뿐이지만, 그 여행을 가서 다행이었다. 왜 다행인가 하면, 가족 여행을 간 적이 없다고 생각할 필요가 없기 때문이다. 나는 딸의 손을 꼭 잡으며 그런 생각을 했다.

정체 모를 감상이 몰려들기 직전이었는데, "여기야!"라며 자동차 한 대가 경쾌하게 달려서 우리를 데리러 왔다. 마이티와 시라토리 씨였다. 처음 계획을 세웠을 때는 나나오와 둘이서 이나와시로에 가려 했지만, 두 사람도 "같이 갈래."라며 이나와시로에서 합류하겠다고 했다. 사정을 들은 남편은 "마치 밴드 멤버들 같네. 누군가 솔로 활동을 해도 멤버들이 연주해주겠다고 달려오는 것 같아."라면서 웃었다. 게다가 이번에는 게스트로 나나오도 함께였다.

기차를 타고 오며 나나오에게 시라토리 씨는 눈이 보이지 않는다고 이야기해두었다.

"그래서 주위에 뭐가 있는지 시라토리 씨에게 대화하면서 알려줘야 해."라고 설명하자 나나오는 "어?"라며 3초 정도 가만히 있었다. 아직 '눈이 보이지 않는 상태'가 어떤 것인지 이해하지 못하는 모양이었다. 하지만 나나오는 눈이 보이지 않는 사람을 전혀 모르지는 않았다. 나나오와 같은 어린이집에 다니는 한 아이의 부모님이 시각장애인인데, 종종 그 아이의 엄마가 안내견과 함께 어린이집에 왔다. 어린이집을 오가다 만난 적도 있고, 인사를 건네며 조금 이야기를 나누기도 했다. "네 친구 엄마랑 같은 거야."라고 하자 나나오는 자기 나름대로 이해한 듯했다.

역에서 자동차로 5분 정도 거리에 미술관이 있었다.

마이티가 "분명히 국숫집 뒤쪽이었어."라며 경쾌하게 핸들을 돌렸다. 멋들어진 국숫집의 안쪽으로 들어가니 중후하고 아름다운 창고 같은 건물이 나타났다.

맨발로 들어가는 미술관

"안녕하세요." 접수처에 있는 안경 쓴 남성에게 인사했다. 그는 관장인 오카베 다카요시 씨였다. 점잔 빼지 않는 평상복 차림이라 그런지 '관장'처럼 보이지는 않았다.

앗, 관장이 직접 관람객을 맞이하는 건가. 놀란 내게 오카베 관장이 싱긋 웃어주었다.

전시실 쪽으로 한 발 내딛자 "아, 거기서 신발을 벗어주세요."라고 오카베 관장이 말했다. '나도 나나오도 양말을 신지 않았는데, 슬리퍼도 없고… 맨발로 들어가야 하나?' 내가 고민하는 틈에 나나오는 신발을 한 짝씩 벗더니 안쪽으로 뽀르르 달려갔다.

"아, 기다려!"

맨발에는 사람을 자유롭게 하는 힘이 있는 모양이다. 나도 허둥지둥 샌들을 벗었다.

그곳은 장애가 있는 사람의 작품을 중심으로 전시하는 미술관이다.

일반적으로 장애인이 하는 예술은 '아르 브뤼트art brut'로 분류된다. 그 프랑스어 단어를 직역하면 '날것의 예술'로 전문적인 미술 교육을 받지 않은 사람들, 기존의 예술 교육과 활동 시스템의 바깥에 있는 사람들의 작품이라고 정의된다. 영어로 '아웃사이더 아트outsider art'와 같은 의미인데, 애초에 사람의 배경과 경력에 기초해 '아웃사이더'이니 '날것'이니 부르는 것에서 오히려 미술계의 배타성이 여실히 드러나는 것 같아 나는 별로 좋아하지 않는다. 하지만 명확한 정의가 있음으로써 일어나는 긍정적인 효과도 있을 터이니 그 점에 관해서는 넘어가겠다.

다만, 시작의 미술관이 아르 브뤼트에 특화된 곳은 아니다. 장애가 있는 사람의 작품도, 세계적으로 높은 평가를 받는 예술가의 작품도 구별하지 않고 동등하게 전시한다. 우리가 방문했을 때는 미술관의 5주년을 기념하는 기획전인 '두근두근한 의도'가 개최 중이었는데, 여덟 팀이 참가하는 그룹전이었다.

부드러운 느낌의 기획전 제목에 담긴 의도를 기획·운영을 담당하는 고바야시 다쓰야 씨는 다음처럼 설명했다.

"이 미술관이 문을 열고 지난 5년 동안을 돌이켜보니 많은 사람들과 함께 미술관과 작품을 만들어왔다는 생각이 들었어요. 그래서 '공동성'을 주제로 전시회를 개최하고 싶었죠. 여러 사람들이 함께 무언가 한 가지 일에 매달릴 때, 실은 관여하는 사람들의 생각과 마음은 제각각 다르기도 해요. 그래도 모두가 긍정적인 '의도'를 지니고 작품을 만들면 혼자서는 떠올리지 못했을 게 태어나기도 하고, 혼자서는 불가능했을 일이 가능해지기도 해요. 그런 걸 이번 전시회에서는 '두근두근한 의도'라고 이름 붙였어요. '공범성'이라고 하면 너무 강한 말로 들릴지도 모르겠는데, '두근두근한 의도'로 함께 무언가 해내는 것은 어떤 의미로는 공범 관계라고 생각해요."

혼자서는 불가능했을 일인가.

밴드 같은 우리에게 딱 어울리는 전시회잖아. 전시실로 들어가니 복도에 원목 블록이 깔려 있어서 발바닥으로 느껴지는 감촉이 기분 좋았다.

"나나오, 이쪽으로 와."

나는 딸을 불렀다. 흔치 않은 기회이니 오늘은 나나오에게 시라토리 씨의 안내를 맡길 셈이었다. 하지만 맨발의 네 살은 이미 완전히 야생동물이 되어 맘대로 여기저기 돌아다니고 있었다. "안 돼. 얘, 좀 얌전히 있어. 나나오, 오늘은 시라토리 씨와 같이 돌아보자." 내가 말해도 "이빨 닦아."라는 말을 들었을 때처럼 가볍게 무시했다. 내 뜻대로 될 가능성은 한없이 0에 가까웠다.

돌봄도 예술이 될 수 있다

훤히 드러난 창고의 벽을 그대로 둔 전시실에는 대형 사진 작품들이 많이 전시되어 있었다. 모든 작품에 백발 섞인 머리카락을 바람 맞은 듯 뒤로 넘기고 편안한 옷을 걸친 풍채 좋은 할머니가 찍혀 있었다. 휠체어에 앉아 있거나 손가락을 콧구멍에 찔러넣은 모습의 평범한 스냅 사진이 있는가 하면, 꼼짝 않고 똑바로 서서 드럼통에 들어가 있거나 목에 폐타이어를 걸고

오리모토 다쓰미, 「타이어 튜브 커뮤니케이션: 어머니와 동네 사람들」(1996)

있는 사진도 있었다.

"이 작품 정말 좋아해. 이분, (작가의) 어머니야."라고 마이티가 설명했다.

그 사진 작품 시리즈의 제목은 '아트 마마'.

작가인 오리모토 다쓰미(1946~)는 국내외 예술제와 전시회에서 왕성하게 활동하는 예술가였는데, 어느 날 어머니인 오다이에게 인지저하증과 우울증이 나타났다. 어머니와 함께 살던 오리모토는 그 뒤로 20년에 걸쳐 어머니를 돌봤고 할 수 없이 작품 활동도 제한되었다. 하지만 그런 생활 중에 오리모토는 '그림을 그리거나 조각을 새기는 것만이 예술은 아니다.' '돌봄도 예술이다.' '식탁에 함께 앉는 것도 예술이다.'라는 새로운 경지에 도달하여 어머니 오다이와 함께 작품을 만들기 시작했다.

"그렇구나. 이분, 어머니구나."

내 말에 마이티가 "여기에는 없는데, 어머니가 골판지 상자로 만든 신발을 신고 있는 작품도 있어."라고 덧붙였다.

스마트폰으로 검색해보니 지팡이를 짚고 선 오다이가 부자연스럽게 커다란 초록색 신발을 신고 찍은 사진이 나타났다.

'이게 뭐야. 이런 신발을 신고는 절대로 못 걸을 거야. 미키마우스 같아.'라고 생각했는데, 그 「아트 마마 작은 어머니와 커다란 신발」(1997)은 2001년 베네치아 비엔날레에서 국제적인 호평을 받았다고 한다.

오리모토는 연로한 어머니에게 거대한 신발을 신긴 이유를 다음처럼 말했다.

> 어머니는 어렸을 때부터 키가 작아서 조회 시간에 늘 맨 앞에 섰다. 그때 앞쪽이 뻥 터진 자신의 고무신을 선생님이 한참 동안 바라봐서 부끄러웠다고 한다. 가난해서 새 고무신을 살 돈은 없었기 때문에 키가 조금만 컸으면 좋았을 것이라고 했다. 그래서 골판지로 만든 커다란 신발을 신기고 집 앞에서 사진을 찍었다.
>
> ―「돌봄은 예술이다: 돌봄이 필요한 어머니를 모델로 작품 만들기」, 웹사이트 'NIKKEI STYLE' 2014년 5월 25일.

오리모토는 "돌보는 것 역시 예술"이라고 말하지만, 그의 작품은 돌봄 기록 같은 게 아니다. 말하자면 그 작품은 어머니와 아들이 '돌보다'와 '돌봄을 받다'를 뛰어넘어 함께한 유쾌한 협업이다. 피카소가 연인 도라 마르를 그렸듯이 가까운 이를 모델로 삼은 작품은 동서고금에 셀 수 없이 많지만, 인지저하증에 걸린 어머니에게 포즈를 시킨 사람은 드물 것이다

일련의 사진들 속에서 오다이는 방석만큼 커다란 빵을 들

고 있거나 폐타이어를 목에 걸고 있는 등 일상에서는 절대로 하지 않을 기묘한 포즈를 취하고 있다. 사진에 찍힌 오다이는 무표정해서 자신이 '예술'이 되는 걸 원하는지 아닌지도 알 수 없다.

마이티　진심으로 재택 돌봄을 하면 당사자한테 괴로운 일도 많을 텐데, 작품으로 삼으니까 유머가 생겨나네.

아리오　'타이어를 걸어보자. 빵을 들려보자.' 하는 느낌이야. 타이어가 없으면 그저 스냅 사진인데, 타이어가 있어서 인지 저하증인 어머니가 또 다른 차원으로 변화했어. 대단해…!

집에서 어머니를 돌보는 오리모토는 한 인터뷰에서 "가장 힘든 건 매일 새벽 3시쯤에 어머니가 비명을 지르며 일어나는 것"이라고 했다. 그럼에도 두 사람이 만들어내는 작품에는 아무것도 개의치 않는 밝음이 있다. 두 사람이 '사진'이라는 매체를 통해 꼭 껴안고 있는 것 같아서 작품을 보는 나까지 가슴이 뭉클해졌다.

마침내 오다이는 2017년, 90세이던 해에 눈을 감았다.

문득 정신을 차리고 보니 내 곁의 시라토리 씨는 헤드폰을 귀에 대고 오리모토가 만든 영상 작품의 소리를 듣고 있었다.

오리모토 다쓰미, 「아트 마마+아들」(2008)

영상 속에서 오리모토는 수백 명이나 되는 외국인 할머니들과 함께 식탁에 앉아 있었다.

"재미있어?"라고 물어보자 시라토리 씨는 "응, 재미있어."라고 답했다.

오다이가 눈을 감기 얼마 전부터 오리모토는 '아트 마마'의 개념을 더욱 확장하여 할머니들과 그 고장의 요리를 먹는다는 전혀 새로운 퍼포먼스 작품을 만들기 시작했다. 포르투갈에서는 할머니 500명을 수도원으로 초대하여 점심을 대접했다. 수프를 덜어주고 할머니들과 춤을 추는 오리모토는 반짝반짝 생기가 넘쳤다.

간단히 말하면 초로의 남성이 수많은 할머니들과 시끌벅적하게 식사를 할 뿐인 영상이다. 하지만 행복한 식탁이라는 것은 어쩜 그토록 눈이 부신지.

쓰레기를 줍는 히어로

창고 특유의 어슴푸레한 분위기에 감싸인 전시실에서 눈에 띈 것은 훌륭한 대들보였다. 건물 전체를 떠받치는 대들보는 길이가 18간間(약 33미터)이나 된다. 19세기 말 건설된 당시에 이 건물은 술 창고로 쓰였는데, 지역 사람들은 '십팔간十八間 창고'라고 친근하게 불렀다고 한다. 시대의 흐름에 따라 댄스홀이나 봉제 공장이 된 시기도 있었는데, 미술관 후보지가 되었을 때는 근처 국숫집의 창고로 쓰이고 있었다.

그처럼 긴 역사를 느낄 수 있는 미술관의 한구석에 이질적인 물체가 서 있는 게 눈에 띄었다. 한눈에 봐도 싸구려 같은 히어로 유니폼을 입은 마네킹이었다. 파워레인저? 아냐, 다른데. 유니폼의 가슴 부분에는 "GOMI CORORI"*라고 쓰인 로고가 있었고, 손에는 기다란 집게와 쓰레기봉투를 들고 있었다.

뭐지? 저것도 '공동성'을 주제로 한 작품인가? 잘 이해하지 못한 채 더욱 안쪽으로 들어가니 모니터로 영상 작품을 상영하고 있었다. 제목은 「교토인력교통안내 "당신의 목적지, 알려드려요."」(2019)로 작가는 Q&XL(NPO 법인 스윙)이라 쓰여 있었다.

영상에 찍힌 건 유니폼을 입은 두 남성이 교토역 근처에서 외국인이나 가족 단위 여행객에게 버스 환승 등을 가르쳐주는 모습이었다. '뭐지, 버스 회사 직원이 일하는 건가?' 그렇게 생각했지만, 아무래도 아닌 모양이었다.

오마사 학예사에 따르면 이 영상에 등장하는 Q&XL(Q 씨와 XL 씨라는 2인조)은 같은 시설에 다니는 사이다. 두 사람 모두

• 일본어로 '고미(GOMI)'는 '쓰레기'를 뜻하며 '코로리(CORORI)'는 작은 것이 굴러 떨어지는 모습을 뜻한다.

「GOMI CORORI」에
등장하는 히어로 고미블루
(NPO 법인 스윙)

「교토인력교통안내
"당신의 목적지, 알려드려요."에 등장하는
Q&XL(NPO 법인 스윙)

버스를 각별히 애정해서 복잡하기로 악명 높은 교토의 버스 노선도를 완벽하게 파악하고 있다는 대단히 특수한 공통점이 있다. 그들의 경이로운 능력을 활용해야겠다는 아이디어를 떠올리고 실행한 사람은 두 사람이 함께 다니는 시설을 운영하는 '스윙'의 대표 기노토 마사유키였다. 기노토는 두 사람을 위해 굳이 유니폼과 모자까지 맞춰서 준비했다. 그리고 셋이 함께 교토역으로 출동하여 실제로 교통 안내를 하는 모습을 촬영한 것이 우리가 보았던 영상이다. 외국인부터 고령자까지 차례차례 "모르겠어." "헬프 미!"라고 하는 사람들이 나타났고, 나아가 관광 명소를 추천해달라는 사람까지 출현했다.

시라토리 대단한데!

아리오 최고야. 엄청 흥미로워!

마이티 목에 건 팻말에는 '스마트폰으로는 알 수 없는 것도 있다'라고 적혀 있어.

시라토리 그럴듯하네, 하하하!

마이티 그리고 '목적지로 가는 법은 하나가 아냐!'라고 쓰인 것도 있어. 정말로 길을 가는 법을 뜻하기도 하겠지만, 삶을 살아가는 법을 뜻하기도 하겠네.

아리오 대단해. 심오하다!

이 교통 안내는 자원봉사일까, 취미일까, 예술일까? 더 이상 그런 분류는 아무도 알 수 없지만, 아무튼 코미디 같아서 시라토리 씨도 퍽 마음에 들어했다.

모두 요육수첩療育手帳*을 지니고 있으니 Q&XL은 세간에서 말하는 장애가 있는 사람일 것이다. 물론 그런 것과 상관없이 두 사람의 능력은 대단하다. 그와 동시에 얼핏 쓸모없어 보이는 지식을 유용하게 써먹을 아이디어를 떠올리고 실행한 '스윙'의 발상에도 감탄이 나왔다.

그렇다면 아까 전에 보았던 파워레인저를 닮은 유니폼도 비슷한 작품일까?

다시금 해설을 읽어보니 정말 그랬다. '스윙'에서는 시설에 다니는 사람들과 그 주위 사람들이 장애의 유무에 상관없이 지역 히어로 '고미블루'로서 유니폼을 잘 차려입고 길거리로 출동한다. 평소와 다른 차림을 하면 쓰레기를 줍는 활동에 활기가 더해지고, 나아가 사회에도 보탬이 된다는 것이다. 하지만 아무래도 교토의 차분한 풍경과 지나치게 이질적인 복장이기 때문인지 처음 활동을 시작하던 무렵에는 경찰에 신고가 들어가서 경찰차에 둘러싸이기도 했고, 고미블루를 본 어린아이가 울음을 터뜨린 적도 있다고 한다. 그래도 활동을 계속하다 보

• 일본에서 지적장애가 있는 사람에게 교부하는 수첩이다. 수첩을 소지한 사람은 정부·지자체·민간단체가 제공하는 각종 서비스를 받을 수 있다.

니 동네 사람들이 아는 척을 하기도 했고, 고맙다는 말을 건네기도 했다.

마이티 여러 사람들이 이런 차림으로 다니면 확실히 좀.

시라토리 수상하지.

아리오 그래도 계속 같은 복장으로 다니면서 사람들의 인식에 자리 잡은 거네. 저 파란 옷을 입은 사람들은 좋은 일을 한다고.

마이티 모두 목에 지갑 같은 걸 걸고 있는데, 저건 뭘까?

그 지갑 같은 것에는 히어로들의 명찰이 끼워져 있었다. 명찰을 본 동네 사람들이 이름을 기억하면 그다음부터는 "○○ 씨, 안녕하세요."라고 인사가 변하게 마련이고, 그 결과 거리에서 지나치는 사람들과 아는 사이가 된다. 그 역시 무척 두근거리는 일인 동시에 대단히 의미 있는 활동이었다. 슬프게도 모든 장애인 복지시설이 지역 사회의 환영을 받지는 못하는 것이 현실이다. 하지만 이렇게 면식을 익히면 시설도 지역 사회도 조금씩 서로에게 문을 열 수 있다.

'스윙'의 작품과 오리모토의 '아트 마마' 시리즈는 잘 생각해보면 무척 비슷하다. 사회에서 '약자'로 일컬어지는 사람들의 손을 잡고 개성적인 존재로 변신시킨 다음 함께 실컷 즐긴 것이다. 다른 각도에서 바라보면 돌봄도 복지 서비스도 예술 작품이 될 수 있다.

표현의 힘으로 세계에 빛을 비추다

전시 도중에는 다양한 색상의 장난감 블록이 놓인 코너가 있었다. 극단 '악마의 증표'가 만든 「반입 프로젝트」라는 작품의 일부로 누구나 자유롭게 블록으로 조형물을 만들 수 있도록 한 것이었다. 이 작품이 그야말로 나나오의 취향을 저격했는데, 시라토리 씨도 "나 이런 거 꽤 좋아해."라고 해서 우리는 오랫동안 블록으로 다양한 모양을 만들었다. 시라토리 씨가 블록으로 만든 것은 퍽 복잡해서 '오, 저걸 저렇게 연결하다니.'라는 감탄이 나왔다.

나나오는 우리가 전시를 둘러보는 내내 그 코너에 푹 빠져 있었다. 결국에는 오마사 학예사가 공작용 색연필과 종이까지 내주었다.

"죄송해요. 정말 감사합니다!" 나나오를 향한 배려에 감동이 샘솟았다. 일반적으로 어린아이를 데리고 미술관에 가는 것은 꽤 어려운 일이다. 하지만 이곳이라면 어린아이도, 신체에 장애가 있는 사람도 주눅 들지 않고 방문할 수 있다. 크기는 작아도 품이 큰 미술관이었다.

이 개성적인 미술관을 세운 건 지적장애 등이 있는 사람들을 지원하는 사회복지법인 '아사카 애육원安積愛育園'이다. 미술관장인 오카베 씨는 본래 그곳의 생활지원사였다.

왜 사회복지법인이 미술관을 세웠을까.

"장애인 사업장 등에서 다 같이 일을 하는데, 그중에는 작업에 서투른 사람도 있어요. 어떻게 해야 그런 사람들도 매일 충실하게 시간을 보낼 수 있을까 고민한 끝에 예술 작품 만들기를 시작했죠. 막상 해보니까 놀라운 작품이 나올 때도 있어서 고정관념이 완전히 뒤집혔어요."

그중 한 사례로 시작의 미술관에서도 전시했던 작품이 있다. 인스턴트 라면 봉지가 쭉 늘어서 벽면을 가득 채우고 있는 전시물이다.

아리오 이, 이게 뭐예요?

오마사 사카이 미호코 씨의 「삿포로 이치반 간장 맛」이에요. 사카이 씨는 '야마나미 공방'이라는 복지 시설에 다니는 분인데, 라면 봉지를 만지는 걸 좋아한대요.

아리오 그래요?

오마사 20년 동안 하루 종일 라면 봉지를 만지작거렸다고

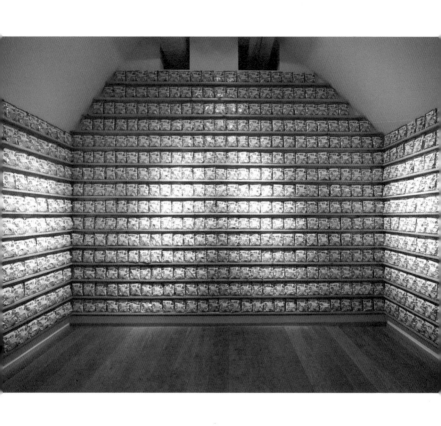

사카이 미호코, 「삿포로 이치반 간장 맛」(1997~)

해요. 그것도 다른 건 안 되고 오직 '삿포로 이치반 간장 맛'라면만. '아마나미 공방'의 직원이 이것도 일종의 표현일지 모른다고 생각해서 사카이 씨가 만졌던 라면 봉지에 날짜를 적어서 보관해왔다고 해요.

아리오　이것도 일종의 표현… 그럴지 모르겠네요.

이렇게 압도적인 작품 앞에서 오카베 관장은 "장애인을 바라보는 시선이 달라지는 사람도 있죠."라고 담담하게 말했다.

"그래서 처음 미술관을 열었을 때는 장애가 있는 분의 작품을 보여주면 장애인에 대한 인상이 좋아지지 않겠냐고, 예술을 '이미지 개선을 위한 수단'처럼 생각한 적도 있습니다. 하지만… 개관하고 5년이 지나서 돌이켜보면 우리를 끌어당긴 예술의 중심에는 전혀 다른 것이 있었어요."

전혀 다른 것이란, 대체 무엇일까?

"바로 모든 사람이 타고나는 '표현의 힘'이죠."

…표현의 힘?

"장애와 상관없이 누구에게나 '표현의 힘'이 있어요. 이곳에서는 장애 유무를 따지지 않고 함께 작품을 전시하고 관람하죠. 그런 경험이 오히려 '장애란 무엇인가'를 생각해볼 계기를 주지 않았나 생각하게 되었어요."

누구에게나 '표현의 힘'이 있다.

"그렇네요."라고 나는 답했다.

무엇을 '표현'이라고 할지부터 문제지만, 넓게 생각하면 우리가 일상에서 하는 모든 행동을 표현이라 할 수도 있다. 사진, 그림, 음악 등 흔히 떠올리는 표현 활동은 물론이고, 어떻게 일할지, 어떤 요리를 만들지, SNS로 무엇을 공유할지, 무엇을 구입할지, 무엇을 버릴지 등 모든 것들이 표현이라고 할 수 있다. 셀 수 없이 많은 라면 봉지도, 쓰레기 줍기도, 전부.

표현은 모든 사람이 태어날 때부터 지니고 있는 힘. 그 말이 기분 좋게 내 속으로 들어왔다.

'장애인'이라고 한 단어로 가리켜도, 그 속에는 실로 다양한 사람들이 있다.

버스 노선도를 전부 외우는 사람이 있는가 하면, 대화하면서 미술을 보는 사람도 있다. 그 외에도 한 단어를 끊임없이 쓰는 사람, 아이돌의 시시콜콜한 정보까지 수집하는 사람, 즉흥시를 쓰는 사람, 복잡한 자수 작품을 몇 년씩 들여서 만드는 사람을 만난 적도 있다. 그 '표현'들의 원천에 있는 것은 장애의 유무와 상관없이 모든 사람의 내면에 있는 빛이었다.

이 미술관은 인위적으로 그어진 인간 사이의 경계선을 뛰어넘어 모든 사람이 제각각 발하는 서로 다른 색의 빛으로 세계를 비추려 하는 것 같았다. 그런 거였구나.

여기서 잠깐, 솔직하게 고백하겠다. 예전에 어느 책을 읽다

'시작의 미술관'의 존재를 처음 알았을 때, 내 마음속 한구석에는 이런 생각이 있었다.

'흠, 창고를 개조한 미술관이라니 좋을 것 같은데, 작품 자체는 별로 재미없을지도 모르겠다.'

아, 부정할 수 없다. 나야말로 장애가 있는 사람에 대한 선입견과 편견으로 섣불리 단정한 것이었다. 앞서 표현의 힘이 어쨌다는 등 고상한 척하며 썼지만, 전혀 그렇게 대단한 글을 쓴 것이 아니다. 40대나 되어서도 여전히 선입견에 얽매여 있는 부끄러운 자신을 꾸짖기 위해 굳이 글을 적어둔 것이다.

내 인생을 돌아보면 장애를 지닌 사람과 만나거나 친구 사이가 될 기회가 무척 적었다. 몇 년이나 미국과 프랑스에서 살며 '외국'이라는 다른 문화를 소수자의 입장에서 안다고 생각했지만, 일본에 돌아오자마자 나는 일종의 다수자에 속하여 안도하고 주저앉은 채 실존하지도 않는 장애인에 관한 막연한 이미지를 머릿속에 품고 살아왔다.

아아, 쥐구멍에라도 숨고 싶지만, 다행히 인간은 아무리 나이를 먹어도 변화할 수 있다. 구태의연하고 보잘것없는 과거의 나 자신을 부숴버리고, 낡은 가치관을 쓰레기통에 버리며, 지금 이 순간에도 내가 되길 바라는 인간을 향해 다가갈 수밖에 없다.

아, 이곳에 와서 다행이다.

조금 다른 이야기인데, 여느 때와 달리 이번에는 시라토리 씨와 마이티의 말을 단편적으로밖에 남기지 못했다. 전부 나나오 때문이다.

앞서 적었듯이 나는 나나오에게 시라토리 씨의 안내를 맡기려고 계획했지만, 그 '두근두근한 의도'는 너무나 쉽게 어긋났다. 나나오를 붙잡고 "자, 시라토리 씨에게 뭐가 보이는지 설명해봐."라고 부추겨도 나나오는 "싫어. 저기 갈 거야."라며 블록 코너로 달려갔다.

당연한 말이지만, 네 살짜리 아이는 타인을 미루어 헤아리지 않는다. 상대가 시각장애인이어도 마찬가지다. 나나오에게 시라토리 씨는 장애인도 도움이 필요한 사람도 아니라 그저 거기 있는 사람에 지나지 않았다. 그래서 단칼에 "싫어"라고 거부한다. 그건 관심과 지식이 부족하다는 뜻이지만, 뒤집어보면 그만큼 편견이 없다는 걸 의미하기도 한다. 네 살 아이가 보는 세계는 좋은 의미로 아직 만물의 경계선이 뚜렷하지 않고 부연 것이다.

그래서 시라토리 씨 역시 이렇게 시원하게 무시당하면 딱히 기분 나쁘지는 않다고 했다. 장애인이 함께하게 되면 아무래도 그 사람이 화제와 행동의 중심에 놓이는 경우가 자주 있게 마련이다. 또는 장애인을 과도하게 신경 써서 배려하는 사람도 있다.

사실 나 또한 시라토리 씨와 처음 만났을 무렵에는 이런 질문을 해도 될까, 말실수를 해서 상처 주지는 않을까, 이런 요리를 눈이 보이지 않는 사람도 먹을 수 있을까… 등 제멋대로 안개 속을 헤매듯 고민했던 적이 꽤 있었다. 그와 같은 '지나친 배려'라는 이름의 과잉 포장을 벗겨내는 데에는 경험과 시간이 좀 필요했다. 그런 과잉 포장은 필요 없다고 가르쳐준 사람 역시 세상사에 연연하지 않고 표표히 살아가는 시라토리 씨, 그리고 누구든 열린 태도로 대하는 마이티였다. 다정과 배려도 지나쳐버리면 편견과 차별이 된다.

초등학생 때부터 우리는 도덕 수업 등에서 곤란에 처한 사람을 배려해야 한다고 배워왔다. 물론 좋은 의도에서 가르친 것이지만, 그 '배려합시다'라는 가르침이 '도와주는 사람 / 도움을 받는 사람', '감사하는 사람 / 감사를 받는 사람'이라고 관계를 고정하고, 사람 사이를 단절시키는 기점이 되었는지도 모른다.

그렇지만 네다섯 살 아이들은 '그런 거 상관없어!'라는 태도를 취한다. 예전에 시라토리 씨는 어린이들을 대상으로 관람 워크숍을 진행한 적이 있다고 한다. 워크숍이 시작되고 얼마 지나지 않아 아이들은 시라토리 씨를 제쳐두고 작품에만 열중했다. 하지만 시라토리 씨는 "그건 그것대로 좋았어."라고 말한다.

미확인 민폐 물체

유독 밀도 높은 전시회를 거의 전부 돌아보았을 무렵, 문득 손 글씨로 커다랗게 "그림일기"라고 쓰인 수제 플래카드가 눈에 띄었다.

주위의 벽에 전시된 수십 장의 종이에는 살짝 코믹한 분위기의 일러스트가 그려져 있었다. 주로 그려진 것은 휠체어에 올라탄 남성으로 그림일기의 저자 같았다.

하나하나 찬찬히 살펴보니, 이 또한 무척 궁금증을 자극하는 작품이었다. 작품 중 절반 정도는 비교적 분명한 구도로 그려진 그림들이었다. 남성은 휠체어를 타고 카페에 가고, 강변을 산책하고, 우편물을 보냈다. 하지만 나머지 절반 정도는 붓 터치가 추상적이었고, 몇 줄 선과 도형, '버스', '산기슭', '오다' 등 단편적인 몇 단어들로 구성되어 있었다. 철해두었던 종이가 뿔뿔이 흩어진 듯한 그림이라서 보고 있으면 나까지 왠지 마음이 불안해졌다.

"이게 뭘까." "그러게" 우리는 그렇게 말하면서도 작품에 집중했다.

설명문에 따르면 작자인 하시모토 가쓰미는 약시, 난청, 하반신 마비 등 장애를 지니고 1958년 도쿄에서 태어났다. 자유롭게 말하지 못해서 주위와 원활하게 소통할 수 없었고, 학교

위쪽: 하시모토 가쓰미,
「미확인 민폐 물체: 사랑과 투쟁의 나날
(하시모토 가쓰미 그림일기)」(1979~2000)
아래쪽: 「거리에 주는 선물(하시모토 가쓰미 그림일기)」(2019)

에 갈 나이가 되어서도 의무 취학 면제가 되어 19세까지 거의 외출하지 않고 집 안에서만 지내왔다.

> 집 안쪽 방에 틀어박혀 있던 시절의 화백*은 매일 4시에 먹는 빵이 몇 분 늦기만 해도 공황 상태에 빠져서 가족에게 폭력을 휘두르고, 살림살이를 부수고, 울면서 마당으로 기어 나가고는 했습니다. 그래서 당시 가족들은 살기 위해 화백을 시설에 입소시킬까 고민할 만큼 궁지에 몰렸습니다.
>
> ─작품 해설 중에서

본인에게도 가족에게도 몹시 괴로운 나날이었을 것이다. 하시모토의 10대 시절, 즉 1970년대에는 아직 '배리어 프리'나 '노멀라이제이션normalization'** 같은 개념이 일본 사회에 들어오지 않아서 장애인이 외출하려면 물리적으로도 정신적으로도 제약이 많았다. 당사자도 가족도 혹독한 현실로 내몰렸다.

그렇지만 하시모토는 19세 때 사이타마현 고시가야시에 있는 '짚신의 모임わらじの会'이라는 단체와 만났다. '장애가 있는 사람도 없는 사람도 함께 거리에서 생활하자'가 모토인 단체에

---

* 하시모토 가쓰미를 가리킨다.─지은이 주
** 장애인과 고령자 등을 시설에 격리하여 수용하는 것이 아니라 사회에서 함께 살아갈 수 있도록 해야 한다는 사고방식과 정책을 가리킨다.

서 큰 힘을 얻은 하시모토는 처음으로 고시가야의 거리로 나갔다. 그는 눈앞에 펼쳐진 거리의 일상과 북적거림, 냄새, 바삐 오가는 사람과 자동차 등 모든 것에 매료되었다고 한다. 그 뒤로는 혼자 휠체어를 운전해 편의점에 들르고, 국도를 건너고, 우체국과 관공서에 가고, 때로는 전철을 타고 밤늦게까지 돌아다녔다.

우리의 눈앞에 전시된 그림일기에는 그처럼 반짝이는 빛으로 가득한 날들이 그려져 있었다. 그림 한 장 한 장에서 동네 사람과 눈에 보인 풍경, 그날 일어난 일 등 하시모토를 둘러싼 일상이 떠올랐다. '그림일기'라고 하면 따뜻한 느낌을 주지만, 자세히 보니 목숨이 왔다 갔다 했던 위태로운 일도 기록되어 있었다. 이를테면 교통사고. 놀랍게도 하시모토는 자주 교통사고를 당했다. 국도에서도 우회도로에서도 느릿느릿한 속도로 당당하게 나아가는 하시모토는 항상 정체를 일으켰다. 하시모토는 귀가 들리지 않기 때문에 운전자가 아무리 크게 경적을 울려도 무시당할 뿐이다. 그래서 하시모토를 발견한 택시들은 무선으로 "휠체어 아저씨 출현! 이 앞으로 정체가 예상되므로 우회하십시오."라고 서로 알렸다고.

접촉 사고는 일상다반사로 타이어에 다리를 치여서 입원하기도 했고, 열받은 트럭 운전사에게 얻어맞은 적도 있었다. 하시모토는 그런 사고까지 모두 그림일기에 담았다.

주위 사람에게 길거리는 그저 일상생활을 하는 곳에 불과하지만, 하시모토에게 거리란 혼돈스러운 황야 같은 곳이었다. 그리고 얼핏 무모해 보이는 행동을 하는 하시모토의 뒤에는 그를 조마조마하면서도 지켜봐주는 사람들이 있었다. 하시모토의 가족, 지인, 짚신의 모임 직원들, 역무원, 편의점 아르바이트생 등.

하시모토가 사고와 사건을 겪을 때마다 짚신의 모임 스태프가 도우러 달려왔는데, 그중 한 명은 유머와 애정을 담아서 그를 '미확인 민폐 물체'라고 불렀다. 그들 모두 그림일기의 등장인물이었다. 그 역시 '공동성'에 기초해 '두근두근한 의도'로 만들어진 작품인 것이다.

시간이 흐르면서 그림이 단순해지고 추상화된 이유는 약시가 심해졌기 때문이다. 하시모토는 눈이 거의 보이지 않게 되어서도 다른 감각을 쓰며 그림일기를 계속 그렸다. 그에게는 그림이 바로 말이었다.

시라토리 씨가 혼자 미술관에 가겠다고 마음먹은 날을 다시 떠올린다.

"저는 전맹이지만, 작품을 보고 싶습니다. 부탁드립니다."

전화를 걸어 부탁한 시라토리 씨도 미술관에는 미확인 민폐물체라고 할 만한 존재였다. 하지만 그중에는 '좋아, 같이 보자.'라고 생각한 사람도 있었기에 '두근두근한 의도'가 실현될 수 있었다.

지금은 앞서 언급한 '세션!'뿐 아니라 시각장애인과 함께 관람하는 워크숍이 여러 미술관에서 이뤄지며, 눈이 보이지 않는 많은 사람들이 대화를 통해 미술을 즐기고 있다. 하지만 돌이켜보면 그 일들은 한 전맹 남성이 수차례 거절당하면서도 "어떻게 좀 부탁드립니다!"라고 계속 전화를 걸었기 때문에 시작될 수 있었다. 그날로부터 25년 가까이 지난 현재, 시라토리 씨는 더 이상 '미확인 민폐 물체'가 아니라 수많은 미술관 방문자 중 한 명일 뿐이다.

우리의 인생에는 제각각 미지의 황야가 존재한다. 어떤 사람에게는 북극이나 히말라야산맥의 산들이고, 또 다른 사람에게는 머나먼 타국이다. 내 경우에는 스물두 살에 미국으로 건너간 것이 황야로 들어가는 첫걸음이었다. 그와 마찬가지로 동네의 미술관도 편의점도 걷는 법과 목적지를 바꾸면 황야가 될 수 있다.

스스로 안전지대에서 빠져나가 세계를 더듬더듬 헤아리면, 우리는 이 세상에서 오직 하나뿐인 '자신'이라는 존재의 삶을 손에 넣는다. 그러는 사이에 황야에 있는 것이 자연스러워지고, 거친 황야가 안락하고 지내기 좋은 장소로 바뀌는지도 모르겠다.

「교토인력교통안내 "당신의 목적지, 알려드려요."」 같은 작품을 만들어낸 NPO 법인 스윙의 대표 기노토 마사유키는 자신의 책에 다음처럼 적었다.

> 스윙의 모토 중에는 '아슬아슬한 탈선을 하자.'라는 것이 있다. 그래서 업무 시작 시간은 제각각 다르고, 졸리면 낮잠 자기를 장려하고, 별다른 이유도 없이 휴가를 쓰는 사람에게는 박수를 보낸다. 모르는 사이에 우리 내면에 따리를 튼 빡빡한 규범의 바깥으로 용기 내어 한 발 나가 자기 규제를 해제하면, 예전에는 탈선이었던 일들이 조금씩 허용 범위 속으로 들어온다. 그러면 '보통'과 '정상'과 '당연'의 영역이, 다르게 표현해 '편안한 삶'의 폭이 넓어진다.
>
> — 기노토 마사유키, 『정상이 흔들린다: 상식과 결별하는 '스윙'의 실험』•

시대와 사회의 흐름, 변해가는 상식과 규칙 속에서 규범과 탈선은 항상 격렬하게 힘 싸움을 벌이고 있다. 예를 들어 버스에 올라타는 것만 생각해봐도 그렇다. '버스에서는 휠체어와 유아차를 접고 사람들에게 불편 끼치지 않게 이용해라. 도움을 받는 것이니 고마워해라.' 이렇게 생각하는 사람도 있겠지

• 木ノ戸 昌幸, 『まともがゆれる: 常識をやめる「スウィング」の実験』 朝日出版社 2019.

만, 그 생각은 전제부터 이상하다. 공공교통 중 하나인 버스에는 누구든 당당하게 올라탈 수 있다. 그것은 '교통권'으로 헌법에도 명시된 기본적인 인권이다. 그런데 그런 기본적 권리를 매너, 규칙, 감사, 배려 같은 것들이 얽힌 문제로 바꿔치기 하는 논의가 얼마나 많은가. '아니, 휠체어든 유아차든 버스에 타도 상관없고, 오히려 당연한 권리라고요.'라고 주장해서는 안 되는 분위기도 이상하다. 하지만 계속 주장하는 것도 꽤 피곤한 일이다. 나도 무거운 유아차를 밀다 보면 다른 모든 일이 성가셔서 '민폐 끼치지 말고, 감사해라.'라는 주장에 말려들고 만다. 하지만 한 사람 한 사람이 '괜찮아요. 함께 버스에 타요.'라고 자기 내면의 허용 범위를 넓히면 이 세계는 좀더 살기 좋은 곳이 될 것이다.

앞서 적은 대로 '스윙'이 시작한 '교토인력교통안내'는 그야말로 그저 친절한 활동일 뿐이다. 영문 모를 유니폼을 입은 Q 씨와 XL 씨가 버스 승강장을 어슬렁대기 시작했을 때는 역의 경비원도 당황하며 의심스러운 눈초리로 보았다. 저건 친절일까, 아니면 길바닥에서 민폐를 끼치는 행위일까. 그와 같은 경계선에 Q 씨와 XL 씨가 서 있었다. 그들이 한 일은 '스윙'의 모토대로 말하면 '아슬아슬한 탈선'을 노린 것이다. 굳이 규범에서 나가 탈선을 해보았을 때 우리는 '다양성'이니 '풍요로운 사회'니 하는 번지르르한 말 바깥의 황야로 한 걸음 들어갈 수 있다. 그야말로 진정한 의미로 풍요의 경계선을 힘껏 밀며 넓히는 것이다.

그렇지만 더 이상 탈선이 아니게 된 부분이 있는가 하면, 모르는 사이에 탈선이 되어버린 부분도 있다. 그처럼 시대가 흐르며 갑갑한 장면이 늘어나는 것 또한 부정할 수 없는 우리의 현실이다.

호수가 보고 싶어서

타이어를 목에 건 할머니, 누구도 부탁하지 않은 교통 안내등 얼핏 괴이해 보이는 작품이라도, 그 속에 있는 것은 자신이라는 생명을 표현하고 싶다는 절실한 바람과 격렬한 충동이었다. 시작의 미술관은 그런 마음을 정면으로 받아들여 이 세상에 가만히 내보내는 곳이었다.

"마음을 받아들이며 전시를 기획하는 건 참 큰일이겠네요."

나는 작품에 압도당하며 오카베 씨에게 물었다.

"그렇죠. 하지만 조심해야 하는 게 있어요. 모든 사람이 표현하고 싶어서 하는 건 아니라는 점입니다. 어쩔 수 없어서 하는 사람도 있어요. 예를 들어 작품에 '눈'을 잔뜩 그린 분이 있었어요. 그분이 눈을 좋아해서 그런 건 아니에요. 오히려 사람의 시선이 무서워서 눈에는 공포심이 있었죠. 그래도 그 마음을 표현해서 자신의 바깥으로 내보내면 안심할 수 있다고 해요. 그래서 저희 미술관은 항상 저 사람이 원해서 하는 걸까 의문을 품어야 한다고 생각해요. 좋아서 그리는 걸까? 무서워서 그리는 걸까? 거기에 그 사람 나름의 마음이 있어요."

사랑도, 기쁨도, 슬픔도, 공포도.

시작의 미술관은 말로 전부 표현할 수 없는 복잡한 감정을 직물처럼 엮으면서 듬직하게 서 있다. 돌아갈 무렵에는 지내기 편한 친구의 집에 방문한 듯한 기분이었다.

돌아가는 길, 나나오가 "호수 보고 싶어. 아직 호수 본 적 없어."라고 뜨겁게 청해서 이나와시로호까지 드라이브를 했다. 이미 해가 기울고 있어서 일몰까지 도착할 수 있을까 아슬아슬했지만, 마이티가 "오케이!"라며 경쾌하게 자동차를 몰았다.

반다이산이 보이는 길에서 시라토리 씨가 무심하게 중얼거렸다.

"평소에 생각했는데, 장애라는 건 사회와 관계를 맺으면서 생겨나는 거야. 당사자한테는 장애가 있는지 없는지 상관없거든. 연구자나 행정 기관이 '장애인'을 만들어냈을 뿐인 거야."

그렇지. 애초에 누구도 '미확인 민폐 물체'가 되지 않는 사회가 좋은 것이다.

호수 근처에 도착했지만 정작 호숫가까지 가는 길을 몰랐다. 어쩔 수 없이 호숫가에 있는 편의점의 뒤쪽으로 가서 간신히 호수의 끄트머리를 바라보았다.

"와, 봐봐! 예쁘다!"

나나오가 신난 목소리로 말했다. "응, 그러게." 나는 그렇게 답하면서 이곳에 데려오길 잘했다고 생각했다.

석양으로 물든 여름 하늘에 기다란 구름이 걸려 있었고, 그 모습이 고요한 호수에도 비쳤다.

"하늘이 아름다워. 수면에도 비치고 있고." 시라토리 씨에게 알려주었다.

구름을 앞지르려는 듯이 저물녘의 시원한 바람이 불었다. 겨울에는 백조가 날아온다는데 지금은 여름이라 없었다.

35년 만에 본 이나와시로호는 추억 속의 모습처럼 아름다웠다.

8장

다시 읽지 않을 일기

정연두
「와일드 구스 체이스」
「마술사와의 산책」

시라토리 씨는 거의 매일 산책을 나간다. 그리고 산책하면서 사진을 찍는다. 애용하는 것은 작고 가벼운 디지털카메라. 오른손에는 흰지팡이를 들고, 왼손으로 배 쪽에 댄 카메라의 셔터를 누른다. 모니터를 들여다보지 않기 때문에 다른 사람들은 사진을 찍는지 모른다.

지나치는 자전거, 지붕 가장자리, 고등학생의 뒷모습, 빛나는 태양, 미토 예술관의 탑, 술집의 카운터, 네온사인과 가로등의 번진 빛…. 밤에 찍거나 실내에서 찍은 사진 중에는 초점이 맞지 않는 것도 많고, 한쪽으로 완전히 기운 사진도 있다.

시라토리 씨가 "다시 읽지 않을 일기"라고 표현하는 사진의 수는 현재 40만 장이나 된다. 하지만 다른 사람에게 보여주고 싶다든지 발표하고 싶다는 바람은 거의 없는 듯했다. "아까우니까 인스타그램에 올리면 어때?"라고 말해봐도 "응, 뭐, 시간 되면."이라고 애매하게 답할 뿐이다. 누군가에게 보여주지 않는다. 나중에 다시 보지도 않는다. 그런 사진이 하드디스크에 쌓여간다.

시라토리 씨가 혼자 산책하는 모습을 본 적이 있다. 아주 질겁했다. 엄청 빠르게 걸었기 때문이다. 길거리의 소리에 귀를 기울이고, 길바닥의 요철과 전봇대의 위치를 파악하면서, 황새걸음으로 신호등을 건너고 모퉁이를 돌아 슈퍼마켓과 편의점에 들어갔다. 너무 빨라서 나는 따라가기도 힘에 벅찼다. 뒤늦게나마 그간 시라토리 씨가 나와 마이티의 속도에 맞춰주었다는 것을 깨달았다.

그렇지만 그가 나아가는 길에는 장애물도 많다. 보도에 올라와서 정차한 자동차, 튀어나온 간판, 눈앞을 가로지르는 자전거. 옆에서 바라보면 간담이 서늘해지지만, 시라토리 씨는 그저 셔터를 누르며 그 모든 것을 사진에 담았다. 참고로 점자 블록은 찍힐 때도 있고 아닐 때도 있다. 그가 점자 블록이 있는 곳만 걷지는 않기 때문이다.

붙잡을 수 없는 것을 뒤쫓다

시라토리 씨의 사진을 이용해서 작품을 만든 예술가가 있다. 한국의 현대미술가 정연두(1969~)다.

2014년 어느 날, 미토 예술관에서 열릴 개인전 준비를 위해 미토에 장기 체류 중이던 정연두가 큐레이터와 함께 시라토리 씨의 마사지숍을 찾아갔다. 그는 전맹이면서 사진을 찍는 사람이 있다는 이야기에 흥미를 품고 있었다. 시라토리 씨가 찍어두었던 사진을 본 정연두는 무척 좋아했고, 그날은 그냥 돌아갔다. 그리고 며칠 뒤, 다시 나타난 정연두는 새 디지털 일안

리플렉스 카메라를 들고 있었다.

"이 카메라를 선물로 드릴게요. 기왕에 찍는 거 좋은 카메라를 쓰시지 않겠어요?"

시라토리 씨는 사양하지 않고 카메라를 받았다. 그리고 사례 대신 그 카메라로 촬영한 사진을 한국에 돌아간 정연두에게 보냈다.

그 사진들로 만들어진 비디오 작품이 「와일드 구스 체이스」(2014)다.

나는 여러 번 「와일드 구스 체이스」의 이야기를 들었기 때문에 언젠가 보고 싶다고 생각했다. 하지만 현대미술의 비디오 작품은 전시회를 놓치면 좀처럼 볼 기회를 잡기가 어렵다.

포기하고 있었는데, 시라토리 씨가 "그럼 직접 부탁해보지 그래?"라고 제안했다. '오오, 직접 부탁이라. 한번 해볼까.'라고 생각한 나는 큰 기대 없이 영어로 "작품을 보여주실 수 있을까요."라고 부탁하는 메일을 보냈다.

그랬는데 세상에, 이튿날 아침 링크가 첨부된 답장이 도착했다. 답장에는 "연락 줘서 고맙습니다. 시라토리 씨에게 안부 전해주세요."라는 인사까지 쓰여 있었다. 그 글을 읽는 순간 가슴이 뭉클해졌다.

안부를 전해주자 시라토리 씨도 무척 기뻐했다.

"뭐랄까, 만나기만 해도 기분 좋아지는 사람이 있지! 만나서 인사하고 악수하는 것만으로도 만족스러운 느낌이야. 이야기할 게 없는지, 이야기하지 않아도 충분한지… 정연두 씨는 그런 사람이야."

"응, 그런 인품이 메일에서도 느껴져."라고 답한 나는 집에 있는 컴퓨터로 바로 영상을 보기 시작했다.

「와일드 구스 체이스」는 재즈 피아니스트 오조네 마코토의 피아노곡 제목으로 시라토리 씨가 무척 좋아하는 곡이다. 그 곡의 제목은 영어의 관용구이기도 한데, '쓸모없는 추적', 즉 붙잡을 수 없는 것을 뒤쫓는다는 뜻이다. "Hey, that is a wild goose-chase!"라는 말을 듣는다면, 그렇게 노력해봤자 소용없다고 한 것이다.

정연두의 작품은 시라토리 씨가 찍은 사진과 오조네 마코토가 연주하는 「와일드 구스 체이스」만으로 구성되어 있다.

보기 전에는 느릿하게 흐르는 슬라이드 쇼를 예상했는데, 그 예상은 완전히 빗나갔다. 엄청나게 빠른 곡과 거리의 풍경을 지그재그로 잘라낸 무수한 사진이 완벽하게 연결되어 보는 사람을 길에서 펼쳐지는 술래잡기로 끌어당겼다. 영상은 굉장한 속도로 움직이고, 깜박이고, 이리저리 옮겨 갔다.

4분 49초 동안 나는 계속 소름이 돋은 채 그저 '우와! 이게 뭐야!'라고 생각했다. 겨우 두 가지 소재로 이런 걸 할 수 있구나! 그 작품은 시라토리 겐지, 오조네 마코토, 정연두라는 세

재능의 결정체였다.

그나저나 시라토리 씨는 왜 사진을 찍기 시작했을까?

"처음 찍기 시작했을 때는 뭔가 맹인답지 않은 걸 하면 어떨까 생각했어. 미술관에 다닌 것과 마찬가지로 사진을 찍으면 내 가치관을 바꿀 수 있지 않을까 싶었거든."

"그래서 실제로 가치관이 바뀌었어?"

"아니."

"그런데도 계속 찍은 거네? 그럼 사진을 찍는 동기도 바뀐 거야?"

"그런 거 같아. '다시 읽지 않을 일기'라고 했는데 지금은 그 설명이 틀리지 않지만 뭔가 좀 부족하다고 할까, 암튼 그것과도 달라진 느낌이야."

"사진은 무얼 향해서 찍는 거야?"

"전에는 소리 나는 쪽으로 카메라를 대고 찍기도 했는데, 지금은 그런 것도 생각하지 않아. 기분이 내키면 셔터를 누르지. 얼마 전에 한 사진가랑 이야기했는데, 그 사람은 다른 사진가가 촬영한 작품을 보면 무얼 향해서 작품을 만들었는지 그 의도를 어느 정도 알 수 있다고 하더라. 그럼 내 사진은 어디를 향하고 있을까 고민해봤는데, '아, 나는 어디도 향하지 않는 사진을 찍고 있구나.'라는 생각이 들었어. 내 사진은 오로지 나를 향할 뿐이라고. 그럼 작품으로서 괜찮을지도 모르겠는데 사진가가 될까, 하고 생각했어!"

"좋다. 그런데 이만큼 사진을 찍었으니 이미 사진가 아냐?"

결국 시라토리 씨가 그토록 많은 사진을 찍은 동기는 잘 알 수 없었다. 혹시 그 자신도 분명한 동기는 모를 수 있다. 그럴 때 시라토리 씨는 억지로 그럴듯한 이유나 설명을 덧붙이려 하지 않는다.

아무튼 시라토리 씨는 비 오는 날만 빼고 계속 사진을 찍는다. 비가 내리면 양손에 우산과 흰지팡이를 쥐어야 해서 카메라를 들 수 없기 때문이다.

산책하다 보면 말을 건다

시라토리 씨가 혼자 외출하면 길에서 말을 거는 사람도 있다. "자주 '어디로 가세요?'라는 질문을 듣는데, 그럼 '아, 버스 정류장까지 가는데요.' 같은 식으로 답해. 아무래도 길을 잃은 게 아닐까 걱정되는 모양이야. 나는 길을 잃지 않았는데 말이지. 별로 곤란하지 않은데 뭔가 도와주려는 경우도 있어. 그래서 더 곤란하기도 하고. 나도 문제가 있으면 도와달라고 말할 텐데, 상대방의 상태를 무시한 채 도와주려고 드는 것도 좀 아니지 않나 싶어. 계속 괜찮다고 하는데 뒤를 쫓아오는 사람도 있었어. 그건 진짜 곤란했어."

'아, 눈이 안 보이는 사람이 있네. 도와줘야 해.'라고 생각하는 것일 듯싶다. 하지만 상냥함과 배려도 지나치면 쓸데없는 참견이나 강요가 되어버린다. 그 안배가 어려워서 '차라리 아무것도 하지 않는 게 낫다'고 생각하는 사람도 있을 것이다. 나도 전철에서 고령자에게 자리를 양보할 때 종종 고민한다. '아, 나이가 많은 분이네. 아냐, 건강해 보이고 굳이 앉을 필요는 없을지도 몰라. 아냐, 그래도 나보다 나이 많은 사람이 앉는 게 낫지. 그래, 그럼 말을 걸까…'

"…그런데 말이야. 실은 어떻게 말을 걸어야 할지, 그게 어려워." 내가 말했다.

"그러게. 그냥 평소 이웃에게 인사하듯이 일단 '안녕하세요.'라고 하면 좋겠어. 평범한 소통이 좋아."

시라토리 씨와 함께 긴 시간을 어울리면서 신기할 만큼 길에서 시각장애인의 모습이 눈에 잘 띄게 되었다. 앞서 소개한 고릴라 실험과 마찬가지로 평소 신경 쓰는 것을 무의식중에 주목하는 것 같다. 아무튼 길을 걷는 시각장애인을 보면 왠지 말을 걸고 싶다. 하지만 시라토리 씨가 말한 대로 곤란하지 않은 사람에게 함부로 말을 거는 것은 실례다. 그래서 한동안 지켜보다가 딱히 곤란한 상황이 아니면 말을 걸지 않는다. 하지만 전철역에서 환승하는 것은 꽤 복잡한 일이라 그럴 때는 일단 말을 걸어본다. 그때도 "괜찮으세요?"라거나 "도와드릴까요?"라고 말하지는 않고, "안녕하세요. 괜찮으시면 저기까지 함께 가요!"라고 말한다. 그러면 대부분은 "오, 좋죠." 하는 식으로 반응한다. 나는 팔꿈치 쪽을 잡게 하고 함께 걸으면서 시야에 들어오는 것과 역의 상황 등을 설명하고, 에스컬레이터나 개표구에서 헤어진다. 그렇게 다른 사람에게 말을 걸 수 있게 되니 전철에서 자리를 양보할 때 일어나서 "여기 비어 있어요."라고 말하기도 무척 쉬워졌다.

시라토리 씨는 대부분의 경우에 도움이 필요 없지만, 그래도 다른 사람이 말을 걸어주어 다행이었던 때도 있었다고 했다. 시라토리 씨가 마이티와 둘이서 늦게까지 술을 마신 어느 밤, 그는 기분 좋게 취해서 집에 돌아가다 완전히 길을 잃고 말았다.

"정신 차리고 보니 경찰차가 집까지 데려다주고 있더라고."

"그럼 경찰관이 말을 걸어준 거야?"

"아, 그게 너무 취해서 하나도 기억이 안 나!"

그날만은 도움의 손길을 내밀어주어 다행이었다고 한다.

마술사와 길을 걷다

시라토리 씨가 등장하는 영상 작품이 하나 더 있다. 그것도 정연두의 작품으로 제목은 「마술사와의 산책」(2014)이며 상영 시간은 약 55분이다.

정연두는 사람들의 꿈과 기억을 청취한 다음 작품으로 만드는 작가다. 조사 차 미토에 체류하는 동안 정연두는 시라토리 씨를 비롯한 미토 사람들의 이야기를 들었다.

"정연두 씨가 어떤 꿈을 꾸느냐고 물어봤는데, 나도 무슨 말인지 잘 이해하지 못하는 답을 했어. 그랬는데 그게 영화가 되더라고. 그래서 실제 영화도 전개에 맥락이 없고 꿈을 보는 것 같은 느낌이야."

이 영상 작품에는 스토리가 있는데 영화에서 거리를 산책하는 사람은 한국의 유명 마술사 이은결이다. 미토 사람들과 미토 예술관의 직원들도 많이 출연한다.

영화는 시라토리 씨의 집 앞에서 시작한다. 마술사는 주택가를 자유롭게 거닐며 지갑에서 커다란 우유병을 꺼내거나 손에 든 트럼프 카드를 사라지게 하는 등 다양한 마술을 선보인다. 그리고 화면을 향해 이런저런 말을 건다.

"예술이란 사람의 인생을 바꿀 수 있는 건가요?"

이윽고 영화는 당시 시라토리 씨의 출근길을 따라서 버스 안으로 옮겨간다. 마술사는 좌석에서 "어딘가 멀리 떠나고 싶네요." "『노르웨이의 숲』이라는 책을 아세요?"라고 화면에 말을 건다. 그러자 차창 밖의 풍경이 변하고 승객도 노르웨이인 같은 사람들로 변한다. 마술사의 부드러운 움직임과 함께 풍경이 변해가는 모습은 정말로 꿈속 같다.

그렇지만 영상은 꿈같은 풍경만 보여주며 끝나지 않는다. 환상적인 기분을 고조시킨 다음 갑자기 "컷!" 하는 감독의 목소리와 함께 촬영 스태프들을 비롯한 '현실'이 화면에 나타난다. 그 장면이 흥미롭다. 그 장면이 관객에게 '이건 픽션이야.'라고 생각하게 만든다. 영상은 환상과 현실을 자유롭게 오가면서 최종 목적지인 시라토리 씨의 마사지숍으로 향한다.

영상 후반, 마술사는 미토 시내 중심부에서 열린 시민 페스티벌에 뛰어든다. 알고 보니 진짜 페스티벌 현장에서 촬영했다는데, 많은 사람들이 노점에서 군것질을 하거나 차량 통행을 금지한 도로에서 춤추며 즐기고 있다. 그런데 마술사의 움직임에 맞춰 뒤에서 춤추는 집단의 티셔츠 색이 변하기도 해서 현실과 환상의 경계가 점점 모호해진다.

사실 이 장면에는 마이티도 춤추는 집단의 일원으로 등장한다.

마이티는 "지금부터 음악 켤 테니까 춤추라고 지시해서 그 말대로 춤췄어. 대체 무슨 장면인지도 몰랐지만 재미있었어."라고 촬영을 회상했다.

페스티벌은 현실이지만, 춤추는 마이티는 연기를 한 것이다. 그래도 영상에 등장하는 마이티의 즐거워하는 표정은 그야말로 진짜 마이티라서 무엇이 현실이고 무엇이 환상인지 알 수 없었다.

중요한 시라토리 씨는 영화의 마지막 장면에 등장한다.

그 장면의 첫머리에는 길거리에 뜬금없이 놓인 그랜드피아노를 진짜 오조네 마코토가 등장해서 연주한다. 그때 일을 이야기할 때면 시라토리 씨는 드물게도 흥분한 말투가 된다.

"정연두 씨가 좋아하는 뮤지션이 있냐고 물어봐서 바로 '오조네 마코토!'라고 했거든. 그랬는데 진짜로 촬영 현장에 오조네 마코토가 온 거야! 정연두 씨가 오조네 씨한테 열렬히 부탁하는 편지를 썼다는 거 같아!"

오조네는 하얀 셔츠에 검은 바지를 입고, 마치 콘서트홀에서 하듯이 연주를 한다. 그가 연주하는 것은 영화의 절정에 어울리는 드라마틱한 곡이다.

화려한 연주가 계속되는 와중에 시라토리 씨는 화면 가장자리에 가만히 서 있다. 그 모습은 환상이 아니라 그야말로 현실

정연두, 「마술사와의 산책」(2014) 비디오 55분 15초

의 시라토리 씨다.

"뭘 하려고 해도 내 역할을 전혀 몰랐는걸. 그래도 그때 나는 오조네 마코토와 만난 것만으로도 너무 좋아서 상관없었어!"

피아노 연주가 계속되고 그 옆에서는 몇 사람이 커다란 풍선과 카메라 삼각대를 연결한다. 마지막으로 마술사가 시라토리 씨에게서 카메라를 건네받아 삼각대에 올리자 풍선이 둥실둥실 떠오른다.

영상에는 하늘을 나는 카메라에서 내려다본 듯한 미토의 거리가 비친다.

마치 그날의 '일기'가 하늘에서 보는 풍경이 된 듯이.

앞서 이야기한 두 영상 작품은 모두 미토 예술관 현대미술 갤러리에서 개최된 전시회 '정연두: 지상의 길처럼'(2014년 11월~2015년 2월)에서 발표되었다.

"그럼 시라토리 씨의 이름도 도록에 실려 있겠네!"

내 말에 시라토리 씨는 "글쎄, 어떨까. 안 실렸을 거 같은데. 나는 그냥 소재를 제공했을 뿐이니까."라고 대수롭지 않게 말했다.

과연 그럴까 싶어서 바로 확인해보니 「마술사와의 산책」에는 출연자로 이름이 올라가 있었고, 「와일드 구스 체이스」에는 '사진: 시라토리 겐지, 음악: 오조네 마코토'라고 쓰여 있었다.

그 사실을 전하며 '뭐야, 이미 한참 전부터 사진가였잖아.'라
고 마음속으로 웃었다.

산책은, 미지의 세계로 들어서는 입구인 것이다.

9장

다들 어디로 갔을까

가자마 사치코
「디스림픽 2680」
「다이너마이트는 창조의 아버지」
「게이트 피어 No. 3」

호쿠리쿠 신칸센 열차에서 내리자마자 12월의 매섭게 차가운 공기가 나를 둘러쌌다. 아, 더 따뜻한 코트를 입을걸. 내 옆의 시라토리 씨는 머스터드 색깔의 두꺼운 다운재킷을 입고 있었다.

"와, 산이 굉장해. 마을을 빙글 감싸듯이 산이 있어."

우리의 도착지인 도야마富山의 이름은 산山이 풍부하다富는 뜻이다. 눈앞에 바로 그 이름다운 경치가 펼쳐져서 깜짝 놀랐다. 해발 3000미터급의 산들이 늘어서 있는 다테야마 연봉連峯이었다. 첩첩이 이어지는 설산들을 넋 놓고 바라보았다.

"오, 그렇게 (산이) 굉장해?" 시라토리 씨가 물었다.

"응, 이런 풍경은 처음 보는걸. 산이 풍부한 고장이라고 할 만해. 그래도 어떻게든 여기까지 왔네. 무사히 도착해서 다행이야!"

실은 도야마까지 오는 동안 우리를 초조하게 만드는 사건이 연속해서 일어났다.

집에서 나가기 직전에 어린이집에서 전화가 왔는데(대체로 좋지 않은 소식 때문이다), "실은 요즘 어린이집에서 머릿니가 유행하고 있어요. 나나오의 머리에도 있는 것 같으니 좀 일찍 데리러 오시겠어요?"라고 했다. '꺅, 아직도 현실에 이가 존재하는 거야?'라고 전율하면서도 "아뇨, 오늘은 출장을 가야 해서요. 평소랑 같은 시간에 남편이 데리러 갈 거예요!"라고 답했다. 딸, 미안! 엄마는 머릿니 따위에 얽매일 여유가 없다!

게다가 신칸센 개표구에서는 시라토리 씨에게 건넸던 기차표가 보이지 않았다. "어디 넣었더라. 없어, 없어!" 하고 여기저기 찾는 사이에 출발 시간이 코앞까지 닥쳐왔다. 역무원이 "도야마에서 정산해주세요."라고 해서 우리는 "아이고, 아무튼 타자. 서둘러!"라며 운동회 때처럼 전력으로 달려서 계단을 내려가 출발 직전 열차에 올라탔다.

"맹인을 안내하면서 계단을 달려 내려가다니 마이티는 간도 커! 동영상을 찍지 못한 게 아쉽다."라고 감탄하니 마이티는 "헤헤헤!"라고 웃었고, 시라토리 씨 역시 "그러게."라며 재미있어했다. 그 뒤 기차표는 도시락을 넣어둔 비닐봉지에서 무사히 발견되었다.

날개를 잃어버린 니케

도야마현 미술관에서 에듀케이터*로 일하는 다키가와 오리에 씨(마이티의 친구)의 차를 얻어타고 구로베시로 갔다.

"아, 마스즈시鱒寿司** 먹고 싶어. 시라토리 씨, 유코 씨한테 선

---

* 미술관에서 이뤄지는 각종 교육 프로그램을 기획하고 실행하는 교육 전문가를 가리킨다.
** 도야마현의 명물로 밥 위에 송어를 올리고 납작하게 만든 초밥이다.

물로 줄 거지? 돌아갈 때 살 거지?"

마이티가 끈질지게 거듭 확인했다. 그렇게 먹고 싶으면 혼자 사도 괜찮지 않느냐고 생각했지만, 누군가와 함께 사고 싶은 듯했다.

"아, 응. 그럼 살까."

시라토리 씨가 끄덕이자 "마스즈시가 맛있는 집이 있어요. 나중에 들를게요."라고 다키가와 씨가 말했다. 자동차는 시가지를 빠져나가 바다와 산 사이의 도로를 달렸다. 목적지는 구로베시지만, 구로베 댐*처럼 유명한 관광지를 가려는 것은 아니었다. 그날도 우리는 구로베시 미술관黒部市美術館의 개관 25주년 기획전 '가자마 사치코 특별전: 콘크리트 모음곡' 소식을 듣고 신나서 보러 가는 길이었다.

미술관 내부는 널찍하고 산뜻했는데, 벽에 편안하게 걸려 있는 크고 작은 작품들은 모두 흑백으로 구성된 평면 작품이었다. 가자마 사치코(1972~)는 일관되게 목판 기법을 활용한 작품을 발표해왔다. 지극히 전통적인 기법을 사용하면서도 작품 주제는 현대적인데, 특히 좋은 평가를 받은 작품이 「디스림픽 2680」(2018)이다.

"(작품이) 많이 전시되어 있어?" 시라토리 씨가 질문했다.

• 해발 1479미터에 구로베강 상류를 막아서 건설된 댐. 높이가 186미터로 일본에서 가장 높은 댐이다.

"응, 꽤 많아. 큰 것과 작은 것이 있는데, 지금 눈앞에 있는 건 엄청 커다란 작품이야."

두두두두두둥!

만화라면 이런 효과음이 크게 쓰여 있을 법한, 벽 한 면을 독차지하고 있는 작품이 「디스림픽 2680」이었다.

아리오 가로 길이가 4, 5미터일까.*
시라토리 엄청 크네.
아리오 응, 진짜 커!

흑백만으로 구성된 세계는 불길한 사건이 진행되는 듯 꺼림칙한 분위기를 자아내면서도 전체적으로는 만화 같은 화풍이라 살짝 코미디 느낌도 났다.

곧장 작품에 관해 대화하기 시작했다. 크기, 형태, 소재 등 큰 틀에서 시작하여 색, 모티프, 개인적인 인상, 떠오른 생각 등을 이야기하는 것이 기본적인 순서지만 딱히 규칙은 아니다. 이만큼 커다란 동시에 구석구석 세세한 작품은 대체 무엇부터

• 실제로는 6.4미터다.—지은이 주

이야기하면 될까? 오랜만에 당황스러웠다.

일단, 저긴 어딜까? 음, 올림픽 경기장이야. 그것도 올림픽의 발원지인 그리스의 올림피아인가? 아냐, 그렇지 않아. 일본일지도 몰라. 나는 작품을 잘 이해하지 못한 채 말을 짜냈다.

"올림픽 경기장처럼 높낮이차가 있는 건물이고, 가운데에는 경기를 할 것 같은 넓은 공간이 있어. 거대한 건축물인데, 아직 건설 중인 것 같아…. 군데군데 파르테논 신전처럼 기둥이 있고, 그리스 신화 같은 느낌도 나. 그런데 건설에 쓰는 기계가 불도저니까 현대가 배경일지도 모르겠다."

거기까지 단숨에 말하고는 세 걸음 뒤로 물러섰다. '디스림픽'이라는 제목대로 시야에는 '평화의 제전'과 정반대되는 디스토피아적인 세계가 펼쳐졌다.

놀라운 점은 편집광적이라고 할 만큼 구석구석 세세하게 표현한 것이었다. 작품 속에서 여러 일들이 동시다발적으로 일어나 얼핏 보기만 해서는 전체 주제를 파악할 수 없었다. 목판으로 이렇게 세밀하게 표현했다니. 빈틈이 전혀 없는 구성력, 그리고 작품 전체에 흘러넘치는 긴장감에 절로 침을 삼켰다.

눈길을 끈 것은 오른쪽 아래에 그려진 불길한 조각상이었다.

다키가와 석상인가?

마이티 니케 같아. 그런데 날개는 없네.

가자마 사치코, 「디스립픽 2680」(2018) 640.5×242.4㎝

일단 대화를 읽으며 작품을 상상해주세요. 작품은 272면 옆에 수록되어 있습니다.

아리오 그리고 목도 없어. 손도 없고.

마이티 (오른쪽 위를 가리키며) 아, 뭔가 위에서 떨어지고 있어. 작은 사람이야.

거대한 불도저가 인간을 쓰레기처럼 떨어뜨리고 있었다. 그랬다. 처음에는 별로 눈에 띄지 않았지만, 이 작품에는 수없이 많은 인간이 그려져 있었다.

넙죽 업드려 손발로 기어가는 사람.

줄지어 매스게임을 하는 사람.

콘크리트로 생매장당하기 직전인 사람.

생매장당할 위기에 처한 사람의 얼굴에는 글자 같은 게 쓰여 있었다.

시라토리 어? 얼굴에 글씨가 쓰여 있어?

마이티 응, 병丙, 정丁 같은 게 적혀 있어. 갑을병정의 병과 정 같아.

시라토리 흐음.

• 루브르 박물관이 소장한 조각상 「사모트라케의 니케」는 등에 날개가 달려 있다.—지은이 주

한편으로 '갑ㅐ'이라 쓰인 간판을 높이 쳐들고 행진하는 사람들도 있었다. 그들은 모두 이목구비가 없었다.

다시금 멀리 떨어져서 작품 전체를 바라보았다. 그랬더니….

음? 작품 왼쪽과 오른쪽이 좀 다른데….

경기장 왼쪽은 막 건설된 것 같은데, 오른쪽은 엉망으로 무너져 있었다. '갑'들이 있는 곳은 왼쪽, '병'과 '정'과 날개 없는 니케상이 있는 곳은 오른쪽.

"오른쪽과 왼쪽이 좀 다른데…."

다키가와 씨가 살짝 결심하고 말하듯이 입을 열었다.

"오른쪽은… 멸시당하는 세계네요."

"네? 그런 거예요?" 나는 놀라서 목소리를 높였다.

뒤이어 마이티가 작품의 가운데를 가리키며 말했다.

"그렇구나. 여기서 판결을 받고 좌우의 세계로 나뉘는 거야."

갑자기 좌우의 차이가 뚜렷이 보였다. 일단 보이기 시작하니, 그 차이는 너무나 노골적이었다.

작품에 그려진 것은 경쟁 원리에 따라 사람에게 순위를 매기고, 승리자와 패배자를 가르는 가혹한 올림픽이었다. 쓸모없는 패배자들은 담장에 둘러싸여 생매장당한다. 반대로 '쓸모있다'고 뽑힌 사람들은 이목구비를 잃고 매스게임에 참가한다. 날개 잃은 승리의 여신 니케는 오른쪽 세계를 상징한다.

"한가운데 위쪽 좀 봐. 저기에 신의 손처럼 커다란 손이 있지? 그 손이 알을 깨고 있어. 무슨 뜻일까?" 나는 그렇게 말하며 작품에 가까이 다가갔다.

작품 왼쪽에 있는 대포는 알을 향해 똑바로 빛을 쏘고 있었다. 빛의 중심에는 쌀알만큼 작은 인간이 있었다.

거기에도 무언가 생각이 있는 듯했다. 하지만 바로 입 밖에 내자니 꺼림칙했다. 거기에 그려진 것은 태어나기 전부터 '태어나도 괜찮은 생명'을 선별하는 '적극적 우생 사상' 같았다.

일찍이 일본에서는 병과 장애가 있는 사람들의 유전자가 후대에 이어지는 걸 막아야 한다며, 구舊 '우생보호법'에 따라 강제로 불임 수술을 시행한 적이 있다. 그 법은 2차 세계대전 전에 만들어진 국민우생법을 계승한 것으로 나치 독일의 '유전병 자손 예방법'을 참고한 것이다. 우생보호법은 1996년에 개정되었다. 내가 대학생이었던 불과 20여 년 전까지 국가가 '태어나도 괜찮은 생명'과 '태어나면 안 되는 생명', '아이를 낳아도 되는 사람'과 '아이를 낳으면 안 되는 사람'을 나누었다는 사실에 소름이 끼친다.

구 '우생보호법'은 폐지되었지만, 현재는 '출산 전 진단'으로 태아의 장애 유무를 확인하기가 무척 손쉬워졌다. 그리고 장애가 있다는 걸 알게 되면 '낳지 않겠다'고 하는 사람들도 많아졌다.

나아가 유전자 질환에 관해서는 게놈 편집을 이용한 유전자 치료 기술이 무서운 속도로 발전하고 있다. 다양한 입장의 당사자가 얽혀 있고, 그중에는 유전자 치료로 목숨을 건진 사람도 있기 때문에 전부 뭉뚱그려서 '게놈 편집이라니 발칙하다.'라고 단언할 수도 없다. 제각각 절박한 사정과 사고방식이 뒤얽혀 있고 병세에 따라서도 다르기 때문에 어떤 치료를 얼마나 인정할까 하는 논의는 계속 복잡해지고만 있다. 그래도 분명히 말할 수 있는 것이 있으니, 현재는 수정 단계부터, 아니, 그보다 앞선 단계에서 사실상 생명의 선별이 이뤄지고 있다는 것이다.

한동안 작품에 빠져 있었는데, 마이티가 이상할 만큼 시원하게 말했다.

마이티 우리는 이 세계에 들어가면 틀림없이 오른쪽으로 분류되겠다.
아리오 하하, 그럴지도 모르겠다. 우리는 탈영한 병사니까.

나도 마이티도 한때는 공무원으로 일했다. 나는 국제공무원, 마이티는 국가공무원. 하지만 지금 나는 프리랜서, 마이티는 비정규직으로 둘 다 불안정한 일을 하고 있다. 즉, 왼쪽 세계로 가려고 노력했지만, 결국은 스스로 선택해 레이스에서 빠져나간 것이다. 우리는 아직 생매장은 당하지 않았고, 오히려 그럭 저럭 행복하게 살고 있다. 얇은 종이 같은 불안을 등에 붙이고 있지만, 생매장을 당할 만큼 힘들지는 않다. 전부 스스로 선택한 인생의 길이니 이제는 생매장을 당하지 않게끔 노력하는 수밖에 없다.

우리는 그렇다 치고, 태어날 때부터 계속 '장애인'이라는 틀에 속해 있었던 시라토리 씨는 어떻게 생각할까. 2장에 적었듯이 예전에 시라토리 씨가 이야기한 적이 있다. 그의 부모님은 모두 눈이 잘 보이고, 친척 중에도 시각장애인이 없었다. 할머니는 어린 시라토리 씨를 거듭거듭 타일렀다.

"너는 눈이 보이지 않으니까 다른 사람보다 몇 배는 노력해야 한다."

시라토리 씨는 그와 관련해 다음처럼 말했다.

"할머니는 자주 노력하지 않으면 평범하게 살 수 없다고 했어. 그래서 어릴 때는 '그럼 눈이 보이는 사람은 노력하지 않아도 괜찮은 거야? 너무 치사해.'라고 생각했어. 어릴 때는 아무것도 몰랐으니까 말이야. 그 뒤에 다닌 맹학교에서는 '정상인'에 가까워지는 건 좋은 일이라고 배웠어. 눈이 보이는 사람들한테 지지 말자고, 장애가 있으니 더더욱 얕보이지 않게 노력

274

하자는 사람도 있었고. 당시에는 아직 애라서 경험도 지식도 없으니까 그런 말을 들으면 그렇구나 생각하면서도 정말로 그런 건가 의문이었어."

할머니는 시라토리 씨를 무척 사랑했다고 하니, 노력하라는 말은 걱정과 애정에서 나온 게 틀림없다. 왜냐하면 시라토리 씨가 태어난 시대에는 '장애인은 불행하다'는 걸 전제에 둔 논의가 공공연하게 이뤄졌기 때문이다.

이를테면 효고현 위생부에서는 1966년부터 1974년까지 행정 기관이 주도하여 '불행한 아이 낳지 않기 운동'을 펼쳤다. 그 운동은 출생 전 진단과 양수 검사로 일부 염색체 이상의 가능성이 있는 아기를 찾아내는 것으로 장애인 출생 수를 줄이려 했다(그 뒤, 장애인 단체가 항의하여 행정 기관이 주도하는 운동은 중지되었다). 그처럼 '장애인은 불행하다'는 사회적 분위기가 장애인은 다른 사람보다 훨씬 노력해야 한다는 발상을 부채질했을 것이다.

그와 더불어 지금도 그렇지만 이 사회는 '보이는 것'을 전제로 돌아간다는 점도 짚고 넘어가겠다. 신호등, 표지, 간판, 메뉴, 슈퍼마켓의 가격표…. 오늘날에는 기술의 진화 덕에 눈이 보이지 않는 사람이 얻을 수 있는 정보와 서비스가 훨씬 늘어났지만, 시라토리 씨가 어렸을 때는 장애인은 '고생한다'는 말이 나오는 게 당연한 상황이었다.

또 하나, 일본은 모두와 동조하라는 압력이 강한 나라라는 점을 말하고 싶다. 요즘도 '타인에게 폐 끼치지 마라'는 분위기가 사회 구석구석에 퍼져 있어서 왠지 답답하다. 앞서 적은 대로 미술관에서 시라토리 씨와 작게 대화했을 뿐인데 "시끄러워!"라고 주의를 받은 적도 있다. 그 외에도 아기였던 딸을 데리고 비행기에 탔을 때 옆자리 사람이 곧장 승무원을 부르더니 "아이와 동승하는 사람이 옆자리라고는 듣지 못했다. 당장 자리를 바꿔달라."라고 항의한 적도 있다. 그저 아이가 있다는 이유만으로 이렇게 수치스러운 경험을 당해야 한다니 서글펐다. 내 경험은 약과일 뿐 일본의 온갖 곳에서 그저 그 자리에 있다는 이유만으로 무언의 압력을 받아 눈치를 보거나 아예 문전박대를 당하는 사람이 분명히 많을 것이다. 그리고 최근 기초생활보장 수급자에게 쏟아지는 노골적 비난을 보면 '사회에 폐 끼치지 않도록 노력해라.'라는 분별없는 말을 듣는 사람도 적지 않다는 걸 알 수 있다. 어째서 일본은 이토록 여유가 없는, 답답한 나라가 되어버렸을까.

아무튼 그런 점들을 고려하면 시라토리 씨의 할머니와 맹학교의 선생님들이 왜 그에게 "노력해라." "힘내라."라고 거듭해서 강조했는지도 이해할 수 있다. 안 그래도 장애가 있는 사람을 향한 공격이 심한 사회에서 '노력하지 않는 장애인'에게 어떤 공격이 가해질지 상상하면 두렵기 그지없다.

그렇지만 사실은 장애인에게 과잉된 노력을 강요하지 않는, 사람들의 마음에 여유가 있는 사회 만들기를 목표해야 마땅할 것이다. 당시 시라토리 씨는 어린아이에 불과했다. 그저 배부르게 먹고 혼자 잠을 잘 자기만 해도 "장하다." "대단하네."라고 칭찬받아 마땅한 시기에 '나는 다른 사람들과 출발점이 달라.'라고 강하게 의식하게 된 것은 아닐까. 심지어 시라토리 씨는 '눈이 보이는 상태'를 모르기 때문에 대체 자신이 무엇에 비해 고생하는지도 알 수 없었다.

거대한 판화 앞에 우리는 서 있었다.

댐은 로망일까

그 뒤에 우리는 「다이너마이트는 창조의 아버지」(2002)라는 아홉 장짜리 연작을 보았다. 산에 뚫은 터널, 공동주택 단지의 풍경, 댐의 방류, 가스탱크 등 사람이 만든 건조물을 그린 작품이 한 점씩 총 네 점 있었고, 무언가가 크게 폭발하는 모습을 그린 것이 다섯 점이었다. 폭발의 불꽃은 마치 생물처럼 일렁였다.

저기는 어딜까? 보기에 따라서는 어디에나 있는 풍경 같기

가자마 사치코, 「다이너마이트는 창조의 아버지」(2002) 196.5×142cm

도 했다. 개발과 파괴를 반복하면서 '근대화'를 이룩한 20세기의 풍경.

공동주택 단지가 그려져 있기 때문인지 마이티가 "그러고 보니 시라토리 씨는 항상 1층에 사네. 그건 시라토리 씨의 방침이야? 아니면 1층에 사는 걸 좋아해서?"라고 물어보았다.

시라토리 방침 같은 면도 좀 있지.

아리오 계단이 없는 게 좋아서?

시라토리 그것보다는 2층에 살면서 아래층 사람을 신경 쓰는 게 좀.

아리오 소리 때문에?

시라토리 그렇지.

아리오 다른 사람을 괴롭히기보다는 자기가 괴로운 게 나은 거야?

시라토리 소리에 익숙하다고 할까? 별로 소리 때문에 힘들지는 않아. 아무튼 언제나 1층을 선택하고 있어.

나는 어떻게 해서든 1층만은 피하는 쪽이다. 미국에 있던 시절 강도가 꽤 일상적으로 일어나는 히스패닉 거주 지역에서 2년 정도 살았는데, 1층은 특히 위험했다. 그래서 지금도 1층에는 살지 않는다.

폭발하는 광경이 있는데도, 마치 시간이 멈춘 듯한 고요가 느껴지는 작품이었다. 마음이 편해지는 고요는 아니었고, 있어야 할 사람이 없는 듯한 적막함이 느껴지는 고요였다.

마이티 이 작품에는 인간도 자동차도 없어서 사람이 산다는 느낌이 들지 않아.

다키가와 단지가 있는데?

마이티 아, 단지에는 불이 켜져 있네. 그래도 불 꺼진 집이 더 많아서 역시 사람이 있는 것 같지 않아. 이 단지에 살면 술 마신 날 집을 헷갈릴 거야.

시라토리 취하면 알 수 없지.

마이티 익숙해지면 괜찮을까?

아리오 미국에서 얼마 전에 그런 사건이 있었어.

마이티 진짜? 어떤 사건인데?

아리오 흑인 남자가 자물쇠를 잠그지 않고 집에서 자고 있었는데, 전직 경찰관인 백인 여성이 자기 집으로 착각하고 들어갔대. 남자가 불법 침입을 했다고 생각한 여성이 총으로 쏴 죽였다고.

마이티 정말로 그냥 집을 착각했던 거야?

아리오 그렇대. 잘못 들어간 거라고. 남자는 자기 집에서 자고 있었을 뿐인데, 그러다….

내가 말한 것은 2018년 텍사스주에서 일어난 보텀 진 살해 사건이다. 사건의 근원에 있는 것은 흑인에 대한 뿌리 깊은 편견이다. 미국에서 흑인은 단지 흑인이라는 이유만으로 취직과 임금에서 차별을 겪는 등 사회적으로 불리한 입장에 놓여 있다. 즉, 자동적으로 '디스림픽'의 오른쪽으로 분류되는 구조적 격차와 차별이 강하게 남아 있는 것이다. 게다가 목숨까지 잃어버리는 참혹한 일도 일어나는데, 그런 사건은 보텀 진 사건 전에도 후에도 놀랄 만큼 많이 일어났다.

남의 집에 들어갔으면서 총을 들이대다니 있을 수 없는 일이지 않은가. 너무 참혹한 일이다. 하지만 내가 같은 상황에 처해 '침입자'와 마주해도 절대로 그 여성과 같은 행동을 하지 않을 거라고 장담할 수 있을까? 그 답은 같은 날 같은 장소에서 그 여성이 되어보기 전에는 누구도 알 수 없다. 그것 역시 무서운 점이다.

우리의 대화는 댐으로 옮겨갔다.

구로베는 일본에서 가장 큰 댐이 있는 곳이다. 내가 도야마 역에서 내리자마자 "산이 굉장해"라고 했듯이 일찍이 전력 관계자들도 이곳의 지형을 보고 놀랐을 것이다. 일본에서 손꼽히게 눈이 많이 내리는 지역에 있는 깎아지른 듯한 협곡은 20세기 초부터 수력 발전에 적합하다며 주목을 받았고 여러 댐이

건설되었다. 세간에는 댐을 무척 좋아하는 '댐 마니아'도 있다 지만, 나는 거대한 인공 건조물에 그다지 흥미가 없다. 약 20년 전 일 때문에 브라질과 파라과이의 국경에 있는 이타이푸 댐에 방문했을 때, 특별히 거대한 터빈이 돌아가는 모습을 볼 수 있었지만, 나는 그저 멍하니 바라보기만 했다. 토목건축에 무지한 탓에 얼마나 대단한지 와닿지 않았던 것이다.

아리오 이타이푸 댐은 남미에서 가장 큰 댐이야.[*] 그래서 함께 갔던 남자 기술자들은 엄청 흥분해서 '이건 인류가 지닌 지혜의 결정체예요!'라고 했는데, 마지막까지 나랑 대화가 잘되지는 않았어.

마이티 댐이 로망인 건가?

아리오 맞아, 누군가에게는 로망이야. 뭐였지? 나카지마 미유키가 주제가를 불렀던 프로그램인데, 노래 제목이⋯「지상의 별」이다. 암튼 그 프로그램에도 나왔어.

시라토리 「프로젝트 X」[**]를 말하는 거야?

아리오 그래, 「프로젝트 X」였어. 거기에도 구로베 댐 개발 이야기가 나왔었어.

[*] 발전 실적으로 따지면 2015년, 2016년에 세계 1위였다.—지은이 주
[**] NHK에서 2000년부터 2005년까지 방영한 다큐멘터리 프로그램으로 정식 명칭은 「프로젝트 X: 도전자들」이다. 제품 개발, 토목건축, 사전 편찬, 인명 구조 등 다양한 분야에서 난관을 극복하고 끝내 성공한 사례를 소개했다.

막 사회인이 되었을 무렵 나는 「프로젝트 X」를 좋아해서 방송을 보는 것은 물론 방송을 서적화한 책을 읽기도 했다. 그중에서도 참혹했던 구로베 댐 건설 과정이 인상에 남았다. 어렴풋이 기억할 뿐이지만, 높고 험한 낭떠러지에서 하는 어려운 공사라 사고가 계속 일어났고, 목숨을 잃은 사람도 있었다고 했다.

조사해보니 당시 방송은 구로베 제4발전소 건설 과정을 다루었고(NHK에서 2005년 10월에 2주 연속 방영), 전후편 중 후편의 부제는 '절벽에 선 거대한 댐: 천만 명의 사투'였다. 건설 중에 목숨을 잃은 사람은 171명. 그래서일까, 구로베 제4발전소에 관한 설명을 보면 거의 모든 글에 '사투'나 '불굴의 드라마'라는 선정적인 표현이 들어가 있다.

당시에는 나도 그 가혹한 건설 과정의 드라마틱함에 마음이 움직인 사람 중 한 명이었다. 하지만 나이를 먹고 인생에 시간이 쌓인 지금은 생각이 달라졌다.

그 말은 너무나 가볍다.

'사투'나 '드라마' 같은 말로 포장해버리는 것. 사회 전체의 이익을 명목으로 되풀이되는 희생을 용인하는 것. 죽음조차 미화하는 것. 단 하나뿐인 생명을 잃은 사람조차 '불굴의 드라마'로 힘없이 빨려 들어가고 만다.

불현듯 나카지마 미유키가 부른 「지상의 별」이 떠올랐다.

그것은 누구의 배웅도 받지 못하고 사라져버린 사람들을 노래한 곡이다.

당신은 누구십니까

가자마 사치코의 전시회에는 볼만한 작품이 많았는데, 실은 그 전에 다른 미술관에도 들렀기 때문에 우리는 마치 프랑스 요리 풀코스를 연속해서 먹고 배가 잔뜩 부른 것 같은 기분이었다.

그렇지만 아직 보지 않은 작품이 하나 남아 있었다. 전시실의 한가운데에 칸막이처럼 서 있는 벽에 전시된 작품으로 제목은 「게이트 피어 No. 3」(2019)였다.

'어? 아직 디저트가 있었구나. 이제 그만 먹어도 되는데.'라고 생각하면서도 약간 남은 기력을 동원해 작품 앞에 섰다.

금세 지금까지 본 작품과 무언가 다르다는 걸 알았다.

다섯 남성과 한 여성. 신전 유적에 안치된 미라 같은 여섯 명을 정면에서 그린 작품이었다.

건축 자재를 짊어진 사람에 굴착용 도구와 드릴을 손에 든 사람 등 댐 공사에 관여한 사람들인 건 틀림없었다.

노동자를 신격화한 것 같아서 별로 내 취향은 아닐지 모르겠다고 생각했다.

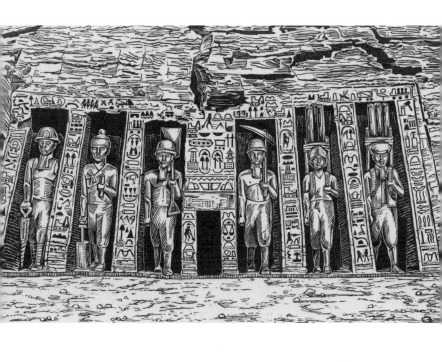

가자마 사치코, 「게이트 피어 No. 3」(2019) 91.5×60.5㎝

그때, 어느 틈인지 벽의 반대편으로 돌아간 마이티가 의아하다는 듯이 말했다.

"어? 한 사람만 깎여서 사라졌는데, 뭐지? 뭐지?"

그러고는 서둘러 다시 내가 있는 쪽으로 돌아왔다.

"어? 역시 이쪽에는 있어."

"깎여서 사라졌다니 무슨 말이야?"

나도 벽의 반대편으로 가보니, 방금 본 작품과 쌍을 이루는 다른 작품이 있었다. 아니, 정확히 말해 작품이 아니라 「게이트 피어 No. 3」의 원본이라 할 수 있는 목판이었다. 확인해보니 확실히 목판의 일부가 사람 모양으로 거칠게 깎여 나가 있었다.

그렇지만 반대편에서 판화를 보면… 그 사람이 제대로 있었다.

벽의 이쪽저쪽을 여러 차례 오가면서 판화와 목판을 비교했다.

추측할 수 있는 건 하나뿐이었다. 가자마 사치코가 판화를 찍은 다음 일부러 목판의 일부를 깎아낸 것이다. 그러니 똑같은 판화를 더 이상 찍을 수는 없었다.

어째서 일부러 한 사람만 목판에서 없앴을까?

다이너마이트를 손에 든 그 사람은 끝이 뭉툭하고 독특한 모자를 쓰고 있었다.

가자마 사치코, 「게이트 피어 No. 3」(판목, 2019) 91.5×60.5㎝

당신은 누구십니까? 왜 사라져버린 겁니까?

혼란에 빠진 우리를 보고 구로베시 미술관의 학예사인 샤쿠도 지카코 씨가 참다못한 듯이 말했다.

"그 사람은, 조선인이에요."

네? 뭐라고요?

역사에서 지워진 사람들을 찾아서

샤쿠도 씨에 따르면 가자마 사치코는 철저하게 사전 조사를 한 다음 작품을 제작한다. 이번에도 기획전이 결정되자 이 고장에 관한 자료, 특히 구로베강의 발전 시설 개발에 관한 자료를 그러모았다.

"조사 중에 가자마 씨는 『구로베·밑바닥의 목소리: 구로3댐과 조선인』*이라는 책과 만났습니다."

책의 부제에 있는 '구로3댐'이란 구로베강 제3발전소를 가리키는 말로 1936년부터 일본의 진주만 기습이 일어나기 직전인 1940년에 걸쳐 건설되었다.

• 内田すえの·此川純子·堀江節子, 『黒部·底方の声: 黒三ダムと朝鮮人』桂書房 1992.

'고열 터널'이라는 말을 들어본 적이 있는지 모르겠다. 구로3댐은 건설 중에 굴착된 터널이 온천 용출 지대를 건드린 탓에 터널 내부가 뜨거운 증기와 유황으로 가득했다. 터널 내의 온도는 인간의 한계를 뛰어넘을 정도로 올랐고, 노동자들은 화상과 열사병으로 픽픽 쓰러졌다. 그토록 가혹한 노동 환경에서도 다이너마이트를 이용한 목숨 건 굴착 작업이 계속되었다. 고열 터널에서 일한 노동자들 중에 조선인이 있었다고 한다. 이 사실은 널리 알려지지 않은 채 점차 잊혔지만, 가자마 사치코가 입수한 책에는 조선에서 건너온 사람들이 어떻게 댐 건설에 관여했는지 극명하게 쓰여 있었다.

목판에서 사라진 다이너마이트를 쥔 남성.
만약 이 목판으로 판화를 찍으면….
상상만 해도 간담이 서늘했다.
역사에서 지워진 사람들의 모습이 나타났다.

일본인에게 남은 숙제

그날 밤, 신칸센 열차에서 마스즈시를 먹으며 도쿄로 돌아갔다. 돌아가는 길 내내 나카지마 미유키에 관한 이야기를 신나게 했다. 시라토리 씨가 고등학생 때 처음 혼자 갔던 콘서트가 나카지마 미유키의 공연이었다고 했다.

"나카지마 미유키의 라이브는 굉장했어?"라고 내가 마스즈시를 젓가락으로 집으며 물었다. 차가운 마스즈시가 입 속에서 살살 녹아 맥주가 쑥쑥 넘어갔다.

"응, 그런데 그것보다는 엄청 긴장했던 날이라 혼자 무사히 도착했다는 게 가장 기뻤어!"

이튿날부터 『구로베·밑바닥의 목소리』를 찾기 시작했다. 하지만 출간된 지 27년이나 지난 탓에 쉽사리 찾을 수 없었다. 헌책방의 웹사이트를 검색해봤지만 재고가 없었다.

일단 그 대신 읽은 책이 요시무라 아키라의 베스트셀러 소설 『고열 터널』˙이었다. 뜨거운 물이 뚝뚝 떨어지는 터널에서 다이너마이트를 터뜨리며 암반을 뚫고 들어가는 사람들을 아울러 '인부人夫'라고 불렀다. 하지만 조선인 같은 노동자는 등장하지 않았다.

조선에서 온 사람들은 베스트셀러 소설에서도 지워진 건가.

역시 『구로베·밑바닥의 목소리』를 구해야 했다.

˙ 吉村 昭, 『高熱隧道』 新潮文庫 1975.

결국에는 출판사를 통해서 저자 중 한 명인 호리에 세쓰코 씨와 연락이 닿았다. 아쉽지만 호리에 씨도 책을 갖고 있지 않다고 했는데, "내게도 필요하니까"라며 현립도서관에서 책을 통째로 복사해 보내주었다.

두께가 3센티미터 정도 되는 묵직한 종이 묶음을 한 장씩 넘기자 시간을 뛰어넘어 책이 뿜어내는 열기가 느껴졌다. 그 책은 갖가지 기록, 자료, 청취 조사를 이용해 조선인들이 어떻게 위험하기 그지없는 고열 터널의 최전선에 있었는지를 속속들이 분명하게 밝혀냈다. 터널에서 다이너마이트를 폭발시키며 더욱 깊이 파고든 '인부'. 무슨 일이란 말인가. 그중 많은 이들이 조선에서 건너온 사람들이었다.

호리에 씨는 책의 「시작하며」에 다음처럼 적었다.

왜 머나먼 바다 건너까지 돈을 벌러 와서 고임금이지만 목숨을 보장할 수 없는 일을 선택할 수밖에 없었을까? 왜 그들의 존재가 역사의 어둠에 묻혔을까? 이 의문의 답을 알고 싶어서 우리는 '구로3댐'에 발을 들였다. (…) 우리를 '구로3댐'으로 끌어들인 것은 과거의 역사에 대한 지적 호기심이 아니었다. 일상생활에서 '자이니치在日*'와 '외국인 노동자'

• 일본에서 재일 한국인과 재일 조선인을 통틀어 부르는 말이다. 여기서 '조선'이란 '북조선'이 아니라 일제 강점기 전에 존재했던 조선을 가리킨다.

문제를 접하며 일본인에게 남은 숙제를 깨달았고, 그것을 해결하지 않으면 다음으로 나아갈 수 없다고 질박히 생각했기 때문이다.

알고 보니 이 책의 세 저자는 연구자나 저널리스트가 아니라 지역 사회의 일반 시민인 모양이었다.

2020년 6월, 호리에 씨와 전화로 이야기를 나눌 수 있었다. 시원시원하면서도 부드러운 목소리의 여성이었다.

"학창 시절부터 이 문제가 신경 쓰였는데, 아이가 유치원에 들어가고 시간이 나면서 조금씩 자료를 모으기 시작했어요."

호리에 씨의 동기는 어디까지나 개인적인 것이었는데, 28년이 지난 지금도 이 문제에 관여하고 있다고 했다.

"구로3댐 공사에서는 300명 이상이 목숨을 잃었고, 그중 3분의 1 이상이 조선인이었다고 합니다. 눈사태로 목숨을 잃은 사람들도 많고요. 타향에서 눈을 감은 사람들인데, 협곡 바닥으로 떨어져 수습되지 못한 사람도 있어요. 고향에 돌아가고 싶었을 겁니다. 협곡 바닥에서 들려오는 목소리, 그들의 마음을 잇기 위해 '밑바닥의 목소리'라는 제목을 붙였어요."

궁금한 점은 어째서 그 시대에 조선 사람들이 구로베에 있었느냐는 것이었다.

당시 한반도는 일본의 식민 지배를 받고 있었다. 『구로베·밑바닥의 목소리』에 따르면 중일전쟁의 와중에 일본인 남성이 징병되었고 그 대신 식민지에서 온 노동자들이 일본의 여러 현장에서 일했다.

식민지 노동자들이 일했던 곳 중 하나가 위험한 댐 공사 현장이다. 공사 현장만 위험했던 것은 아니다. 1938년 연말에 일어난 대규모 눈사태는 건설 노동자들의 '함바飯場'(노동자 숙소를 가리킨다)를 덮쳤고, 무려 84명이 목숨을 잃었다.

호리에 씨는 이 눈사태 사고에 주목하여 당시 부모와 어린 남동생을 잃은 김종욱 씨를 취재한 내용을 책에 담았다. 사고가 일어났을 때 김종욱 씨는 구제중학교旧制中学校* 4학년생이었다. 어머니의 시신은 이듬해에 김종욱 씨가 골짜기에서 발견했지만, 아버지와 남동생의 시신은 결국 찾지 못했다. 김종욱 씨를 포함한 여섯 형제는 하룻밤 사이에 고아가 되었고, 어쩔 수 없이 아이들끼리 일본에서 살아야 했다. 어른이 된 김종욱 씨는 말도 모르는 한국으로 귀국했다.

호리에 씨는 귀국한 김종욱 씨의 뒷이야기를 듣기 위해 직접 한국까지 건너갔다. 김종욱 씨는 이상할 정도로 가혹했던 공사, 수많은 사고, 그 뒤에 일어난 2차 세계대전에 관한 이야

* 1947년까지 일본에 있었던 남학생 대상의 5년제 중등 교육 기관이다.

기를 들려주었다. 세계대전이 끝나고 한국으로 돌아갔지만 전쟁 후의 혼란과 6·25전쟁으로 김종욱 씨의 고생은 계속되었다고 한다. 책에는 일본과 조선이라는 두 나라 사이에서 필사적으로 살아간 가족이 그려져 있다.

나는 2020년 현재, 82년 전에 일어난 사고에 관한 이야기를 듣는 것이 얼마나 신기한지 생각한다. 솔직히 말하면 그저 옛날이야기 같지는 않았고, 별로 놀랍지도 않았다. 일본의 현재 모습을 고려하면 이 사회에서는 전부터 비슷한 일이 자주 일어났던 모양이라는 생각까지 든다. 그렇기 때문에 호리에 씨처럼 그런 일을 계속 이야기하는 것에는 강한 힘이 있다고도 생각한다.

그 사람들은 역사에서 사라지지 않는다. 누군가 계속 이야기하는 이상.

이야기의 내용은 꽤 무거웠지만, 호리에 씨의 목소리가 부드러워서 희망과도 비슷한 기쁨이 느껴졌다.

"가자마 작가의 작품은 보셨어요?"라고 물어보니 "네, 그럼요!"라고 답했다.

"그 전시회의 첫날, 가장 먼저 전시장에 들어간 관람객이 저였어요. 태풍 때문에 오후부터 비바람이 심해진다고 들어서 서둘러 오전에 갔거든요. 전시장에 가자마 작가님이 계셨는데 직접 작품을 안내하며 보여주셨어요."

그렇구나. '콘크리트 모음곡'을 처음 본 사람은 호리에 씨였구나.

경제 개발의 이면에서 협곡의 바닥으로 사라진 목소리. 그 목소리를 되살린 두 사람은 어떤 대화를 나누었을까. 여러 사람이 팔을 뻗어 서로 손을 맞잡은 덕에 우리는 협곡 바닥으로 사라진 목소리를 희미하게나마 들을 수 있었다. 하지만 구로베강 제3발전소가 완성되고 80여 년이 지난 현재, 일본의 온라인과 거리에는 듣기도 괴로운 혐오 발언이 흐르고 있다. 또한 있었던 일을 없었던 것으로 만들려는 역사수정주의가 내 주위에까지 스멀스멀 파고들고 있다.

이렇게 원고를 쓰고 있는 지금도 '일본인에게 남은 숙제'는 해결 못 하지 않았는가.

일본 정부는 국내의 부족한 노동력을 메우기 위해 '외국인기능실습제도'라는 국가 정책으로 아시아 각국에서 노동자를 모집하고 있다. 그런 정책에 응해서 일본에 건너온 사람들이 가혹한 노동 환경, 차별과 직면하여 극심한 괴로움을 겪는다는 이야기가 여기저기서 새어 나오고 있다. 그토록 긴 시간이 지났음에도 불구하고, 예전과 달라진 게 없다. 회사를 위해, 경제 발전을 위해, 국가를 위해, 대의를 위해 인간을 희생양 삼는 방식이 여전히 통하고 있는 것이다. 분하지 않을 수 있는가.

그리고 나는….

집에서 원고를 쓰며 '가자마 사치코 특별전: 콘크리트 모음곡'의 도록을 펼치고 「디스림픽 2680」을 바라보았다.

판화의 중앙에 있는 달걀을 깨는 신의 손.

그 손을 보면서 이러쿵저러쿵 잘난 척하며 글을 쓴 내게야말로 일종의 차별 의식이 있다는 것을 깨달았다.

5년 전, 딸을 임신했을 때의 일이다. 태어날 아이에게 장애가 있을 가능성이 있다고 의사가 이야기한 날 밤, 나는 목 놓아울었다. 그때 느꼈던 커다란 동요. 그것이 장애가 있는 사람에 대한 차별 의식이 아니라고 단언할 수 있을까.

반쯤 잊어버린 그날의 기억은 그 뒤로도 꺼지지 않은 불씨처럼 연기를 피웠다.

10장

방구석 오르세 미술관 관람

2019년 연말에는 마이티가 집으로 놀러 와서 다 함께 맛있는 요리를 먹으며 새해를 맞이했다. 「NHK 홍백가합전」에는 마이티가 좋아하는 호시노 겐이 뮤지션은 물론 '오겐상'** 까지 1인 2역으로 출연했고, 놀랍게도 '인공지능 미소라 히바리'***가 30년 만에 신곡을 선보였다.

나는 "신곡 같은 거 흥미 없어."라고 불만을 말했다. "기왕에 나올 거면 예전 곡이 낫지."

그렇게 말하다 깨달았다. '아, 예전 곡은 그냥 옛날 영상을 보여주면 되겠구나. 신곡이니까 인공지능까지 써서 끌어낼 가치가 있겠지.' 하지만 그건 아무리 생각해도 '미소라 히바리'가 아니었다. 사람들의 집념이 만들어낸 히바리의 유령 같은 건가?

볼탕스키의 램프 인간이라면 이렇게 질문할지도 모른다.

— 있잖아, 죽은 다음에 억지로 부활당하면 어떤 기분이야?

---

* 매년 12월 31일 한 해 동안 인기가 가장 많았던 가수들이 팀을 나눠 겨루는 형식으로 노래를 부르는 프로그램. 일본에서 가장 파급력이 강한 프로그램 중 하나다.
** 호시노 겐은 일본의 유명 남자 가수이며, 오겐상은 그가 한 음악 프로그램에서 가정주부로 분장한 모습을 가리킨다.
*** 20세기 중반 일본의 국민 가수 중 한 명으로 1989년 세상을 떠난 뒤에도 종종 회자되고 있다.

새해에는 시라토리 씨의 친구들과 도쿄도 현대미술관에 모여서 다 함께 북적북적 작품을 감상했다.

도쿄도 현대미술관은 마이티에게도 각별한 곳이다. 고등학생 시절 마이티는 학교에 적응하지 못했고, 공부도 학교생활도 즐길 수 없었다. 그러던 어느 날, 마이티가 학교의 벽에 붙어 있던 전시회 포스터를 보고 혼자 방문한 곳이 바로 도쿄도 현대미술관이었다.

"그날 처음으로 현대미술 작품을 봤는데, 작가가 세계를 완전히 새로운 각도로 바라본다는 게 느껴지더라고. 이렇게 자유롭다니 부럽다고 생각했어. 그때까지 나는 학교생활을 어떻게든 개선해야 한다고 괴롭게 고민했는데, 그런 고민을 전부 털어버리고 좀더 편하게 인생을 살 수 있었어."

드레드 헤어의 친구

3월에는 마이티, 시라토리 씨와 함께 시즈오카에 갔다. 시라토리 씨의 20년 된 친구인 호시노 마사하루 씨의 화실에 놀러 가기 위해서였다. 흰머리가 섞인 기다란 드레드 헤어를 등까지 늘어뜨린 호시노 씨는 실크스크린 인쇄공인데, 그의 화실은 마치 실크스크린 작품으로 이뤄진 숲 같았다.

"오오, 겐! 어서 와." 호시노 씨는 웃으며 환영해주었다.

호시노 씨와 시라토리 씨는 1998년에 개최된 '뫼비우스의 알 전시회'(오감으로 체험하는 예술 및 과학 전시회)와 관련한 기획으로 처음 만났다. 시라토리 씨가 혼자서 미술관을 돌아보기 시작하고 얼마 지나지 않은 무렵이었고, 호시노 씨는 11년간 살았던 미국에서 귀국한 직후였다. 두 사람은 전혀 다른 인생길을 걸어왔지만 금방 의기투합했다고 한다.

"겐은 말이야, 시라토리 겐지는 착한 사람이 아냐! 그래서 나랑 잘 맞아! 와하하하!"

호시노 씨가 호쾌하게 웃었다.

호시노 씨는 앞서 언급한 '눈이 보이지 않는 사람과 보기 위한 워크숍: 두 사람이 볼 때 비로소 알 수 있는 것'(1999)을 기획한 에이블 아트 저팬(구 일본장애인예술문화협회)의 이사를 지금도 맡고 있다. 그리고 '뮤지엄 액세스 그룹 MAR'의 주요 멤버이기도 해서 지금까지 시라토리 씨와 수많은 작품을 보아왔다. 나아가 2004년부터 2005년까지는 센다이(센다이 미디어테크), 도야마(도야마 현립 근대미술관), 고베(고베 아트빌리지센터), 삿포로(홋카이도 도립 근대미술관) 등 전국 각지를 시라토리 씨와 함께 돌며 감상 워크숍을 진행했다.

"황야야! 겐(시라토리 씨의 애칭)과 함께 미술을 본다는 건 간단히 말해 다 같이 황야로 가는 거야!"

대화 도중에 호시노 씨가 말했다. "그렇죠! 황야예요!"라며 고개를 끄덕이는 내 마음은 두근거렸다. 호시노 씨는 다른 누구와도 다른 독특한 분위기를 풍겼다. '자유'나 '바다 저편' 같은 단어가 어울리고 유유히 흐르는 강물과도 비슷해 보이지만, 실제로 손을 대보면 "앗!"이라고 소리칠 듯한 열기도 있었다. 그는 미국을 떠나기 전까지 살았던 로스앤젤레스에서 교도소 출소자와 사회적 소수자를 위한 지역 사회 밀착형 워크숍 활동에 매진했다고 한다. 나는 호시노 씨의 분위기에 매료되었다.

"와아, 시라토리 씨에게는 이렇게 재미있는 친구가 있었구나." "좋았어, 더 많은 사람들을 끌어들여서 함께 작품을 보러 가자." "잘 풀리면 또 다른 황야를 찾아서 외국의 미술관에 가도 좋겠어." 우리는 신나서 이런 이야기를 나누었다.

그렇지만 4월에 들어서자 불길한 기운을 퍼뜨리는 '코로나19'가 다가와 우리 머리 위를 뒤덮었다. 긴급 사태가 선언되며 일본 사회도 완전히 달라졌다. 미술관들이 줄줄이 문을 닫았고, 호시노 겐도 기타를 치며 "집에서 춤추자"고 노래할 만큼 전대미문의 사회적 거리 두기가 시작되었다.

우리 가족도 좁은 집에 갇혀서 한정된 공간과 시간을 쪼개며 집안일과 육아와 원고 집필을 병행하느라 완전히 힘에 부치는 상태였다. 집필은 최소한의 원고를 간신히 쓸 뿐이었다. 시간이 없다기보다는 쓰고 싶은 마음이 전혀 들지 않았다. 방송에도 인터넷에도 끔찍한 뉴스만 가득했다. 나는 약국들을 돌아다니며 마스크가 품절된 것을 확인하고, PC방에서 쫓겨난 사람의 기사를 읽고는 홈리스 지원 단체에 기부하고, 세탁기를 자주 돌리고, 아침에 눈뜨면 머리에서 악몽을 떨쳐내고… 하는 식으로 아무튼 바빴다.

유일하게 다행이었던 것은 딸이 생각보다 즐거워했다는 점이다. 첫 생일 전부터 어린이집을 다닌 딸과 이토록 긴 시간을 함께 지낼 일은 앞으로 좀처럼 없을 것이다. 나쁜 상황에서도 좋은 일이 한 조각쯤은 있었던 셈이다.

저녁이 되면 코트를 입고 공원에 가서 편의점 커피를 한 손에 들고 친구들에게 전화했다. 미토 예술관도 행사와 워크숍을 개최할 수 없게 되었고, 마이티는 "집에서도 할 수 있는 워크숍 세트"를 제작하느라 정신없는 듯했다. 제대로 일을 하지 않던 나는 "세 끼를 차려 먹는 건 진짜 큰일이야. 냉동 피자가 대활약 중이라니까."라는 둥 쓸데없는 소리를 하거나 불만을 늘어놓으며 기분 전환을 했다.

"시라토리 씨는 잘 있을까?"

내 질문에 마이티도 "잘 지낼 것 같은데, 나도 최근에는 만나지 않았어."라고 했다.

"그렇구나. 그럼 전화해봐야겠다."

바로 시라토리 씨에게 전화를 걸어보니 여느 때 같은 말투로 "아, 내 생활은 별로 변하지 않았는데, 술 마시러 나갈 수도 없고 일도 없어서 계속 집에 있어."라고 했다. 내 착각인지 그의 말투에는 패기가 없었다. 시라토리 씨가 안마사를 그만두며 '전맹 미술 감상자'의 길을 나아가겠노라 결의한 게 바로 전해인데, 예정되었던 감상 워크숍이 차례차례 취소되고 말았다. 게다가 앞으로 어떻게 될지도 전혀 예측할 수 없었다. 누군가와 만나는 것, 만나서 대화하는 것 자체가 위험한 행위가 되었기에 미술관도 더 이상 '대화형 관람'을 추진할 때가 아니었다.

다음에 오르세 미술관에 가자

그런 와중에 잡지 『미술수첩』의 온라인판에서 몇몇 미술관은 구글 스트리트 뷰로 관내를 돌아다니며 작품을 볼 수 있다는 기사를 발견했다.

'좋은데. 바로 이거야.'라고 생각했다. 줌zoom으로 모여서 가상 관람을 하면 되잖아. 바로 마이티에게 이야기하니 "그럼 해볼까."라고 흔쾌히 답했다.

마이티와 논의해서 전반에는 내가 시라토리 씨에게 보여주고 싶었던 호퍼의 「밤을 지새우는 사람들」을 감상하고, 후반에는 스트리트 뷰를 이용해 오르세 미술관을 방문하기로 했다.

음, 내가 세웠지만 좋은 계획이야.

그렇지만 며칠 뒤 마이티가 전화를 걸어왔다.

"시라토리 씨는 가상 관람에 흥미가 없나 봐."

어? 진짜? 왜?

"이유는 잘 모르겠는데, 내키지 않는다고."

아, 그렇구나.

나는 실망하는 동시에 왠지 화가 났다. 뭐든 해보지 않으면 모르잖아, 세계가 이런 상황이니까 아무튼 새로운 걸 해보자, 그런 마음을 담아 시라토리 씨에게 메시지를 보냈지만 답장은 오지 않았다. 시라토리 씨는 기술적으로 아무런 문제 없이 메시지를 사용한다. 어떻게 하는지는 모르지만 한자도 거의 정확히 쓴다. 하지만 답장에 관해서는 무척 변덕스러워서 바로 답장을 보낼 때도 있지만, 전혀 보내지 않을 때도 있다. 메시지를 보내고 이틀 정도 지난 뒤에 이건 답장이 없을 때의 패턴이라는 걸 깨달았다.

나는 좀 풀이 죽어서 '됐어. 나 혼자라도 할 거야.'라며 아이패드로 스트리트 뷰를 켜고 파리로 날아갔다. 나나오가 다가와서 "뭐 해?"라고 묻기에 지금부터 파리의 미술관으로 간다고 하니 "나도 갈래."라고 해서 함께 화면을 조작했다.

곧장 오르세 미술관으로 가면 재미없을 듯해서 우선 내가

10년 전에 살았던 생제르맹데프레 거리를 화면으로 불러냈다. 거기에서 센강을 따라 서쪽으로 가서 다리를 건너면 오르세 미술관이다. 파리에 살던 무렵에는 자주 그 길을 따라 달리기를 했다. 강 건너로 커다란 시계가 보이면 항상 참 아름다운 건물이라고 감탄했다.

그런데 스트리트 뷰에서는 바로 방향 감각을 잃어버리고 말았다. 나나오가 "나도 할래."라며 마구잡이로 화면을 건드리는 바람에 사태는 더욱 악화되었다. 빙글빙글 도는 화면에 거의 멀미를 하면서 간신히 미술관에 도착했다. 하지만 이번에는 미술관에 들어가는 법을 알 수 없었다. 에잇, 터치, 터치. 되는대로 터치하는데 갑자기 미술관 내부로 화면이 바뀌었다.

"나나오, 미술관에 도착했어."라고 딸에게 말했지만 이미 흥미를 잃고 레고로 놀고 있었다. 됐어, 혼자서 보면 그만이거든.

우선 조각 작품들이 있는 넓은 통로로 들어선 모양이었다.

오오!

그곳에는 아무도 없어서 마치 미술관의 휴관일에 숨어든 듯했다. 곧장 회화 전시실로 가보았는데 갑자기 눈앞에 고흐의 「자화상」(1889)이 나타났다. 평소에는 사람들이 몇 겹씩 작품을 둘러싸고 있는 곳이다. 나는 기뻐서 화면 속의 그림에 바짝 다가가려 했다. 하지만 어느 정도 이상은 다가갈 수 없었다.

뭐야, 기왕에 보여주는 거 코앞에서도 볼 수 있게 해주지.

뭐, 됐어. 어딘가에 에드가 드가(1834~1917)의 「발레 수업」 (1873)이 있을 텐데. 그걸 보고 싶어.

초등학생 시절 일요일 자 『아사히신문』에서 그 그림을 보고 한눈에 반한 뒤로 나는 종종 방에서 그 그림을 바라보았다. 햇빛이 잘 들고 마룻바닥에 오래된 널조각이 깔려 있는 연습실에서 작은 발레리나들이 선생님 주위에 서 있다. 선생님은 좀 대단한 사람 같은데, 소녀들은 제각각 다른 자세로 선생님의 이야기를 듣고 있다. 춤추기 직전의 풍경 같기도 하다. 나는 이 작품을 볼 때마다 마음이 두근거렸다.

어디 있을까. 화면을 계속 터치해보았지만 전시실에 있는 것인지, 아니면 온라인에는 없는 것인지, 찾을 수 없었다. 그 대신 드가의 다른 작품이 있었다. 음, 그래도 역시 이건 아냐.

계속해서 나타나는 명화들. 하지만 무언가가 빠져 있었다. 뭔가 부족해.

맞다, 그 커다란 아치형 창문이 안 보이잖아.

오르세 미술관은 원래 장거리 열차의 역이었던 건물을 1986년에 미술관으로 개축한 곳이다. 그래서 지금도 미술관 내부에는 기차역이었던 시절의 분위기가 듬뿍 남아 있고, 그중에서도 거대한 아치형 창문과 장식 달린 시계는 미술관의 상징이다. 나는 공연히 그 창문이 보고 싶었다. 그래, 일단 통로로 돌아가면 될 거야. 그런데 어디를 터치해야 돌아갈 수 있을까.

무턱대고 몇 번 터치를 해보다 갑자기 흥미를 잃고 아이패드를 소파 위에 던졌다.

인스타그램을 켜고는 파리의 사진과 함께 "스트리트 뷰로 파리를 산책했어. 아, 재미있었어."라고 올렸다. 좀 분했다.

그로부터 며칠 뒤, 나나오가 "엄마, 그림 그리고 싶어. 물감 꺼내줘."라고 했다. 최근 들어 나나오는 물감들을 섞으면 새로운 색이 만들어진다는 걸 발견했다. 빨강과 파랑을 섞으면 보라. 빨강과 노랑을 섞으면 주황. 빨강과 하양은 분홍.

"엄마, 이거 봐! 색이 이렇게 많아졌어!"

나나오는 팔레트에 물감들을 차례차례 짜고는 이 색 저 색 마구잡이로 섞었다. 섞는 색들이 많아질수록 검정에 가까워졌기 때문에 물감이 아까웠지만, 마음대로 하게 두었다. 그렇게 물감을 잔뜩 섞은 나나오가 손끝에 물감을 묻히고 도화지에 척척 바르기 시작했다. 도화지에는 다양한 색들의 점이 찍혀 갔다.

"뭘 그리는 거야?"라고 물어보니 나나오는 좀 생각하고는 "음, 이건 무지갯빛 눈이야."라고 답했다. 좋은 그림이라고 생각했다.

그날, 나는 블로그에 일기 대신 이렇게 썼다.

섞이다, 얽히다, 엮이다.

좋겠다. 그래, 우리는 서로 엮이고 싶은 것이다.

단색이 아니고, 두 가지 색도 아니고, 무수한 그러데이션 속에서 살고 싶다. 소중한 것을 내 품 한가운데에 끌어안고 수많은 색들에 둘러싸여 살고 싶다.

무지갯빛 눈. 내리면 좋겠다. 조만간.

내 속의 우생 사상

긴급 사태가 해제되고 다른 현으로 이동하는 것이 허용된 6월 말, 시라토리 씨에게 메시지를 보냈다.

좀 물어보고 싶은 게 있는데 통화할 수 있을까요. 가자마 사치코의 전시에 관해서예요. 구체적으로 말하면, 우생 사상에 관해서요.

이번에는 바로 답장이 왔다.

와! 이번에는 위험한 주제네요! 직접 만나서 대화하고 싶은데요. 오랜만에 도쿄에도 가볼 겸 내가 갈게요.

만나서 대화하자니 고마운 말이었다. 진심을 말하자면, 전화로 끝낼 수 있는 용건이 아니었다.

JR 에비스역에서 시라토리 씨와 만난 다음 나와 어머니와 여동생이 함께 운영하는 갤러리 '야마고야'로 갔다. 야마고야는 우리가 좋아하는 작가를 소개하려고 시작한 곳이지만, 그 덕에 8년 동안 상상을 뛰어넘는 멋진 만남을 경험할 수 있었고 이제는 인생에 없어서는 안 될 소중한 장소가 되었다. 하지만 야마고야도 두 달 동안 문을 닫은 채였고, 존속 자체가 어려워질 수 있는 상황이었다.

차를 우려내고 의자에 앉았다. 오늘 이야기하고 싶은 것은 '가자마 사치코 특별전: 콘크리트 모음곡'의 도록을 보다 깨달은 내 내면의 차별 의식이었다.

나는 지금껏 우생 사상과 차별을 혐오해왔지만, 그것들의 싹은 내게도 분명히 있었다. 무엇보다 나는 장애가 있는 사람에 대한 차별을 비난하면서 그와 동시에 자신이 당사자가 되는 것은 몹시 두려워했다. 그야말로 제멋대로 아닌가. 딸을 임신했던 그때, 나는 무엇을 겁내고 무엇 때문에 눈물을 흘렸을까. 태어날 아이의 미래였을까, 아니면 장애가 있는 아이의 부모가 되는 것이었을까. 차별에 관해 이러쿵저러쿵하는 내게도 밑바탕에는 '장애인은 불행하다'는 생각이 있었던 것 아닐까. 어쨌든 가자마 사치코의 판화를 계기로 그때껏 자각하지 못했던 차

별 의식과 모순이 뚜렷이 보이기 시작했고, 더 이상 가만있을
수 없었다.

나는 시라토리 씨에게 내 생각을 대략 이야기하고 "어떻게
생각해요?"라고 단도직입으로 물어보았다. 그러자 그는 시원시
원하게 답했다.

"우생 사상을 이야기할 때는 지금 장애가 있는 사람을 대하
면서 일어나는 '차별' 문제, 그리고 그보다 앞서 장애인의 출생
을 줄이려 하는 우생 사상적인 사고방식을 서로 분리해서 생각
해야 한다고 봐. 그래서 우생 사상적인 사고방식에 관해 생각
해보면… 딱히 내가 연구한 건 아니지만 아무래도 대부분 사람
들에게 우생 사상이 있지 않을까?"

내 예상과 전혀 다른 답에 마음이 몹시 술렁거렸다. 그다음
말이 궁금해서 나는 시라토리 씨의 이야기에 가만히 귀를 기울
였다.

"가령 평소에 장애인을 아는 사람이라면 아이가 태어날 때
조금쯤 장애가 있어도 어떻게든 된다고, 건강하기만 하면 된다
고 생각할 수도 있어. 그런데 그 사람이 과연 자신의 아이가 무
뇌증*이어도 괜찮다고 할까? 거기까지는 안 된다고 생각할 수
있어. 그런 생각을 우생 사상이라고도 할 수 있을 거야."

• 뇌가 없이 태어나는 것을 뜻한다.

"응… 결국 장애에도 서열이 있고, 1단계는 괜찮지만 2단계는 안 된다는 사람도 있다는 말이네."

"누가 무엇에 대해 얼마나 우생 사상을 갖고 있는지는 연구자가 아니니까 나도 모르지만, 대부분 사람들에게 어느 정도는 우생 사상이 있을 거야."

"음, 그런 건가. 정말로 그렇게 생각해? 그럼 시라토리 씨에게도 우생 사상이 있어?"

"응, 있는 것 같아. 아니, 있었어. 나도 맹학교에 다닐 때는 맹인답지 않은 것을 동경했거든. 예를 들어 전맹인 사람이 가고 싶은 곳 어디든 거침없이 다니거나 생선 가시를 깨끗하게 발라 먹는 걸 보면 대단하다고 부러워했어. 그리고 그런 걸 못 하는 사람에게는 부정적인 이미지가 있었고. 그걸 뒤집어 생각해보면, 맹인답지 않은 행동의 뿌리에 있었던 건 '장애가 없는 사람과 비슷해지는 건 좋은 일'이라는 일종의 차별 의식과 우생 사상이었을지도 몰라."

"그렇구나…."

현기증이 일어날 만큼 생각이 어지럽게 움직여서 목소리도 간신히 짜냈다.

"응, 그러니까 우생 사상이라니 당치도 않다고, 차별은 안 된다고, 그렇게 말하기보다는 정도의 차이는 있겠지만 차별 의식과 우생 사상이 내게도 있다고 일단 인정하는 것부터 시작해야 한다고 나는 생각해."

디스림픽과 천수관음이 전해준 것

시라토리 씨는 차를 마시면서 대수롭지 않다는 듯이 말했다. 물 흐르듯 술술 나오는 말에서 시라토리 씨가 이 문제를 자기 나름대로 고민해왔다는 것을 짐작할 수 있었다.

앞서 적었듯이 시라토리 씨가 태어난 시대에는 일부 공기관 이 '장애가 있는 아이는 불행하다'고 적극적으로 널리 알릴 정 도였다. 그로부터 50년 정도 지난 오늘날 그런 공보 활동은 자 취를 감췄다. 하지만 한편으로는 의료 기술이 눈에 띄게 진보 하면서 이제는 유전자상 난치병과 장애가 몇 가지 범주로 분류 되어 무엇을 얼마나 치료해야 할지 논의가 이뤄지고 있다. 그 런 것이 우생 사상 아니냐고 묻는다면, 구할 생명과 구하지 않 을 생명 사이에 어떤 방식으로든 선을 긋는 것이니 분명히 우 생 사상이라고 할 수도 있다. 급격한 변화가 끊이지 않는 현실 에서 단순하게 '우생 사상이라니 당치도 않다.'라고만 외치는 것이야말로 외려 사고를 멈추는 것일지도 모른다.

차별 문제 역시 단순하지 않다. 차별과 관련한 심리는 위와 아래, 동료와 적, 흑과 백 같은 단순한 이항 대립이 아니다. 나는 예전에 전 세계 사람들이 모여서 일하는 UN 조직에 소속되어 있었는데, 실로 다양한 방향으로 일어나는 차별을 보아왔다. 소수자라고 해서 다른 사람을 차별하지 않는 건 아니었다. 오히려 소수자가 다른 소수자를 공격하는 장면도 많이 목격했다. 인종차별에 무척 민감하면서 젠더 문제와 성적 소수자 차별에는 둔감한 사람도 있었다. 얼핏 어떤 차별도 하지 않는 열린 사람으로 보이지만 실제로는 그저 자신과 다른 속성을 지닌 타인에게 무관심할 뿐인 사람도 있었다. 차별과 편견을 나타내는 지도는 나날이 복잡해지고 있다. 우리는 먼저 그처럼 복잡한 현실을 제대로 알고 차별과 우생 사상을 거부해야 하는 어려운 시대를 살아가고 있는 것이다.

그렇지만 잠깐 생각해보자. 시라토리 씨의 '생선 가시를 깨끗하게 발라 먹고 싶다'는 바람의 바탕에는 정말로 우생 사상이 있는 걸까? 흔히 말하는 '향상심'과 뭐가 다를까?

시라토리 씨는 지금껏 여러 번 말했다. 자기가 미술관을 다니기 시작한 것도, 사진을 찍기 시작한 것도, '맹인답지 않은 행동'을 하고 싶었기 때문이라고. 그러니 시라토리 씨가 통상적인 맹인은 못 할 법한 특별한 경험을 추구한 것은 확실하다. 게다가 시라토리 씨는 그런 행동들의 바탕에 무의식적인 차별 의식과 우생 사상이 있지 않았을까 돌이켰다.

"어떤 계기로 자신의 그런 점을 깨달았어?"

"20대 후반이었던 것 같은데. 전맹인 지인 중에 아무리 연습해도 마사지를 잘하지 못하는 사람이 있었어. 그리고 빨래를 잘 널지 못하는 사람도 있었고. 나도 전맹이니까 안 보이면 이렇게 연습해보라고, 그러면 잘할 수도 있다고 조언해주었는데, 그래도 그 사람은 못 했어. 그런데 애초에 '할 수 있다'와 '할 수 없다'는 플러스와 마이너스가 아니잖아. 사실 마사지든 빨래 널기든 잘 못 해도 전혀 상관없다는 걸 깨달았어. 그게 20대 때였으니까 꽤 늦게 깨달은 거야."

아아, 이 말이다. 이 말이었어.

지금 우리가 살아가는 일본 사회에는 '성장은 대단하다.' '편리해지는 것이 진보다.' '일하고 벌어서 사회에 보탬이 되는 사람이 되어야 한다.' 같은 능력주의적 사고방식이 구석구석에 퍼져 있다. 우리에게도 그런 이데올로기가 흐르고 있으며, 솔직히 말하면 나 역시 그런 사고방식에 사로잡혀 더욱 노력해야 한다고 생각하며 살아가고 있다.

그런 능력주의적 사고방식의 최소 단위는 개인의 '성장'이고, 이른바 '자립'은 일종의 기준점이 되고 있다. 그래서 나도 어린 딸이 혼자 옷을 갈아입었을 때 박수를 쳤고, 혼자 책을 읽었을 때 칭찬했다. 해냈구나. 대단해.

물론 성장은 긍정적인 변화다. 하지만 일해서 사회에 보탬이 되는 사람, 혹은 인간의 '능력'만 높이 평가하고 한 사람의 존재 자체를 긍정하지 않는 사회는 모든 사람을 포용하지 못하며 행복하게도 하지 못한다. 이 사회에는 일하고 싶어도 일하지 못하는 사람이 있고, 혼자서는 살 수 없는 사람도 많다. 나 또한 어떤 사정으로든 일하지 못할 날이 언젠가는 거의 확실히 찾아올 것이다.

장애나 병 혹은 재해나 해고가 아니라 훨씬 사소한 인간관계의 문제나 실패 때문에 일상생활을 꾸리기 어려워졌다는 이야기는 우리 주위에 널려 있다. 더 나아가 '나는 자립했다'고 믿는 사람 역시 알고 보면 가족, 회사, 서비스, 기술, 천연자원, 타고난 환경, 부모가 남겨준 유산 등 무언가에 크게 의존하고 있는 경우가 많다. 그중 무언가를 잃는 순간 삶이 고꾸라질 가능성이 누구에게나 있다.

일찍이 장애가 있는 사람을 '불행'하다고 단정했던 행정 기관, 인생에서 실패를 겪는 사람에게 '자기 책임'만을 강조하는 작금의 풍조, 그리고 무언가를 '할 수 있다'는 '능력'만으로 인간의 가치를 가늠해온 것이 이제 와서 다양한 형태로 이 사회에 나쁜 영향을 내뿜고 있다.

"가자마 작가의 '콘크리트 모음곡'은 개발과 경제 성장을 계속하는 것에 의문을 던졌어. 예를 들어 댐 건설은 일본의 근대화를 떠받쳤지만, 그 이면에서 잃어버린 것도 많아. 마을, 공동체, 생명. 그런데도 사회, 국가, 인간은 계속 성장해야 하는 걸까? 인생은 좋은 집에서 살거나 물건을 잔뜩 구입하는 게 전부가 아닐 텐데." 내 말에 시라토리 씨는 "맞아. 그대로 있어도 괜찮은데. '할 수 있는' 사람도 있고, '할 수 없는' 사람도 있어. 그래도 상관없잖아."라고 맞장구쳤다.

무언가를 해내고 싶다든지 더 멋진 사람이 되고 싶다는 마음은 건전한 바람이다. 하지만 거기서 나아가 '더욱 ○○해야 한다.' '나는 노력했으니까 당신도 노력해라.' '이게 상식이다.' 라며 '자기만의 지론'을 타인과 사회 전체에 강요하면 차별과 단절이 일어나고 삶이 괴로워진다. 모든 사람은 다르게 마련이고, 달라도 상관없다. 서로 다른 타인, 타인과 다른 자신을 받아들이면 세계에는 '무지갯빛 눈'이 더욱 빨리 내릴 것이다.

"시라토리 씨는 그걸 깨닫고 무언가 변했어?"

"별로 극적으로 바뀐 건 없는데, 점점 시야가 넓어졌어. 사람은 제각각 다르지만, 그래도 상관없다고."

시라토리 씨의 시야가 넓어졌다는 말에 나는 고후쿠지에서 보았던 천수관음상을 떠올렸다.

800여 년 전에 만들어진 천수관음은 현대에 다음과 같은 메시지를 전한다.

두루두루 본다.

표현 방식은 다르지만 「디스림픽 2680」과 천수관음상은 궁극적으로 같은 말을 하는지도 모른다. 그리고 장애 유무와 상관없이 모든 사람의 작품을 나란히 전시하는 '시작의 미술관', 7만 명의 심장 소리를 모은 「심장 소리 아카이브」 역시….

작품들은 우리에게 계속 전해왔다.

지금 이 순간에도 무엇 하나 같지 않은 생명의 불꽃이 계속 타오르고 있다고.

그렇지만 나는 관음님이 아니다. 평범한 인간이다. 나는 하루하루 살아가는 데 필사적이고, 도쿄의 작은 공동주택에서 사는 나 자신을 기준점으로 주위를 바라볼 수밖에 없다.

내가 유일하게 할 수 있는 일이란 지금 눈에 보이지 않는 곳에 77억 명의 사람들이 있으며, 각자 자신에게 주어진 시간을 살아간다는 사실을 끊임없이 상상하는 것이다. 나는 금세 그 사실을 잊어버리기 때문에 약간 노력이 필요하다. 노력이라고 하면 땀내 나는 힘든 일 같겠지만 책을 읽고, 여행을 가고, 미술 작품을 보고, 옆 사람과 대화하는 것도 모두 노력이다. 그 노력으로 얻은 약간의 지식과 상상력을 사용하여 스테레오타입 같은 견해, 그리고 '어차피 인간은 어쩔 수 없어.'라는 무력감과 결별하고 있다. 모르는 것 앞에서 두려워 떨거나 벽을 쌓는 것이 아니라 그 존재의 있는 그대로 모습에 손을 뻗으려 한다.

그렇게 지금 현실에서 무슨 일이 일어나는지 안 다음에는 불쾌한 차별과 우생 사상의 싹이 눈에 띨 때, 그리고 견디기 어렵게 무도한 일이 눈앞에서 일어났을 때 미력하나마 목소리를 높여 그것들을 부수는 사람이 되고 싶다. 천수관음이 수많은 도구와 무기로 세계를 구했듯이. 세계는 복잡하다고, 나는 무력하다고, 그런 말 뒤에 숨어서 그저 멍하니 중립을 취하는 짓은 더 이상 할 수 없다.

환상의 이나와시로호

저물녘에 바람이 기분 좋게 불어서 우리는 카페로 자리를 옮겼다. 스페인풍에 붉은색을 기조로 내부를 장식한 레스토랑의 테라스 좌석에 앉아 나는 상그리아, 시라토리 씨는 맥주를 주문했다. 아직 세간에는 외출을 자제하자는 분위기가 강해서 길거리에 사람은 눈에 띄지 않았고 가게에도 손님은 우리뿐이었다.

"기분 좋은 날이다." 내가 말했다. 초여름의 햇빛 덕에 잠시나마 코로나의 답답함에서 해방될 수 있었다.

"그러고 보니까 얼마 전에 스트리트 뷰로 오르세 미술관에 가봤어."

"아, 어땠어? 그렇게 보면 주위의 소리도 들려?"

"아니, 조용해. 아무도 없으니까. 뭐, 그렇게 재미있지는 않았어. 지금은 코로나로 어디도 못 가는 상황이니까 조금 재미있지만, 평소였다면 그렇게 가지는 않았을 거야. 미술관은 실제로 가는 게 좋다고 새삼 깨달았어."

"호, 그렇구나."

"그런데 시라토리 씨는 왜 가상 관람이 내키지 않았어?"

내 질문에 시라토리 씨는 예상과 전혀 다른 답을 말했다.

"아니, 그게 사실 나는 왠지 자신이 존재한다는 감각이 희박하거든."

"뭐? 무슨 말이야?"라고 나는 되물었다.

"뭐랄까. 몇 년 전의 자신과 지금의 자신이 같다니 좀 신기하지 않아?"

무슨 이야기인지 의미를 파악하지 못한 채 "그런가?"라고 적당히 맞장구를 쳤다.

레스토랑 직원이 상그리아와 맥주, 치즈를 가져다주었다.

"전에도 말했지만, 과거의 기억이란 떠올릴 때마다 새롭게 덧칠되니까 계속 변하는 셈이잖아? 내가 기억이라고 여기는 건 사실 항상 신선한 '과거의 기억'인 게 아닐까?"

덧칠이라는 말에서 여러 물감들의 색이 점점 섞이는 게 떠올랐다.

나는 너무 단 상그리아를 홀짝이며 애매하게 고개를 끄덕였다. 그저 가볍게 꺼낸 화제였는데, 전혀 뜻하지 않은 방향으로 이야기가 나아갔다. 일단 시라토리 씨가 이끄는 대로 맡겼다.

"그래서 어릴 적부터 그러기는 했는데, 나는 손을 가만두지를 못해."

시라토리 씨는 종종 테이블에 앉자마자 피아노를 치는 듯한 동작을 한다. 그러면 통통, 하고 희미하게 소리가 난다. 나는 신경 쓴 적 없지만, 손을 가만두지 못한다고 해서 떠올려보니 확실히 그랬다.

"응, 그래서?"

시라토리 씨는 손끝을 움직이면서 말했다.

"이러고 있으면 내가 지금 존재한다는 걸 확인할 수 있어. 하지만 아무것도 안 하고 가만히 있으면 주위와 연결된 걸 알 수 없어서 불안해져… 아니, 불안이라고 할 정도는 아닌데."

무언가를 만짐으로써 자신이 존재하는 것을 체감할 수 있다.

이와 비슷한 이야기를 읽은 적이 있다.

철학자 아오야마 다쿠오는 자신의 책에서 "조금 부끄럽지만 그다지 공감을 사지 못할 내 버릇 중 하나를 적어본다. 일상에서 문득 주위에 들리지 않을 만큼 작게 '지금'이라고 속삭이는 버릇이 내게는 있다."라고 고백했다.

> 그런 작업을 하면서 나는 비유하자면 내 인생에 시간적인
> 책갈피를 끼워넣고 있다. 여기까지 읽었다는 표식으로 책
> 에 책갈피를 끼우듯이 여기까지 살았다는 표식으로 인생에
> 책갈피를 끼우는 것이다. 굳이 그런 일이 필요한 것은 인생
> 전체를 '어디까지' 살았는지가 어쩐지 불분명하기 때문인데
> (후략)
>
> ― 아오야마 다쿠오, 『마음에 시간이란 무엇인가』•

인생에서 어디까지 살았는지 불분명하다. 시라토리 씨가 말
하려는 것은 아오야마의 고백과 비슷하지 않을까.

지금, 시라토리 씨는 가늘게 눈을 뜨고 있다. 그 눈동자에는
내 얼굴이 반사되지만, 빛은 그 눈동자 너머까지 닿지 않는다.

"이렇게 누군가와 대화를 하면 지금 내가 여기 있는 게 틀림
없다고 생각하는데 말이야."라고 시라토리 씨가 말했다.

"눈이 보이지 않는 것과 관련이 있을까?"

"아니, 보이지 않는 것만이 이유는 아닐 거야. 가끔 스킨십이
지나치게 많은 사람이 있잖아? 그런 사람이랑 비슷한 것 같아."

• 青山 拓央, 『心にとって時間とは何か』 講談社現代新書 2019.

"응, 아이들 같은 경우도 유독 들러붙는데, 역시 무언가를 확인하려고 그러는 걸까? 다른 사람과 거리가 얼마인가 같은 걸."

"맞아, 맞아. 그래서 내 앞에 사람이 없는 가상 관람은 거리를 유지하기가 왠지 어려울 것 같았어. 나는 통화하다가도 부자연스러워질 때가 있거든."

"어? 통화 별로 안 좋아해?"

"굳이 말하면 별로 안 좋아하지."

말문이 막혔다. 예상과 다른 이야기가 연달아 나오는 날이었다. 시라토리 씨가 이따금 전화를 걸어왔기 때문에 나는 오히려 그가 통화를 좋아하는 줄 알았다.

머릿속에 작은 불이 켜졌다. 나는 뭔가 크게 착각해왔던 게 아닐까.

"그러면 실제로 얼굴을 맞대면서 다양한 정보를 얻겠네. 작품을 감상할 때도 대화하며 오가는 말은 정보 중 하나에 지나지 않을 테고. 분위기라고 할까, 아무튼 그런 것에서 많은 걸 얻는 거야?"

"맞아. 상대방이 어디를 향해 이야기하는지, 목소리는 얼마나 큰지, 나와 얼마나 떨어져 있는지, 그런 게 중요해."

"그렇구나. 말이나 귀로 얻는 정보만 중요한 게 아니구나."

그래, 그런 거였어! 나는 살짝 흥분해서 몸을 앞으로 내밀었다.

나는 내가 얼마나 큰 착각을 했는지 깨달았다. 그때껏 나는 시라토리 씨가 말로 하는 대화에서 많은 정보를 얻는 줄 알았다. 그래서 작품 감상도 말만 들을 수 있으면 어떻게든 될 거라고 생각했다. 하지만 말이 '많은 정보'를 전달할 수는 있어도 '대부분 정보'를 전달할 수는 없다. 이건 무척 큰 차이다.

그래, 이를테면 목소리. 인간이 내는 목소리란 단순히 말을 옮기는 수단이 아니다.

사람들이 함께 있을 때, 입에서 흘러나온 공기는 사람들 사이의 공기를 진동시키며 바람이 된다. 그 바람은 따뜻할 수도 차가울 수도 있다. 아니면 몸이 찌르르 저릴 수도 있다. 그런 물리적 변화까지 모두 아우른 것이 목소리고, 말이다.

"그래서 온라인은 안 되는 거였구나."

"응, 기술이 진보해서 정말로 가상공간에서 대화하는 느낌이 들면 다를 수도 있겠지. 하지만 지금의 줌 같은 건 통화의 연장선에 있는 거잖아?"

나는 그렇다고 고개를 끄덕였다.

우리의 신체 역시 많은 메시지를 내보낸다. 냄새, 몸짓, 체온. 시라토리 씨는 원래부터 타인의 팔꿈치에 손을 대고 많은 것을 느꼈다. 성질 급한 사람인지, 덜렁대는 사람인지, 신뢰할 수 있는 사람인지. 그처럼 피부로 느낀 것에 귀와 코를 통해 들어온 정보까지 모두 중층적으로 쌓여서 하나의 기억이 된다.

미술 작품 또한 물체로서 에너지를 내뿜고 있다. 램프 인간의 냉랭함, 오타케 신로의 거친 붓놀림과 여러 겹으로 붙인 종이. 그러한 모든 것이 그저 물체였던 것을 작품으로 만든다. 그리고 작품과 감상자를 둘러싸는 것이 미술관이다. 아아, 그래서 화면 위에서만 소통하는 가상 감상에는 미술 감상을 '체험'으로 바꿔주는 결정적인 요소가 결여된 것이구나.

그렇게 생각하는 사이에도 시라토리 씨는 맥주잔을 비우고 손가락으로 가볍게 통통 소리를 냈다. 그래, 시라토리 씨는 기회가 있을 때마다 말했잖아. 나는 미술을 좋아하는 게 아니라 미술관을 좋아한다고.

눈이 보이지 않는 시라토리 겐지라는 사람이 자신의 실존을 확인하는 수단이 미술관이었다… 이렇게 말하면 지나친 것일까.

시라토리 씨뿐 아니라 우리는 누구나 자기만의 방법으로 '지금의 자신'을 확인하고 있다. 일기를 쓰거나 SNS에 사진을 올리거나 누군가와 통화하면서.

갑자기 시라토리 씨가 사진을 찍는 이유를 알 것 같았다. 그 역시 '지금'이라는 시간에 책갈피를 끼워넣은 것이다.

볼탕스키의 전시회를 감상하고 간 뒤풀이 자리에서 시라토리 씨는 느닷없이 "과거도 미래도 알 수 없으니까 나는 지금만으로 충분해."라고 했다. 그 말은 괜히 폼 잡으려는 게 아니라 그가 거의 진심으로 확실한 건 '지금' 여기 있는 '나'밖에 없다고 생각하기 때문에 나왔는지도 모르겠다.

어떤 철학자는 세계가 겨우 5분 전에 만들어졌다는 설을 주창했다고 한다. 우주가 빅뱅에서 시작되었고 시간은 항상 과거에서 미래로 흐른다고 철석같이 믿는 나도 당신도 알고 보면 끝없이 반복되는 5분간의 삶을 사는 것일 수 있다. 아니, 그런 건 SF 소설에나 나오는 얘기라고? 응, 나도 그렇다고 생각한다. 하지만 터무니없게 들리는 이 설을 이론으로 무너뜨리기란 무척 어렵다고 한다.

그 외에 시간은 미래에서 과거로 흐른다고 주장하는 사람도 있다. 처음 들었을 때는 뚱딴지같은 소리였는데, 간단히 말해 과거의 사건에는 나중에 의미가 부여된다는 뜻이다. 무슨 말인지 알 것도 같다. 괴로웠던 일이 시간이 흐르며 좋은 추억으로 변하는 경우도 있지 않은가. 그때 그 일이 있었기 때문에 지금의 내가 있는 거라고 나중에 덧붙인 해석이 과거에 의미와 가치를 부여한다. 그 순간 우리의 인식은 빙글 회전하고, 시간은 미래에서 과거로 흐르기 시작한다.

그러고 보면 내 할머니는 만년에 인지저하증을 앓았다. 만나러 가보면 할머니는 나에 관해서는 깨끗이 잊어버렸어도 본인이 아끼고 사랑하던 내 아버지는 똑똑히 기억했다. 기묘하게도 할머니는 아버지를 '사장'이라고 부르며 "좀 있으면 사장님이 오실 테니 청소해야 해. 미안하구나."라고 했다. 할머니가 내 아버지를 '사장'이라고 부른 적은 그때껏 없었다. 아버지는 분명히 작은 회사를 경영했지만 2년 전에 죽었으니, 할머니는 과거의 시간을 살아가는 것처럼 보였다. 그런데도 "좀 있으면 사장님이 오실 테니"라며 활짝 웃는 할머니는 희망을 품고 미래를 살아가는 것처럼 보이기도 했다. 그 역시 그저 시간 감각이 흐릿해졌을 뿐이었을까.

방대한 시간의 흐름 속에서 우리의 존재는 덧없을 뿐이다.

눈에 보이는 세계도 얼마나 진실일지 우리는 확신할 수 없다. 우리는 들판을 호수로 보기도, 흑인을 백인으로 보기도, 램프를 인간으로 보기도 한다. 픽션과 리얼 사이를 몇 번씩 오가는 「마술사와의 산책」처럼 허구와 현실, 미래와 과거는 서로 이웃하고 있으며, 외려 복잡하게 뒤엉켜 있는지도 모른다. 우리가 보았다고 믿는 것, 일어났다고 믿는 과거의 기억은 과연 얼마나 믿을 만할까.

나 자신의 기억 역시….

이나와시로 여행에서 돌아온 뒤, 나는 어머니와 대화했다. 저기, 아빠랑 가족 다 같이 여행 간 적 있잖아. 보트에 탔는데, 이나와시로호가 예뻤지. 이번에 나나오랑 그 호수를 보고 왔어.

그런데 어머니는 뜻밖의 말을 했다.

"거기는 이나와시로호가 아니라 고시키누마였을걸. 보트는 어땠더라, 탔던가?"

심지어 자동차로 갔다고 했다. 맙소사, 나는 이나와시로호에도 이나와시로역에도 가본 적이 없었다. 전부 나의 잘못된 기억이었다. 역에서 내리고 반갑다고 느낀 마음마저도 환상이었다. 그럼, 내 속에 뚜렷이 남아 있는 그 광경은 무엇일까. 어머니가 있고, 동생이 있고, 아버지가 있는….

과거도 미래도 확실한 것이 아니라면, 나를 현실과 이어주는 것은 틀림없이 '지금'이라는 순간이다. 예를 들어 너무 단 상그리아, 그리고 눈앞에서 맥주를 마시고 있는 사람.

"미술관에 가고 싶다."

내 말에 시라토리 씨는 "응, 가고 싶어."라고 가느다란 눈을 깜박이며 답했다.

"그러면 어딘가 야외에 있는 조각 작품이라도 둘러볼까!"

"그것도 좋네." 그가 맞장구쳤다.

그 순간 좋은 생각이 떠올랐다.

"다음에 다 같이 니가타로 가자. 꿈을 꾸러."

11장

그저 꿈을 꾸기 위해

마리나 아브라모비치
「꿈의 집」

이런 꿈을 꾸었다.

모 한류 스타와 닮은 남자가 이불 속에 누워 있는 내 얼굴을 들여다보았다.

이게 뭐야, 꺄, 어쩌지!

다만 진심으로 안타깝게도 나는 머지않아 죽을 운명이었다. 나는 분한 마음에 눈물을 흘리며 고백했다.

"저는 곧 죽어요."

"혈색도 엄청 좋고, 별로 죽을 것 같지 않은데."

"아뇨, 정말로 죽어요."

기껏 만났으니까 이것저것 해보고 싶은 게 많은데 아무래도 내가 죽는 건 기정사실인 모양이었다. 만나자마자 이별이라니 싫다고 호소해봤자 소용없는 듯했다. 적어도 한 번만 더 만나고 싶어.

그 순간 깨달았다. 아, 그렇구나, 다시 태어나면 돼. 윤회전생에 대해 자세히 알지는 못하지만, 어떻게든 되겠지. 다만, 다시 태어나는 데 시간이 얼마나 걸릴까. 상식적으로 생각해도 다음 달 중에는 힘들겠지.

나는 마지막 힘을 쥐어짰다.

100년 기다려주세요. 시간이 그 정도 있으면, 틀림없이 괜찮을 거예요.

완전히 나쓰메 소세키의 『몽십야』 표절이라고? 그렇게 앞뒤가 딱딱 맞는 꿈이 있을 리가 없다고? 하하하, 그렇다, 전부 지어낸 이야기다. 고등학생 시절 교과서에서 읽은 『몽십야』의 "곧 죽습니다."가 기억에 선명히 새겨져 있다. 당시 키스조차 해본 적 없던 내게는 소설에 등장하는 두 사람의 대화가 유달리 요염하게 느껴졌다.

그건 그렇고 한번은 이만큼 드라마틱한 꿈을 꾸어보고 싶다. 왜냐하면 우리는 꿈을 꾸기 위해 일부러 멀리까지 여행을 나섰으니까.

목적지는 「꿈의 집Dream House」(2000). 제1회 '대지의 예술제'를 위해 만들어진 체험형 작품이다.

매서운 더위가 계속되던 2020년 8월, 니가타현 도카마치역에서 시라토리 씨 일행과 합류했다. 그들은 미토에서 자동차로 그곳까지 왔다. 차창 너머로 여름다운 짙은 초록색이 가득한 풍경이 펼쳐졌다. '에치고쓰마리 아트 트리엔날레'라고도 알려져 있는 '대지의 예술제'는 2000년부터 시작되었는데, 2018년에 열린 7회 때는 50만 명 넘게 방문했을 만큼 인기가 대단하다. 잘 알려져 있지는 않은데, 실은 3년마다 열리는 예술제 기간이 아니어도 꽤 많은 작품을 볼 수 있다. 「꿈의 집」도 그런 작품이다.

"시라토리 씨는 대지의 예술제에 가본 적 있어?"

나는 자동차 안에서 물어보았다. 하얀 헌팅캡을 쓰고 폴로셔츠를 입은 시라토리 씨의 무릎 위에는 접어둔 흰지팡이가 놓여 있었다. 그는 뒷자리에 앉아서 편안해 보였다.

"있지. 이것저것 많이 봤어. 「최후의 교실」(크리스티앙 볼탕스키·장 칼먼)에 「셀프 빨래방」(정식 제목은 「억측의 성립」으로 작자는 창작 팀 '메ⴽ')도 봤어. 재미있었어."

"준야 씨는? 대지의 예술제에 가본 적 있어요?"

나는 동승한 또 다른 남성에게 물었다.

영화 「패터슨」의 티셔츠를 입은 사토 준야 씨는 "그게 잘 모르겠어요. 왔던 것도 같고, 아닌 것도 같고?"라고 태평하게 답했다. 준야 씨는 창작자이자 고등학교 미술 교사이기도 하다. 예전부터 그는 우리가 「꿈의 집」에 가게 되면 동행하고 싶다고 열망해왔다.

"음? 무슨 소리야? 기억이 안 나요?"

내가 고개를 갸웃거리자 운전하고 있던 마이티가 끼어들었다.

"저 사람은 좀 특이해서 도록에서 작품을 보기만 해도 실제로 본 것 같대. 그래서 전에 사진으로 봤는지, 아니면 실제로 예술제에 가서 봤는지 모른대!"

아무래도 그 역시 과거의 기억이 모호한 사람인 듯했다. 아무튼 사진만으로도 경험한 듯한 기억이 형성된다니, 어떤 점에서는 놀라운 재능인지도 모르겠다. 참고로 준야 씨는 마이티의 남편이다.

일단 다 같이 점심이라도 먹으려고 예술제의 메인 시설인 에치고쓰마리 사토야마 현대미술관에 들렀다. 넓은 정원을 둘러싼 개방적인 건물에 들어가자마자 준야 씨가 시원하게 단언했다.

"역시 (대지의 예술제에) 온 적 없어. 여기가 전혀 기억이 안 나는걸!"

시라토리 씨는 "아하하하, 그렇구나."라며 웃었다.

무지개를 향해 달리며 외쳐라

오후에는 그 지역에 흩어져 있는 예술제 작품을 둘러보았다. 「최후의 교실」「계단식 논」(에밀리아 카바코프·일리야 카바코프)「관계: 칠판의 교실」(가와구치 다쓰오) 등.

"내일은 「빛의 저택」이랑 「하치&다시마 세이조 그림책과 나무 열매 미술관」에 가보자. 기요쓰 협곡의 계곡 터널도 갈 수 있을까? 인스타그램에 올리기 좋아서 인기가 엄청나대."

내가 팸플릿을 보며 말했다. 오랫동안 미술관에 가지 못했던 공백을 메우려는 듯이 우리는 공격적으로 작품을 보려 했다.

그리고 저물녘, 드디어 자동차는 「꿈의 집」을 향해 달려갔다. 해가 지고 있었지만 여전히 낮처럼 더웠고, 땀으로 끈적거리는 티셔츠를 얼른 벗고 싶었다.

아무래도 「꿈의 집」에 에어컨은 없겠지.

마을에 들어서기 직전, 슈퍼마켓에 들러 맥주와 와인, 생선회와 닭꼬치 등 안줏거리를 샀다(원래 「꿈의 집」에는 알코올음료 반입이 금지인데 나중에야 그 사실을 알았다. 죄송합니다).

굽이굽이 감도는 산길을 힘차게 나아가 논으로 둘러싸인 조용한 곳에 도착했다. 그 안쪽에 오랫동안 눈바람을 견뎌온 민가가 우뚝 모습을 드러냈다. 처음 보았던 5년 전과 변함없는 모습이었다.

내가 처음 「꿈의 집」의 존재를 안 것은 2015년이었다. 당시 아직 돌도 지나지 않은 딸을 데리고 마이티를 비롯한 친구들과 대지의 예술제를 둘러보았다. 점찍어둔 작품을 보러 가는 도중에 마이티가 말했다.

"가는 길에 「꿈의 집」이라는 작품도 있어. 보고 갈래?"

"그래, 모처럼 왔으니까." 잘 모르는 작품이지만 로맨틱한 이름에 끌렸다.

안에 들어가니 흙바닥에 농기구와 바구니가 놓여 있어서 마치 친척 집에 간 듯했다. 신발을 벗는데 자원봉사자 같은 나이

지긋한 여성이 미소 지으며 말을 걸었다.

"안녕하세요. 처음 오셨나요? 2층에는 침대도 있으니 한번 누워보세요."

아, 네.

복도 끝으로 가니 다다미가 깔린 큰 방이 나왔고, 온천지의 고급 숙소에 있을 법한 커다란 탁자가 놓여 있었다. 눈길을 끈 것은 벽에 매달려 있는 우주복과 흡사한 형태의 작업복. 파랑, 빨강, 보라, 초록으로 파워레인저가 입을 법한 컬러풀한 옷이 네 벌 있었다. 이건 뭘까?

안쪽 방만 분위기가 좀 달랐는데, 하얀 벽에 빨간 도료로 의미를 알 수 없는 영어가 마구잡이로 쓰여 있었다. 번역하면 대략 다음과 같다.

화산의 정상에서 입을 벌려라
무지개를 향해 달리며 외쳐라
네 숨으로 바닥을 청소해라, 먼지를 빨아들여라…

바로 옆에는 할아버지와 할머니가 찍힌 오래된 흑백 사진이 붙어 있었다. 오래전 이 집의 주인이었을까.

'어디 보자… 이건 오래된 집을 이용한 설치 작품이네. 지역의 역사와 주민의 기억을 모아둔 작품인 건가.' 그렇게 생각하며 집 안을 서성댔다. '빨간 페인트로 휘갈겨 쓴 게 약간 호러 느낌이지만, 뭐, 괜찮아.'라고 일방적인 평가를 내리면서 계단으로 2층에 올라갔다.

가슴이 철렁해서 다리에 힘이 풀렸다.

새빨개… 바닥도 창문도 벽도 공기도… 모든 게 붉었다.

좁다란 일본식 방에 강렬한 붉은빛이 가득했다. 방 한가운데에는 커다란 상자 모양의 물체가 굳건히 자리 잡고 있었다. 어딜 봐도 관이었지만, 이게 아까 이야기한 "침대"인 건가? 속에는 검은 돌로 만들어진 베개가 놓여 있었다.

누워보라고 한 대로 상자 속에 몸을 누였다. 몸이 30센티미터 정도 높이의 벽으로 둘러싸인 탓인지 시야에는 타오르는 듯한 붉은색이 가득했다. 내가 죽어서 관과 함께 불태워지는 기분이었다. 내 뼈를 수습해주는 건 누구일까. 딸일까. 아무래도 나나오가 어른이 되는 모습은 보고 싶으니 그런 일은 20년 뒤에나 일어났으면 좋겠다.

그런 망상을 적당히 하고 일어나려 하는데, 머리 옆에 두꺼운 검정 노트가 있는 걸 알았다. 표지에는 은색 박으로 'DREAM BOOK'이라고 쓰여 있었다.

이게 뭐지.

노트를 펼쳐보니 "다른 방에서 자던 친구가 무서워서 잠이 안 오니까 여기서 같이 자도 되냐고 물으러 오는… 꿈을 꾸었

위쪽: 마리나 아브라모비치, 「꿈의 집」(2000) 중에서 '옷을 갈아입는 방'
아래쪽: 같은 작품 중에서 '전시를 위한 방'

다." "엄청나게 무서운 꿈을 꾸고 말았다." 등이 쓰여 있었다.

몇 장 더 넘겨보았는데 끝없이 꿈 이야기가 계속되었다.

아무래도 꿈 일기인 모양인데, 필체가 전부 다른 데다 글 쓰는 방식도 내용도 지나치게 현실적이었다.

혹시 여기 쓰인 건 진짜 꿈인가? 그렇다면 여기서 잠잔 사람들이 있다고?

잽싸게 1층으로 내려가서 아까 보았던 여성 자원봉사자에게 물어보았다.

"여기에서 묵을 수도 있나요?" 내 질문에 자원봉사자는 싱긋 웃었다.

"네, 손님들이 거일 매일 와요. 한번 묵으러 오세요. 인터넷에서 예약할 수 있어요."

그 말투는 마치 애프터눈 티에 초대하는 듯이 우아했다. 그 순간 이해했다. 그 관 속에 누워서 꾸는 꿈 자체가 예술 작품이 되는 거라고.

오래된 집을 뒤로하면서 마음먹었다.

다음에는 여기서 하룻밤 묵자. 그리고 꿈을 꾸자.

꿈을 꾸기 위한 의식

"맥주, 냉장고에 맥주 넣어야지."

도착하자마자 맥주부터 냉장고에 넣는 것이 과연 「꿈의 집」에 머무르는 손님의 올바른 행동일까 하는 문제는 일단 제쳐두고, 우리가 구입한 맥주 한 다스는 냉장고에 가지런히 들어갔다. 커다란 창문으로 석양빛이 들이쳐서 거실을 슬며시 밝혔다. 어쩐지 그리운 여름방학의 향취가 느껴졌다.

우리를 맞이해준 사람은 어깨까지 머리를 기르고 앞치마를 두른 여성이었다. 이 마을의 주민으로 20년 동안 「꿈의 집」 관리인을 맡아온 다카하시 씨는 마치 꿈의 세계로 인도하는 안내인 같았다.

"여러분, 어서 오세요. 현대인은 도시의 생활에 지쳐 있습니다. 여기는 그런 여러분이 하룻밤 느긋하게 보낼 수 있는 장소랍니다."

사투리와도 다른 독특한 억양이었다. 우리 네 사람은 줄줄이 다카하시 씨를 따라다녔다.

「꿈의 집」은 어느 방에서 무엇을 해야 하는지가 창작자인 마리나 아브라모비치(1946~, 이후 다카하시 씨를 따라 마리나라고 부른다)의 의도대로 명확하게 정해져 있고, 그것이 '지시 사항'으로 정리되어 있다. 이곳에서 하는 모든 행위가 꿈을 꾸기 위한 신성한 의식인 것이다.

집의 1층에는 '설명을 위한 방' '옷을 갈아입는 방' '몸을 씻는 방' '부엌' 등이 있고, 2층에는 '관리인을 위한 방' '꿈을 꾸기 위한 방' '정신의 방' 등이 있다. '꿈을 꾸기 위한 방'은 네 개가 있으며, 각 방에 관처럼 생긴 침대가 하나씩 놓여 있다.

가장 먼저 우리가 들른 곳은 '옷을 갈아입는 방'. 벽에는 빨강, 파랑, 보라, 초록, 네 벌의 작업복이 걸려 있었다. 또 작업복 아래에 입을 새하얀 속옷도 있었다.

다카하시 씨의 막힘없는 설명이 이어졌다.

"이 속옷은 손끝부터 머리끝까지 이어진 전신 타이츠입니다. 옛날 예능 프로그램에는 검은색 타이츠가 나왔는데, 이건 하얀색 버전이죠. (일동 웃음) 더운 시기에는 불평이 많답니다. (일동 폭소) 사이즈는 두 종류가 있으니 편한 걸 입어주세요. 그리고 이건 (지름이 5센티미터 정도인 도넛 모양 물체를 가리키며) 자석입니다. 침낭(다카하시 씨는 작업복을 이렇게 불렀다)에 주머니가 12개 있는데, 잠잘 때 주머니에 자석을 넣어주세요. 머리나 심장 등 인간의 혈에 자석이 닿도록 되어 있답니다."

목욕탕과 부엌 다음에는 2층의 '꿈을 꾸기 위한 방'을 안내해주었다. 각각의 방은 작업복과 마찬가지로 빨강, 파랑, 보라, 초록이 가득했다. 창문 유리 자체에 색을 입혀서 햇빛이 들이

위쪽: 같은 작품 중에서 '꿈을 꾸기 위한 파란 방'
아래쪽: 같은 작품 중에서 '꿈을 꾸기 위한 붉은 방'

치면 방이 유리의 색으로 물드는 구조였다. 붉은 작업복을 입은 사람은 붉은 방에서 자는 게 규칙이었다.

"침낭을 입고 직접 여기에 들어가서 주무시면 됩니다. 베개는 눈송이 같은 무늬가 있는 흑요석입니다. 이 계절에 주무시면 덥기도 하고 등이 아프기도 할 겁니다. 숙면해버리면 깊은 꿈을 꿀 수 없어서 일부러 등과 머리를 아프게 만들어서 선잠을 자도록 한 거랍니다. '꿈의 책DREAM BOOK'은 여기 들어 있으니까 아침에 눈뜨시면 무슨 꿈을 꾸었는지 적어주세요."

침대 안에는 검은 돌베개가 있을 뿐, 이불 같은 건 없었다.

네, 잘 알았습니다.

다카하시 씨가 돌아가고 「꿈의 집」에는 우리만 남았다. 자, 일단 저녁부터 먹어야지.

마리나의 지시대로 부엌 찬장에서 검은색 옻칠을 한 작은 밥상을 네 개 꺼내고, 이로리囲炉裏*를 둘러싸듯이 바닥에 앉았다. 먹는 것은 「꿈의 집」 특제 도시락. 냉장고에서 맥주를 꺼내고 슈퍼마켓에서 사 온 생선회와 크로켓도 접시에 담았다.

우리의 화제는 역시 꿈이었다.

아리오 평소에도 꿈을 많이 꾸는 편이야?

---

* 난방 및 요리에 이용된 일본의 전통적인 화로. 집의 바닥 한가운데를 사각형으로 파낸 다음 그 구덩이에 재를 채워 불을 피울 수 있게 만든 것이다.

마이티 꾸지. 두 번, 세 번 연속해서 보기도 해.

준야 저도 꽤 많이 꿔요. 심지어 꿈의 다음 내용이 궁금해서 다시 잠들면 정말로 이어지기도 하고요.

마이티 맞아, 자다가 와악, 하고 소리치면서 깨서 왜 그러냐고 물어보니까 꿈을 계속 꿔야 한다면서 바로 잠들더라고.

시라토리 그거 부럽다! 나는 최근 이삼 일 동안 더워서 그런지 악몽을 자주 봤어.

아리오 나도 자주 악몽을 꿔. 본격적인 악몽은 아니고, 약한 악몽.

나는 악몽을 꽤 자주 꾸는 편이다. 인생에서 처음 꾼 악몽도 또렷이 기억하고 있다.

열 살인 내가 벼랑 위에 서 있다. 아래를 내려다보니 강이 흐르고 있고, 당시 집에서 기르던 삼색 고양이 케미가 상자에 담겨서 강물에 떠내려가고 있다. 케미는 야옹야옹 울면서 구해주길 바라지만, 나는 높은 곳에 있어 구할 수 없다. "케미, 기다려, 기다려!"라고 외치는 사이에도 점점 떠내려간다.

잠에서 깬 나는 크게 울었다. 좋아하는 고양이를 잃는다는 공포심은 트라우마가 될 정도였고, 나는 몇 년 동안이나 그 꿈 때문에 힘들었다. 털이 무척 아름다운 케미는 가차 없이 사람을 깨무는 폭군이었지만, 그래도 나는 케미를 사랑했다. 요즘은 그렇게 심한 악몽은 꾸지 않고 대부분 일상의 연장선에 있는 '약한 악몽'을 꿀 뿐이다.

마이티 '약한 악몽'이라는 건 뭐야? 지각하는 꿈인가? 나는 아무튼 지각하는 꿈을 꾸거든. 일을 마감까지 못 끝내고, 시험에 지각하고, 준비를 제때 못 끝내고, 약속 시간에 늦고. 시라토리 씨는 어떤 꿈을 꿔?

시라토리 내가 꾸는 악몽의 패턴은 넓은 집 같은 곳에서 어떤 장소를 찾는데 통 거기 갈 수 없는 거야. '어? 여기가 맞을 텐데?' 하는 거지.

시라토리 씨는 쉬지 않고 젓가락질하며 도시락을 먹었다.

당연할 수도 있지만, 시라토리 씨의 악몽은 전맹인 사람다웠다. 눈이 보이지 않는 사람이 계속 무언가 찾아 헤매는 건 눈이 보이는 사람에 비해 몇 배는 더 힘든 일이다. 그래서 시라토리 씨는 주위를 항상 가지런히 정리하고, 물티슈도 카메라도 가방의 정해진 자리에 담아둔다. 그러니 그에게 장소나 물건을 찾지 못하는 상황은 그야말로 악몽일 것이다.

아리오 시라토리 씨는 일상적으로 어떤 꿈을 꿔? 역시 시각적 정보는 없지?

시라토리 응, 설명하기 어려운데…. 눈이 보이는 사람은 평소에 주로 빛의 정보를 보잖아? 꿈에서 빛의 정보가 얼마나 큰 비중을 차지하는지 생각해보면, 그 차이를 이해할 수 있지 않을까?

아리오 으음, 빛의 정보라. 내 꿈은 스크린에 영사되는 경우도 있고, 영화처럼 '인류를 구하겠어.' 하는 내용일 때도 있어. 그래서 주로 시각 정보가 차지하는데. 시라토리 씨의 꿈에는 감촉이나 맛 같은 게 있어?

시라토리 시각 말고 다른 감각이나 개념은 당연히 꿈에 나오지. 예를 들어 눈앞에 컵이 있다는 건 빛과 시각 정보가 없어도 경험으로 알 수 있어. 만약 그 컵이 (만진 적 없는) 특수한 컵이라 해도 책에서 읽어보았다면 '개념'으로 이런 컵이 있다고 알 수 있고.

아리오 응, 응. (예컨대 크리스털로 만들어진 샴페인 잔을 본 적 없어도 지식으로 아는 것과 마찬가지다.)

시라토리 그런 식으로 지식과 정보가 있는 건 꿈에 등장해. 그래서 어떤 꿈을 꾸느냐고 물어보면, 눈이 보이는 사람의 꿈과 크게 다르지는 않을 것 같아. 하지만 꿈이란 시간이나 공간 같은 요소가 뒤죽박죽이니까 설명하기 어렵네. 세세하게 기억나지도 않고, 말하는 사이에 잊어버리고. 그래서 어디가 (눈이 보이는 사람과) 같고 어디가 다른지 말하기가 어려워.

마이티 그래도 하늘을 나는 꿈은 가끔 꾼다고 했지?

시라토리 아아, 전에는 가끔 꿨지.

마이티 그럴 때 지금 내가 하늘을 날고 있다고 감각으로 아는 거야? 날아본 적이 없어도?

시라토리 응, 유원지의 놀이기구를 탔을 때 떨어지거나 날아가는 느낌을 몸이 기억하고 있거든. 그래서 꿈에서도 내가 날고 있다고 알 수 있어.

준야 아리오 씨의 꿈은 외국어로 나올 때도 있어요?

아리오 응, 영어일 때는 있어요. 미국 영화 같은 걸 본 다음에 꾸는 꿈은 영어일 때가 있거든. 그런데 프랑스 영화를 본다고 프랑스어 꿈을 꾸지는 않아요. 프랑스어를 내내 못했기 때문인가 봐. 어쩌다 프랑스어 꿈을 꾸어도 대부분 서투른 프랑스어로 노력하는 내용이에요.

아무래도 시라토리 씨의 경우에는 꿈을 꾼다고 갑자기 누군가의 얼굴을 인식하거나 영상이 보이지는 않는 듯했다. 다만, 중도 실명을 한 사람은 사정이 전혀 달라서 꿈속에서 물체와 영상, 지인의 얼굴을 볼 때도 많다고 한다. 그러니 꿈이란 아무리 지리멸렬한 것 같아도 어디까지나 꿈꾸는 사람의 인생 경험에 기초한 것이다.

꿈과 관련해 흥미로운 현상 중 하나는 오래된 기억과 바로 전날의 신선한 기억이 뒤섞여서 완전히 잘 섞인 믹스주스처럼 꿈에 나타나는 것이다. 수십 년 동안 만나지 않는 친구를 비롯해 죽은 사람, 실제로 본 적 없는 연예인도 꿈에는 잘만 나오고, 아무런 관심도 없던 사람이 갑자기 연인으로 등장해 가슴 설레는 꿈을 꾸기도 한다. 왜 그런 것일까.

아리오 꿈에 의미가 있을까? 마음속 바람이 나타나는 건가?

마이티 응, 나는 가끔 호시노 겐이 꿈에 나오는데, 평소랑 다르게 상냥하고 재미있게 나만을 위한 표정을 지어줘.

아리오 상냥하고 재미있다니, 텔레비전에 나오는 호시노 겐이랑 똑같네. 그게 어디가 '나만을 위한 표정'이야.

마이티 아, 그런가? (일동 웃음) 시라토리 씨, 닭꼬치랑 크로켓이 있는데 먹을래?

시라토리 그럼 먹을까. 닭꼬치로 부탁해.

마이티 자, 여기. 맥주도 더 있어. 크래프트 맥주랑 기린 맥주.

시라토리 나는 기린 맥주.

꿈이 바람을 나타내는 것이기 때문에 밤에 보는 '꿈'과 장래의 '꿈'은 같은 단어를 쓰는 듯싶다. 신기하게 영어에서도 프랑스어에서도 마찬가지니 인간에게 밤의 꿈과 장래의 꿈은 어딘가 공통점이 있는 존재인 모양이다. 당연하지만 시라토리 씨는 밤에 꿈을 꾼다. 그런 반면 그는 전에 장래의 꿈은 꾼 적이 없다고 했다. 나는 어떨까. 그러고 보면 고등학생 시절에는 영화를 만드는 사람이 되고 싶었기 때문에 니혼대학교 예술학부로 진학했었다.

아주 드물게 꿈속에서 말로 표현할 수 없는 대단한 경험을 할 때가 있다. 예컨대 처음 가본 미술관에서 빛나는 듯한 그림을 본다든지 말이다. 눈을 뜬 순간에는 행복감과 흥분에 휩싸여서 꿈이라고는 해도 그토록 대단한 작품을 떠올린 자신이 실은 천재가 아닐까 생각하기도 한다. 하지만 그런 꿈일수록 아침 식사를 먹을 무렵에는 흐릿하게 기억에서 사라져버린다. 마이티도 "꿈속에서는 작곡도 하고 글도 쓰는데, 전부 잊어버린다니까."라며 맞장구를 치고 크로켓을 덥석 물었다.

혹시 꿈을 잊어버리지 않으면, 걸출한 예술가나 과학자가 될 수 있을까?

초현실주의의 기수 살바도르 달리(1904~1989)는 꿈에서 영감을 얻어 그림을 그린 것으로 널리 알려져 있다. 유명한 작품은 「잠에서 깨기 1초 전 석류 주변을 날아다니는 한 마리 꿀벌에 의해 야기된 꿈」(1944)으로 바위에 누워 잠자는 여성 위에 호랑이와 총, 석류 열매가 떠 있는 환상적인 유화다.

그 외에도 꿈에서 영감을 얻은 예술 작품은 소설 『지킬 박사와 하이드 씨』(로버트 루이스 스티븐슨) 『프랑켄슈타인』(메리 셸리) 등을 비롯해 만화 『네지시키』(쓰게 요시하루), 영화 「꿈」(구로사와 아키라) 등 셀 수 없이 많다. 또한 상대성 원리, 원소 주기율표, 전구 등 과학적 발견 역시 전부 꿈을 꾸다 번뜩인 생각에서 비롯되었다고 하니, 꿈을 얕보지 말지어다.

지금까지 뇌과학자들이 밝혀낸 바에 따르면 꿈속에서 무작위로 재생되는 기억의 단편에는 역시 의미가 있다고 한다. 뇌는 과거의 잡다한 기억을 자유롭게 연결함으로써 기존의 틀을 깨부수고 상식을 뛰어넘는 발상을 만들어내어 가능성의 경계선을 더욱 넓히려 하는 것이다. 그렇다고 하니, 꿈을 기억할 수 있으면 좋으련만!

아리오 왜 잊어버리는 걸까? 낮에 습득한 정보를 자는 동안 정리한다고도 하던데.

마이티 그러고 보니 꿈 일기를 꾸준히 쓰는 것도 좋지 않다는 사람이 있어.

준야 꿈 덕분에 잊어버리는 게 있는데, 계속 기억해두면 좋지 않다는 거였지.

아리오 정리해야 되는 걸 일기에 남겨두면 외려 계속 기억하게 된다는 말인가. 그렇구나. 심오한걸!

낡은 집에 사는 요정

이야기를 나누다 보니 벌써 밤 10시였다. 가위바위보로 목욕 순서를 정하는데, 가위를 낸 시라토리 씨가 이겨서 가장 먼저 목욕을 했다.

"목욕한 다음에 그 하얀 쫄쫄이를 입어야 해."

"어? 그래? 응, 알았어."

시라토리 씨는 순순히 하얀 전신 타이츠를 들고 목욕탕으로 갔다. 목욕탕에는 구리로 만든 터무니없이 커다란 욕조가 있었는데, 심지어 욕조 두 개가 떡하니 나란히 있었다. 당연히 마리나가 목욕하는 방식에 관해서도 상세한 지시 사항을 남겨두었다.

지시 사항·몸을 씻는 방

'몸을 씻는 방'에서는 먼저 샤워를 합니다. (…) 그다음 파란 돌로 만든 베개가 있는 욕조에 들어갑니다. 욕조에는 허브를 넣은 체온보다 조금 미지근한 물이 준비되어 있습니다. 베개를 베고 욕조에 누우세요. (소요 시간: 15분)

목욕탕에서는 준야 씨가 시라토리 씨에게 수도꼭지와 마개의 위치를 설명했다. 참고로 왼쪽 욕조는 약탕으로 바구니에 가득히 담긴 쑥, 박하, 창포, 민트를 넣으라고 지시 사항에 쓰여 있었다. 좋은 꿈을 꾸기 위해 긴장을 푸는 과정인 듯했다.

목욕을 마치고 나온 시라토리 씨는 딱 달라붙는 하얀 타이츠를 입은 채 부엌 구석에 앉아 맥주를 마시기 시작했다. 말라서 그런지 전신 타이츠가 잘 어울렸다.

"오래된 집에 사는 요정 같아."라고 준야 씨가 말을 걸었다. 요정이라고 하면 귀엽지만, 애벌레 역할로 학예회에 출연한 사람처럼 보이기도 했다. 도대체 왜 부엌 구석 같은 데 앉아 있을까?

"여기 바람이 통해서 기분 좋아."

그렇게 말하는 시라토리 씨는 평소와 다른 사람 같았다.

평소에 시라토리 씨는 자세가 무척 바르다. 의자에 앉을 때도 언제나 등받이에 기대지 않고 꼿꼿이 등줄기를 세우고 있다. 복장도 청결하기 그지없고, 목덜미가 늘어난 티셔츠를 입은 것도 본 적이 없다. 하지만 오늘은 기묘한 하얀 쫄쫄이를 입고 등을 구부린 자세로 앉아 있었다. 진귀한 장면이었다.

전맹인 미국 작가 조지나 클리게는 자신의 책에서 "전맹인 아이들에게 외적인 이미지가 중요하다는 사고방식이 얼마나 반복적으로 주입되는지 알고 있다"고 적었다.

시력을 잃은 아이를 기르는 어머니를 비롯한 보호자에게 아이가 등줄기를 곧게 세우고 청결한 옷차림을 유지하도록 주의하는 것에는 특별한 의미가 있습니다.

— 조지나 클리게,『눈이 보이지 않는 내가 분노와 사랑을 담아 헬렌 켈러에게 보내는 일방적인 편지』•

시라토리 씨도 그런 식으로 주입을 당했을까 궁금했지만, 물어보지는 못했다.

목욕을 마치고 모두 사이좋게 하얀 쫄쫄이로 갈아입은 다음, 드디어 오늘의 하이라이트인 방을 고르는 시간이 되었다. 모두 구조가 비슷한 침실들에서 유일하게 다른 점은 창문의 색이다. 앞서도 이야기했지만 빨강, 파랑, 초록, 보라, 네 가지 색 방이 있다.

마이티는 곧장 "나는 빨강만 아니면 돼!"라고 말했다.

빨강을 피하고 싶은 이유를 대충 알 것 같았다. 빨강은 어쨌든 '피의 색'이라서 우리가 누울 관과 어우러져 오싹한 느낌을 주니까. 그때 준야 씨가 "나는 빨강이 좋아."라며 손을 들었다.

• ジョージナ・クリーグ(著), 中山ゆかり(譯),『目の見えない私がヘレン・ケラーにつづる怒りと愛をこめた一方的な手紙』フィルムアート社 2020. (원서: Georgina Kleege, *Blind Rage: Letters to Helen Keller*, Gallaudet University Press 2006.)

'꿈을 꾸기 위한 붉은 방'에 누운 준야 씨

오오, 여기에 오고 싶어했던 사람은 확실히 뭔가 다르네.

아리오 나는 파랑으로 할까. 아까 얼핏 봤을 때 불길한 느낌이 나던데.

마이티 어? 나도 파랑으로 하려고 했는데, 불길한 느낌이라니 싫다. 그럼 초록으로 할게.

아리오 내가 양보해도 되니까 파랑으로 해도 돼.

마이티 괜찮아, 초록으로 할게! 그럼 시라토리 씨는 남은 보라, 괜찮지?

시라토리 응, 나는 어디든 상관없어.

이제 잠들기만 하면 됐지만, 수학여행 때처럼 흥분해서 그런지 별로 졸리지 않았다. 거실 구석에는 낡은 텔레비전과 DVD 플레이어가 있었다. 거기서 마리나의 과거 행위 예술 작품을 볼 수 있었다. 좀처럼 볼 기회가 없는 작품이라 준야 씨는 한번 볼까 했지만, 나는 그걸 보면 악몽으로 직행할 듯했다.

구 유고슬라비아 출신인 마리나 아브라모비치는 자신의 신체를 사용한 퍼포먼스 작품으로 전 세계에 이름을 알렸다. 대부분 즉흥적으로 이뤄진 작품이라 줄거리도 스토리도 없다. 그 중에는 폭력적 표현과 신체적 고통 및 상처, 극도의 긴장감이 함께하는 작품도 적지 않다.

그런 작품의 궁극이라고 할 만한 것이 「리듬Rhythm 0」(1974)다. 작품의 사전 준비로 마리나는 테이블 위에 76개 도구를 준비했다. 물이 담긴 컵, 구두, 코트, 장미꽃, 깃털 등부터 가위, 망치, 손톱깎이, 칼, 총과 총알 등 흉기가 될 수 있는 것까지 있었다. 퍼포먼스를 시작하면서 마리나는 관객에게 "이 도구를 써서 뭘 해도 상관없다."라고 했다.

처음에 관객들은 주저하며 마리나에게 물을 주거나 했지만, 머지않아 마리나를 대하는 방식이 기괴하게 변화했다. 몸을 만지는 사람, 옷을 찢는 사람에 칼로 상처 입히고 마리나의 피를 마시는 사람도 있었다. 마지막에는 총에 총알을 장전하고 마리나의 관자놀이에 겨누는 사람까지 나왔다. 그러는 동안 마리나는 한 마디도 내뱉지 않고 그저 견디기만 했다.

6시간에 걸친 퍼포먼스가 끝났을 때, 그는 반쯤 발가벗고 피투성이가 되어 눈물을 흘리고 있었다. 마리나가 자리에서 일어나 관객 쪽으로 걸어가자 사람들은 뒷걸음질하며 도망갔다. 마리나가 살아 있는 인간이라는 사실을 떠올리고 공포를 느꼈을 것이다. 인간이란 한 꺼풀 벗겨보면 놀라울 만큼 잔혹한 동물이다. 그렇다는 것을 보여주기 위해 마리나는 진정한 공포를 체험했다.

"그날 밤, 새벽 2시에 일어났다가 깜짝 놀랐습니다. 머리카락 중 일부가 하얗게 세었던 것입니다."(마리나 아브라모비치의 TED 토크 '신뢰, 연약함, 소통으로 구성된 예술' 중에서)

언제나 온화한 준야 씨가 마리나의 작품을 좋아한다니 뜻밖이었다.

"초기에 울라이랑 함께 만든 작품을 좋아해요."(준야) 울라이는 한때 마리나의 연인이었던 남성으로 구 서독 출신의 행위 예술가다. 두 사람은 자신들을 "두 개의 머리를 지닌 하나의 몸"이라고 말하며 함께 작품 활동을 했다. 서로의 입에서 내쉰 숨만으로 호흡하는 등 신체를 한계까지 혹사한 작품이 많았고, 한 사람이 실수하거나 긴장을 풀면 다른 사람이 크게 다칠 수 있는 작품도 있었다. 그처럼 두 사람은 일심동체 같았지만, 결국 두 개의 머리에는 몸도 두 개 있었다.

"헤어졌죠. 울라이와 마리나는 만리장성의 양쪽 끝에서 출발해 중간 지점에서 만나는 작품을 만들었는데, 그게 둘의 마지막 작품이 되었어요."라고 준야 씨가 설명했다.

그가 말한 것은 「연인들: 만리장성을 걷다 The Lovers: the Great Wall Walk」(1988)라는 작품이다. 이 작품 또한 평범한 사람은 믿지 못할 만큼 규모가 거대한데, 마리나는 황해에서, 그리고 울라이는 고비 사막에서 출발해 각자 90일 동안 만리장성을 따라 2500킬로미터를 걸었다(매일 27킬로미터 넘게 걸은 것이다).

두 사람은 착실하게 2500킬로미터를 걸어 중국 내륙의 만리장성 중간 지점에서 재회했다. 그리고 시원하게 악수를 하며 농밀했던 자신들의 관계에 마침표를 찍었다. 역사상 가장 규모가 크고 역동적인 이별 방식이었다.

우리가 그런 이야기를 나누는 사이에 시계는 12시를 지났고, 기온도 조금 내려가 기분 좋게 잠들 수 있을 것 같았다. 나는 헐렁헐렁한 작업복을 입고 도넛 모양의 자석을 주머니에 넣었다. 묵직해진 작업복을 질질 끌듯이 계단을 올라 파란 방으로 들어갔다.

침대 안에 누우니 조용한 흥분에 휩싸였다.

드디어 이 순간이 왔어.

그건 그렇고, 푹푹 찌네. 작업복으로 둘러싸인 온몸에서 땀이 분출되었다. 방충망이 없어서 창문도 열 수 없었다.

더위는 금세 고문에 가까워졌다.

에잇, 하며 작업복을 벗어버렸다. 가능한 모범적인 참가자가 되고 싶었지만, 당장 잠드는 걸 우선할 수밖에 없었다. 하지만 그래도 여전히 더웠다. 하얀 쫄쫄이까지 벗어버리고 티셔츠와 짧은 반바지 차림이 되었다. 그제야 시원해져서 순식간에 잠들었다.

마리나의 불가사의한 파티

마리나는 왜 이렇게 손이 많이 가는 작품을 만들었을까. 그 이유가 「꿈의 집」 입구에 내걸린 패널에 쓰여 있다. 좀 길지만 흥미롭기에 인용한다.

내가 어린아이였던 시절, 꿈은 무척 소중한 것이었다. 때때로 꿈은 진짜 현실보다 훨씬 생생하고 선명했다. 총천연색 꿈을 꾸었다. 꿈을 꾸는 꿈도, 다른 꿈에서 깨어나는 꿈도 꾸었다. 하늘을 날아가는 꿈도 꾸었다. 가본 적 없는 곳을 방문하는 꿈도 꾸었다. 눈을 뜬 다음 꿈속의 모든 세세한 부분을 글로 적을 수 있었다.

나중에 현실에서 일어날 일을 꿈에서 본 적도 있다. 어떤 꿈은 몇 년 동안이나 되풀이해서 꾸었다. 그 꿈에는 무척 낡았지만 대단히 아름다운 집이 나왔다. 그 집에는 수많은 불빛이 항상 켜져 있고, 파티를 즐기는 사람들로 가득했다. 그 꿈을 꿀 때마다 나는 어딘가 다른 지역에서 그 집을 방문했다. 나는 그 집에 있는 모든 손님을 알고 있었다. 그들의 생활도, 이름도, 무슨 일을 하는지도 알고 있었다. 하지만 현실에서 그들은 전혀 모르는 사람들이었다. 몇 년 전부터 더 이상 그 꿈을 꾸지 않았다. 그러다 최근 다시 그 꿈을 꾸었다. 같은 집이었고, 불빛이 번쩍번쩍 화려했고, 같은 사람들이 파티를 즐기고 있었다. 유일한 차이점은 그들 모두의 머리카락이 잿빛이 되었다는 것이었다. 그들이 나이를 먹은 것이다. 나는 기가 막혔다. 꿈속에서도 나이가 드는 줄은 몰랐다.

어머니가 죽기 직전, 그것도 나는 꿈에서 알았다.

할머니의 부엌은 언제나 꿈을 이야기할 수 있는 장소였다. 그곳에서 할머니는 내게 꿈을 설명해주었다.

꿈에서 피를 보면 금방 좋은 소식이 찾아온다.

더러운 물에서 헤엄치면 병에 걸린다.

꿈에서 이가 빠지면 가족 중 누군가가 죽을 것이다, 등등.

서양 사회에서 사람들은 더 이상 꿈을 신경 쓰지 않는다. 우리는 더 이상 숙면을 취하지 못한다. 잠잘 수 있도록 약을 먹는다. 그리고 더 이상 꿈을 기억할 수 없게 되었다.

그래서 내게 「꿈의 집」을 세우는 것은 대단한 중요한 일이다. 사람들이 꿈을 꾸기 위해 찾는 장소.

— 마리나 아브라모비치, 『꿈의 책』 ·

눈을 떴다.

코앞에는 후텁지근하게 습한 어둠이 있었다. 선잠을 잤는지 금세 내가 「꿈의 집」에 있다는 사실을 떠올렸다. 2초 전까지 꿈을 꾸었던 것 같은데, 세세한 이미지의 파편은 모래시계의 모래처럼 눈썹 사이로 줄줄 새어 나갔다.

시간을 확인하니 새벽 2시 반으로 잠들고 딱 90분이 지나 있었다. 연구에 따르면 잠들고 처음 90분 동안은 뇌가 최소한으로 활동하여 거의 꿈을 꾸지 않는다고 한다. 나는 이제 본론이 시작되는 때에 눈을 뜨고 만 것이다.

화장실에 갔다가 다시 침대 속으로 들어갔다. 기분 좋은 졸음이 느껴졌다. '좋아, 이번에는.'이라며 눈을 감았다. 그 순간이었다.

지지지지지지.

· マリーナ·アブラモヴィッチ, 『夢の本』現代企画室 2012.

선풍기 소리처럼 커다랗게 귀에 거슬리는 날갯짓 소리가 들려왔다. 방 안 어딘가에 벌레가 있는 모양이었다. '아, 싫어. 뭐, 상관없나.' 다시 눈을 감았다. 그런데 30초 정도 지나 다시 지지지지… 하는 불쾌한 소리가 들려왔고, 2초 뒤에는 작은 물체가 유리창에 세게 부딪치는 소리가 났다.

탕!

아무래도 커다란 벌레는 밖으로 나가고 싶은 듯했다.

그 뒤에도 지지지지… 탕! 하는 소리가 몇 번이나 들렸다.

에잇, 벌레 따위에 신성한 수면을 방해당할까 보냐.

그놈이 방 안을 돌아다니는지 부스럭부스럭, 사사삭… 하는 소름 끼치는 소리까지 들렸다. 혹시 여러 마리가 동시다발적으로 활동하는 건가. 맞다, 아까 믿을 수 없을 만큼 커다란 꼽등이를 봤잖아. 혹시 그놈인가. 그렇게 생각하는 사이에도 지지지지… 탕! 하는 소리가 집요하게 반복되었다.

'야, 인마, 지금은 안 된다고. 좀 머리를 써라, 멍청이가.'라고 욕할 뻔했지만, 괜히 자극하고 싶지 않아서 '꽤나 도전 정신이 풍부하네요.'라고 정중하게 텔레파시를 보내보았다. '죄송하지만, 아침까지 도전을 미뤄주실 수 없을까요? 저는 도쿄에서 꿈을 꾸기 위해 여기까지 왔다고요.'

지지지지… 탕!

지지지지… 탕!

안타깝게도 주파수가 틀렸는지 텔레파시는 전혀 통하지 않았다.

지지지지… 탕!

진짜 뭐야, 의욕이 넘치는 놈이네. 제발 얼굴 위에 떨어지거나 부딪치지는 말아줘. 나는 얼굴 위에 수건을 얹었는데, 그러니 반대로 훤히 드러난 다리와 팔이 불안했다. 차라리 하얀 쫄쫄이를 다시 입는 게 숙면에 도움이 될까?

이제는 이 상황 자체가 악몽이었다. 차라리 이게 꿈이기를 바랐지만, 의심할 여지없이 현실이었다.

나는 어둠 속에서 관 같은 상자에 누워 마리나를 생각했다.

칼로 옷이 찢기고 총으로 관자놀이를 누르면서 여섯 시간이나 육체적·정신적 유린을 견뎌낸 여성. 그에 비하면 벌레 한 마리에 농락당하는 나는 얼마나 하찮은 인간이란 말인가. 왠지 초조함을 넘어서 우울해졌다.

나는 아예 다시 시작하자고 마음먹고 아래층의 거실로 대피했다. 한밤중의 시원한 바람이 불어와 풍경을 딸랑딸랑 울렸다. 바닥에 벌러덩 드러누웠다. 아, 진짜 하루가 길다. 맨바닥이 최고네. 5분 지나면 방에 돌아가자. 응, 그러자.

앗!

정신 차리고 보니 대자로 누워 자고 있었다.

시계를 보니 벌써 5시였다. 맙소사, 어처구니없게도 두 시간 가까이 자버린 것이었다. 심지어 완전히 숙면했는지 아무런 꿈도 꾸지 않았다.

큰일 났다, 큰일 났다, 큰일 났다, 큰일 났다, 큰일 났다, 큰일 났다.

계단을 뛰어 올라가서 관 속으로 뛰어들었다.

시간아, 돌아가! 수리수리마수리! 열려라, 참깨!

떠오르는 모든 주문을 외쳐봤지만, 볼탕스키가 말한 대로 인간은 시간의 흐름에 절대로 저항할 수 없다. 심지어 산 너머에서 태양이 얼굴을 내밀며 방 전체를 빛바랜 파란색으로 물들이기 시작했다.

한 번 더, 자는 거야.

단호하게 결의하며 굳게 눈을 감았다. 하지만 수면이라는 활동에는 자려고 노력하면 할수록 각성된다는 모순이 있다. 지금 필요한 건… 그래, 긴장을 푸는 거야. 몸에 힘을 빼고, 호흡을 일정하게 하고, 대수롭지 않은 딴생각을 하자. 그래, 초등학생 때 매일 오간 통학로를 생각해볼까. 라디오였나, 어딘가에서 "초등학생 때 통학하던 길을 생각하면 잠이 온다."라는 말을 듣고서 실천해봤는데 정말로 효과가 있었다. 엄마에게 인사하고, 신발을 신고, 현관문을 열고, 엘리베이터에 타서 1층 버튼을 누르고, 로비의 유리문을 열고, 서점의 셔터를 보면서 모퉁이를 왼쪽으로 돌고… 그래, 소방서가 보인다….

그 순간이었다.

지지지지… 탕!

말도 안 돼. 또?

하지 마, 하지 마. 부탁이야, 이제 나한테는 시간이 없다고.

이번에야말로 창밖으로 내쫓으려고 일어나서 녀석을 찾았다. 하지만 어디에도 없었다. 대체 뭐야. 맹렬하게 화가 치밀었다. 눈부신 아침 햇살이 들이치는 방 안은 점점 더 진한 파란색으로 물들었다. 분노로 부르르 떨면서 나는 녀석을 계속 찾았다….

용사들이 꿈을 꾼 뒤

다섯 시 반. 더 이상 티끌만큼도 졸리지 않았다.

다 끝났어….「꿈의 집」에서 꿈을 꾼다는 꿈은 무너지고, 현실과 꿈 사이를 오갔어야 하는 나는 그저 현실에 있을 뿐이었다.

농촌의 아침은 상쾌하네. 나는 정원에 나가 아침 해를 바라보며 모두 일어나기를 기다렸다.

삐걱삐걱, 삐걱삐걱.

계단으로 내려온 사람은 시라토리 씨였다. 그는 발밑을 확인하며 화장실로 갔다. 내가 일어나 있는 걸 모르는 듯해서 말을 걸려고 했는데, 화장실에서 나오자마자 무언가에 빨려 들어가듯이 사사삭 2층으로 돌아갔다. 또 자려는 걸까. 부럽네.

너무 심심해서 DVD로 「꿈의 집」 제작 과정을 담은 기록 영상 등을 보는데, 일곱 시가 넘어서 다시 폴로셔츠로 갈아입은 시라토리 씨가 나타났다. 시라토리 씨는 조용한 발걸음으로 사사삭 이동하여 어젯밤과 같은 부엌 구석에 앉았다. 어지간히 저 자리가 마음에 드는 모양이네.

"안녕."이라고 내가 말을 걸자, 얼굴을 이쪽으로 향하며 "아, 아리오 씨, 안녕."이라고 인사했다.

"안 더웠어?"

"응, 하나도 안 더웠어. 잘 잤어."

"차라도 마실래?"

"응, 마시고 싶다."

"지금 내릴게. 허브티가 있더라고."

티백을 주전자에 넣고 뜨거운 물을 부으니 예쁜 파란색이 퍼져 나갔다. 시라토리 씨는 손가락으로 통통 테이블을 두드렸다. 차를 마시다가 갑자기 생각났다.

"맞다. 시라토리 씨도 '꿈의 책'에 꿈을 적어야지."

"그러게."

"말해주면 내가 적을게."

나는 손에 펜을 쥐고 보라색 방에 있는 '꿈의 책'을 펼쳤다.

"그럼 시작할게."

"응."

다섯 시에 눈을 떴다. 아무래도 꿈은 꾸지 않은 것 같다. 자석의 둥근 영상이 머릿속에 남아 있는데, 그건 자석이 깨졌기 때문이겠지.

끝.

"응? 끝?"

"응, 끝."

"그럼 시라토리 겐지라고 적어둘게."

"아, 응."

그다음에 일어난 사람은 준야 씨였다. 상쾌한 표정이었다.

"잘 잤어요?"

"응, 푹 잤어요."

"꿈은 꿨어요?

"네, 꿨어요. 젊은 엄마와 초등학생 같은 소년, 그리고 물기를 전부 짜낸 배추절임. 이 세 가지 이미지가 스토리도 없이 그저 보였어요. 내가 어디 있는지도 알 수 없었고요."

물기를 전부 짜낸 절임이라는 수수께끼의 소품이 등장하는 건 그야말로 꿈다웠다. 다만, 스토리가 없으니 더 이상 파고들 여지도 없었다.

마지막은 마이티다. 마이티는 휘청휘청하는 발걸음으로 계단을 내려와 탁자 앞에 탈싹 앉았다. 자, 네가 마지막 타자야. 부디 홈런급으로 기상천외한 꿈을 꾸었다고 말해줘.

"꿈은 꿨어?"

"응, 뭔가 봤어. 음, 함께 여행한 네 사람이 강의를 기획하는 꿈."

강의. 이토록 현실감 넘치는 말이라니.

마이티는 '꿈의 책'에 달랑 한 줄만 쓰고는 아침밥을 준비하러 부엌으로 갔다.

나도 뒤를 따라가서 빵을 토스터에 넣으며 "어제 먹다 남은 튀김이랑 달걀말이가 있을 텐데."라고 말했다. 그러자 준야 씨가 "튀김은⋯ 아무래도 아니지 않을까요. 위에서 받아들이지 않을 것 같은데⋯."라고 해서 나도 "그렇죠."라고 맞장구치며 웃었다.

멀리서 여행을 와 수고스러운 수면 의식을 치렀는데, 누구도 대단한 꿈은 꾸지 못했다. 하늘을 날지도 않았고, 이빨이 빠지지도 않았고, 좀비도 절세 미녀도 세기의 발명도 없었다.

그럼에도 나는 이처럼 엉뚱한 현실을 사랑한다. 더할 나위 없이, 사랑한다.

"아침밥, 다 됐어!"라고 시라토리 씨에게 알렸다.

귓가에 맴도는 불쾌한 벌레 소리. 손에 든 것은 향기로운 빵. 허브티에서 피어오르는 김이 살짝 뜨겁다. 통통, 테이블을 두드리는 소리. 아침 바람이 불어와 풍경을 딸랑딸랑 흔든다. 친구들의 목소리는 하나같이 졸린 듯하다.

이 뚜렷한 세계의 감촉이 나를 이 순간과 묶어주어 내가 나로 있도록 해준다.

그것만으로 충분했다.

시계가 8시를 지나자 우리는 「꿈의 집」을 뒤로했다. 마지막으로 집 앞에서 기념사진을 찍었다.

100년 기다려주세요. 반드시 만나러 올 테니까.

『몽십야』의 남자는 100년 동안 계속 무덤 옆에서 기다리고, 두 사람은 끝내 재회한다. 그에 비해 만리장성에서 헤어진 마리나와 울라이는 다시 만날 약속을 하지 않았다. 하지만 그로부터 22년 뒤의 일이다.

2010년, 뉴욕 현대미술관에서 마리나의 대규모 회고전이 열렸다. 전시 기간 동안 마리나는 매일 여덟 시간씩 한 마디 말도 안 하고 가만히 의자에 앉아 있었다. 그리고 맞은편 의자에 관람객이 앉으면 그 사람과 그저 마주 보는 퍼포먼스를 펼쳤다.

마리나는 매일, 매시간, 누군가와 마주 보았다. 다음 날도, 그다음 날도.

그러던 어느 날, 마리나의 앞에 한 남성이 앉았다. 마리나는 감고 있던 눈을 천천히 떴다. 눈앞에 있는 사람은 머리에 백발이 섞인 마른 남성. 당시의 기록 영상을 보면 마리나의 눈동자에 살짝 동요가 스치는 걸 알 수 있다.

남성은 무언가 하고 싶은 말을 참는지 입술을 조금 일그러뜨리고 고개를 갸웃거리는 동작을 되풀이한다. 많은 의미가 담긴 듯한, 말로 표현할 수 없는 표정이다. 마주 앉은 마리나는 가만히 움직이지 않고, 아무 말도 하지 않는다. 하지만 눈이 그렁그렁하다. 그러다 마리나와 남자는 퍼포먼스의 금기를 깨고 서로 손을 뻗어 잡는다.

22년 동안 두 사람은 그날을 꿈꿨을까?

그건, 알 수 없다.

하얀 새가 있는 호수

시오야 료타

「태도(2015)」

2020년 12월의 어느 날. 날씨 맑음. 이바라키현 근대미술관.

마이티 이거 바지락 같지 않아?

아리오 뭐?

마이티 바지락 말이야, 바지락. 여긴 해감하다 보면 뿅 하고 나오는 부분.

아리오 바지락이라고 하면 작다고 생각할 것 같은데, 엄청 커. 으음, 바다코끼리? 한참 수영한 바다코끼리가 '아, 힘들다.' 하는 느낌이야.

마이티 음… 그럼 고양이?

시라토리 고양이?

거대한 입체 작품 앞에서 대화하는 세 사람을 두 남성이 카메라로 촬영했다. 한 사람은 전에 시라토리 씨의 프로필 사진을 찍어준 카메라맨 이치카와 가쓰히로. 다른 한 사람은 내 대학 시절 친구인 미요시 다이스케. 다이스케가 촬영하는 것은 영상이었다. 나와 다이스케는 함께 영화를 만들고 있었다.

갑자기 무슨 영화? 당신 작가 아냐? 그렇게 묻는다면 '죄송합니다. 어쩌다 보니 그렇게 됐습니다.'라고 답할 수밖에 없다.

시작은 「꿈의 집」이었다. 나는 니가타로 출발하기 직전에 다이스케에게 연락했다.

시라토리 씨라고 전맹인데 미술을 좋아하는 재미있는 사람이 있어. 이번에 함께 「꿈의 집」이라는 작품을 보러 가기로 했는데, 잠깐 영상 찍으러 와볼래?

언젠가 시라토리 씨와 함께한 경험을 책으로 냈을 때 5분 정도 되는 영상이라도 있으면 좋겠다는 가벼운 생각이었다.

예술은 인생을 바꿀 수 있을까?

다이스케와는 니혼대학교 예술학부에서 만났다. 필수 과목이던 영어 수업을 같이 들었는데 비교적 금세 친구가 되었다. 나는 초등학생 시절부터 내 나름 자그마한 영화를 만들었고, 언젠가 진짜 영화를 만들겠다고 뜨겁게 열망하며 대학교에 진학했다. 하지만 결국 변변한 영화 제작 기술도 배우지 않은 채 졸업하고 말았다. 그 뒤에는 미국으로 건너가 국제 협력의 세계로 들어갔고, 더 이상 영화와 엮일 일은 없었다. 그런 나와 반대로 다이스케는 대학에서 제대로 촬영·편집 기술을 익혔고 졸업 후에도 뮤직비디오, 다큐멘터리, 광고 영상 등을 제작하며 계속 영상 일을 해왔다. 특히 최근 10년 동안에는 전국 각지의 가정집에 잠들어 있는 8밀리미터 필름에 푹 빠져서 그런 필름들을 발굴해 한 편의 '지역 영화'를 만들어내는 수수한 활동을 계속해왔다. 나도 우연한 계기로 그 지역 영화 프로젝트를 돕게 되었고, 그 뒤로 이따금씩 만났다.

"니가타에 올래?"라고 그에게 제안한 이유는 다이스케라면 그 독특한 미술 감상 여행을 즐겨줄 것 같았기 때문이다.

그렇지만 다이스케는 전국을 다니며 수많은 영상 제작 프로젝트를 맡고 있기에 무척 바빴다. 「꿈의 집」에 갈 일정은 이미 정해져 있었기 때문에 밑져야 본전이라는 생각으로 제안했다. 그런데 무슨 기적인지 "그 이틀만 비어 있어. 좋아, 찍으러 갈게."라고 답하는 것이 아닌가.

"고마워. 다음에 맛있는 것 대접할게." 시작은 그처럼 가벼운 느낌이었다.

다이스케는 촬영 장비를 차에 싣고 니가타에 나타났다. 그는 말없이 우리가 도카마치역에 내려서는 순간부터 촬영하기 시작했다. 점심부터 시작해, 자동차 속, 「꿈의 집」에서 보낸 하룻밤, 다음 날에 방문한 「빛의 저택」, 도중에 들른 국숫집, 그리고 마지막으로 기요쓰 협곡에서 기념 촬영을 하고 손을 흔들며 "잘 가!"라고 해산하는 장면까지 모두 영상에 담겼다.

나는 '뭐지? 5분짜리 영상 때문에 이렇게 많이 찍는 거야?

힘들겠다!'라고 남 일처럼 여겼다. 나중에 들어보니 "뭘 찍으면 좋을지 몰라서 일단 전부 찍었어."라고 했다.

시라토리 씨는 카메라를 전혀 신경 쓰지 않고 평소와 같았지만, 마이티는 역시나 "미요시 씨는 이렇게 많이 찍어서 어쩌려는 걸까?"라고 물었다. 나는 "음, 그러게. 나중에 다이스케가 시라토리 씨를 취재해서 다큐멘터리라도 만들어주면 좋겠다."라고 더더욱 무책임한 말을 했다. 그때는 정말로 그렇게 생각했다. 맹세컨대 진짜로.

"예술이란 사람의 인생을 바꿀 수 있는 건가요?" —「마술사와의 산책」중에서

떠나지 않는 하얀 새들

가을이 되었고, 나는 어쩔 줄을 몰랐다.

슬슬 시라토리 씨와 함께한 감상 경험을 한 권의 책으로 정리하고 싶었다. 전하고 싶은 말이 잔뜩 있었고, 이미 꽤 많은 글을 써두었다. 그런데 무언가 결정적인 것이 부족하다는 느낌에 시달리며 막다른 길로 몰려 있었다. 부족한 건 무엇일까. 감상 경험의 질과 양일까, 대화의 깊이일까, 시라토리 씨의 말일

까, 조사와 사색일까, 책을 쓰기 위한 집중력일까. 무엇이 부족한지조차 알 수 없었다. 뭘 모르는지 모른다는 뫼비우스의 띠 같은 상황에서 무언가 덩그러니 비어 있다는 것만 묘하게 뚜렷했다.

생각해보면 전작을 출간하고 벌써 2년이나 지나 있었다. 글쓰기를 생업으로 삼은 인간이 그래도 괜찮을까? 아니, 전혀 괜찮지 않아. 스스로를 책망했다. 그럼 내가 초조했느냐 하면, 전혀 초조하지 않아서 더더욱 구제 불능이었다. 뭐라고 할까, 코로나 팬데믹이 시작된 뒤로 글쓰기에 필요한 기력이 계속 바닥에 머물러 있었다.

그러던 와중에 마침 동생 사치코에게서 연락이 왔다. 새로운 동영상 플랫폼 사이트가 만들어졌고, 제작·송신할 신규 영상 기획을 모집하고 있다는 것이었다. 기존 '극장'의 배리어 프리를 목표하는 온라인 극장이라고 했다.

"언니가 니가타에서 촬영한 영상을 여기서 발표하면 좋지 않을까?"

그게 뭐지. 좋을지도 모르겠는걸. 동생의 말은 글쓰기가 제자리걸음이던 내게 하늘에서 내려온 복음처럼 들렸다.

11월 중순, 다이스케와 역 앞의 식당에서 만났다. 가령 단편 작품을 만든다고 해도 관계자의 인터뷰 등 꽤 많은 추가 촬영이 필요했다. 공개 일정에 따르면 1월 말까지는 편집을 끝내야 했다. 일단 다이스케에게 앞으로 일정을 물어보니 그날부터 3월까지 전혀 여유가 없었다. 나 역시 정말로 집필을 멈춰도 괜찮을까 하는 생각이 언뜻 들었다. 하지만 대략 15분 정도 대화를 나눈 끝에 "해보자."라는 결론이 났다. '에잇, 어차피 나는 막다른 길에 몰려 있어. 일단 이 길로 나아가자. 망설이지 말고 가자. 가보면 알 거야.'라고 안토니오 이노키가 은퇴하며 남긴 말*을 떠올리며 시라토리 씨에게 전화를 걸었다. "저기, 영화를 만들어도 될까?"라고 물어보니 "나는 상관없는데."라고 답했다.

시라토리 씨의 친구와 지인, 미술관 관계자에게 새삼 연락을 취해 인터뷰를 부탁했다. 기왕에 영화를 만드니 또 어딘가에서 작품 감상을 하자는 이야기가 나왔고, 미토의 이바라키현 근대미술관에 가기로 했다. 센바호 옆에 있는, 녹청색 동판 지붕이 멋스러운 미술관이다.

센바호에는 백조가 서식하고 있다. 백조는 철새라서 보통 겨울에만 시베리아에서 일본으로 건너와 지내는데, 센바호에는 거의 1년 내내 백조 무리가 있다. 하지만 촬영 당일 아침에는 아쉽게도 전혀 눈에 띄지 않았다. "이상하다. 어딘가에 있을 텐

• 안토니오 이노키는 20세기에 활동한 일본의 전설적인 프로레슬러이자 정치인이다. 그는 프로레슬링에서 은퇴하며 "이 길로 나아가면 어떻게 될까. 의심하지 말라. 의심하면 길은 더 이상 없다. 앞으로 나아가면 그 한 발이 길이 되고, 또 한 발이 길이 된다. 망설이지 말고 가라. 가보면 알 것이다."라는 연설을 남겼다.

데."라고 카메라를 든 다이스케에게 말했다.

그러고 있는 사이에 마이티가 "우리 왔어."라며 시라토리 씨를 차에 태우고 도착했다.

"시라토리 씨, 안녕. 와, 오늘 옷은 웬일로 체크무늬네. 그것도 나랑 같은 노란색이야."

자동차에서 내린 시라토리 씨에게 인사하니 "아, 그래? 나는 고른 게 아니지만, 우연이네."라고 평소 같은 말투로 답했다. 마이티는 부드러운 소재로 만들어진 검정 원피스를 입고 있었다. 그 역시 평소와 같았다. 함께 미술관에 가는 것은 넉달 만이었다.

'6개의 개인전 2020'이라는 전시회에는 말 그대로 여섯 작가의 작품이 전시되어 있었는데, 유화로 시작해서 조각, 직물등 서로 다른 소재를 사용한 작품이 차례차례 등장했다.

말로 설명하기 쉬운 작품이 있는가 하면, 어려운 작품도 있었다. 그날도 마이티는 작품을 정면에서 마주하며 눈에 보이는 것, 머리에 떠오른 인상을 "이거 꽁치 같네."라는 등 전혀 정제하지 않고 말했다. 미술관 직원이면서 직감에만 기대어 발언하는 건 꽤 용기 있는 행동일 것이다. 실제로 마이티와 내가 말한 내용은 나중에 영상으로 본 사람이 '어이, 저렇게 되는대로 말해도 괜찮아? 생각이 너무 얄팍하잖아. 무례하네.'라고 생각할 가능성도 충분히 있다. 하지만 올바른 지식이 없어도 누구에게나 작품에 관해 자유롭게 이야기할 자격이 있다는 것이 마이티의 '감상관'이다. 그것은 열일곱 살부터 미술 감상을 해온 마이티의 신념으로 내가 영화에 담고 싶은 메시지 중 하나였다.

많은 작품 중에서 우리의 눈길을 사로잡고 '음? 뭐지? 뭐야?'라고 생각하게 만든 것은 시오야 료타의 「태도(2015)」였다.

존재감이 대단해서 '두두둥!'이라는 효과음이 어울릴 법한 그 작품은 전시실 한가운데에 자리 잡고 있었다. 여러 도자기 조각을 잇대어 붙인 입체 작품으로 매끄러운 형태와 질감에서 온기가 느껴졌다. 만져보고 싶었지만 당연히 참았다. 높이는 대략 1.6미터였고, 표면에는 다채로운 색으로 유기적인 무늬가 그려져 있었다.

곧바로 마이티가 "이거 바지락 같지 않아?"라고 해서 나는 "뭐?"라고 얼빠진 목소리를 냈다.

마이티 바지락 말이야, 바지락. 여긴 해감하다 보면 뿡 하고 나오는 부분.

시라토리 하하하, 모래 뱉는 거?

아리오 바지락이라고 하면 작다고 생각할 것 같은데, 엄청 커. 나는 전혀 바지락 같지 않은데. 으음, 바다코끼리? 한참

시오야 료타, 「태도(2015)」(2015) 167×163×211㎝

수영한 바다코끼리가 '아, 힘들다.' 하는 느낌이야. 아니다, 바다표범인가? 하지만 바다표범보다도 큰데. 역시 범고래나 바다코끼리일까. 알기 어려운 것만 예로 들었네. 범고래 같은 걸 볼 기회도 없는데.

시라토리　하하하하.

마이티　그런데 색은 초록색에 갈색에 다채롭네.

아리오　여기, 도자기 조각이 연결되는 부위가 대단해. 곡선으로 유기적인 형태야. 기와처럼 똑같은 모양이 아니라 하나하나가 이 작품을 위해 만들어졌어. 만져보면 기분 좋을 거 같아. 어린애가 있으면 눈 깜짝할 사이에 올라가서 놀 거야.

시라토리　그건 위험한데!

마이티　음… 그럼 고양이?

시라토리　고양이? 어떤 고양이?

아리오　그러게… 고양이? 오그라든 느낌이 있어. 무언가 동물이 둥글게 웅크린 느낌.

마이티　하지만 제대로 웅크리지는 않은….

작품 주위를 한 바퀴 돌아보았다. 다른 각도에서 보니 겉모습과 인상이 또 달라져서 마이티는 "봐, 산 같아. 우뚝 솟은 산!"이라고 말했다.

뭐? 산…? 아니, 그런데 듣고 보니 산 같기도 하네.

아리오 산이라면, 엄청 높은 산이네. 후지산처럼 완만한 산이 아니라 에베레스트의 정상 부근 같아.

시라토리 하하하, 재미있네! 참고로 작품 제목은 뭐야?

마이티 어디 보자. 태도라.

아리오 이거 말이야. 난로 앞에서 이불을 뒤집어쓰고 '추워!' 하는 순간이랑 비슷하지 않아?

마이티 얼굴만 내밀고? 아니면 두 사람이 같은 옷을 뒤집어쓰고 하는 연극일지도 모르겠어.

아리오 그런가. 나는 이불을 뒤집어쓴 사람 같아. 그게 가장 납득이 가.

천천히 시간을 들여서 전시회를 돌아본 우리는 센바호 주변을 산책하며 백조들을 찾았다. 호수 가장자리까지 가보니 '오, 저기 있다!' 백조들이 슬슬 헤엄치고 있었다. 호수 건너편에는 미토 예술관의 탑도 보였다. 꽤 먼 곳인데 시라토리 씨는 이곳까지 산책하는 날도 있다고 했다. 호숫가의 길에 "백조 횡단 주의"라고 쓰인 팻말이 있었는데, 재미있어서 사진으로 남겼다.•

이튿날에는 영화 제작을 위해 「태도(2015)」를 보며 나눈 우리들의 대화를 들어보았다. 음성만 들어보니 세상에, 그야말로

• 시라토리 겐지(白鳥 建二)의 성은 백조(白鳥)와 같은 한자를 쓴다. 그래서 저자에게는 팻말이 "시라토리 횡단 주의"라고 읽히기도 한 것이다.

지리멸렬한 대화였다. '이걸 듣고 작품을 제대로 상상할 수 있는 사람이 있다면 제1회 상상력 선수권에서 우승할 거야.'라고 생각했다.

아, 그렇구나. 생각해보니 우리가 작품에 관해 제대로 전달하지 못하는 모습까지 영상에 또렷이 남겠구나. 아이고야.

앞서도 적었지만 시라토리 씨에게는 눈이 보이는 사람이 머릿속으로 그리는 듯한 색과 형태가 떠오르지 않는다. 그래서 우리가 함께 작품을 감상하는 목적은 이미지를 공유하고, 정답에 다다르는 것이 아니다. 그건 충분히 알고 있지만, 평소 독자를 향해 글을 쓰는 것이 생업인 내가 그리는 이상과 동떨어진 현실의 나를 직접 확인하니 한숨이 나왔다. 그런 반면 영화 제작자로서 객관적으로 보면 꽤 흥미로운 대화를 찍었다는 생각도 들었다. 내 마음속은 실로 양가감정 상태였던 것이다.

형광등을 끈 방에서

이튿날에는 처음으로 시라토리 씨의 집을 방문했다.

거실의 컴퓨터에서는 초고속으로 책을 읽는 음성이 흘러나오고 있었다. 음성으로 조작하기 때문에 모니터는 필요 없었고, 키보드만 전자레인지 위에 있었다. 발밑을 보니 가위가 바닥 가장자리에 놓여 있었다. 바닥에 떨어진 게 아니라 제대로 잘 놓여 있는 느낌이었다. 시라토리 씨에게는 제자리인 걸까.

커다란 책장에는 유코 씨의 책이 가득 꽂혀 있었다. 냉장고 문에는 신문과 잡지에서 오려낸 레시피들이 붙어 있었다. 두 사람은 쉬는 날에 대체로 함께 술을 마시며 대화를 한다고 했다. 그 집에는 눈이 보이는 사람과 보이지 않는 사람의 공동생활이 있었다.

이윽고 시라토리 씨는 빨래를 개기 시작했다. 손끝으로 빨래의 끄트머리를 확인하고, 정성스레 갰다. 우리는 기척을 감추고 그 조용한 시간을 지켜보았다. 그런데 뭐지? 얼마 지나지 않아 갑자기 무언가 어색하게 느껴졌다.

아, 그렇구나. 거실을 밝히고 있는 형광등이다.

"저기, 시라토리 씨. 집에서 항상 불을 켜고 지내?"

"아, 아니."

"그럼 평소대로 부탁해요."

형광등을 꺼달라고 하고 촬영을 재개했다. 집 안이 어둑어둑해졌지만, 커튼 사이로 햇빛의 기운이 감돌아서 예뻤다. 그때 딩동, 하고 초인종이 울렸다.

"아, 가요."

빨래를 개던 손을 멈추고 현관으로 향하는 시라토리 씨.

"아사히신문입니다. 구독료를 받으러 왔어요."

시라토리 씨는 익숙한 손놀림으로 현관에 불을 켜고, 돈을 지불하고, 수금원이 돌아가자 다시 불을 껐다. 달칵, 하는 소리와 함께 다시 방 안이 어둑어둑한 공간으로 돌아갔다.

산책도 따라갔다. 흰지팡이와 카메라를 손에 든 시라토리 씨가 거침없이 걸어갔다. 근처의 초등학교 앞을 지나치는데, 아이들이 생각해낸 표어가 담장에 붙어 있었다.

찾아보자 사람의 좋은 점 빛나는 점
지지 마요 언제나 당신을 보고 있어요

시라토리 씨는 왼손에 든 카메라로 그 '다시 읽지 않을 일기'를 기록하기 시작했다. 꽤 자주 셔터를 눌렀다. 과연 사진이 40만 장이나 쌓일 법했다.

그렇게 시라토리 씨를 따라다니다 보니 평소보다 뚜렷하게 길거리의 소리가 귀에 날아들었다. 신호등의 청신호를 알리며 삑삑거리는 전자음, 슈퍼마켓의 세일 상품을 알리는 안내, 도로 공사, 가게에서 흘러나오는 크리스마스 캐럴, 옆에서 걷는 사람들의 대화. 이렇게 많은 소리가 나고 있었다니.

거리는 사람들의 활동으로 약동하며, 웅성거리고 있었다.

다시 센바호 근처의 공원으로 돌아가 시라토리 씨의 인터뷰를 촬영했다. 첫 미술관 데이트에서 보았던 다빈치의 수고와 호수로 보이는 들판 등 지금까지 여러 번 들었던 이야기들이었지만, 역시 재미있었다.

인터뷰가 후반에 접어들자 시라토리 씨가 불현듯 말했다.

"아까 걸으면서 생각했어. 최근에는 혼자 집에 있을 때 불을 끄는데, 전에는 켰구나 하고."

"응?"

"그러니까 몇 년 전까지는 방에 불을 켰어. 혼자 있을 때도."

"그랬구나. 왜?"

"분명히 의도했던 건 아닌데, 전에는 눈이 보이지 않지만 나는 여기에 확실히 있다는 걸 어필했어. '전맹이지만 똑같이 생활하고 있어.' 하는 느낌이었지. 하지만 최근에는 '전맹이 불을 켜지 않는 게 당연하잖아, 그래도 상관없잖아.'라고 생각이 바뀌었어. 뭔가 그런 부분에서도 마음이 단단해졌구나 싶어."

"그 전까지는 다른 사람들과 같아져야 한다는 마음이 어딘가에 있었던 걸까?"

"응, 그렇지. 하지만 이제는 됐다고."

처음 듣는 이야기였다.

혹시 시라토리 씨가 전에 이야기했던 '자신이 존재한다는 감각이 희박한 것'과도 관계가 있을까. 존재감의 희박함을 신경

썼기 때문에 밖을 향해 불을 켜고 '지금 나는 여기에 있다'고 전해야 했는지도 모른다. 집에서 새어 나오는 불빛에는 방을 밝히는 것 외에 다른 의미가 있었다. 그런 가능성을 상상해본 적도 없던 나는 가슴이 꽉 답답했다.

그러고 보면 나 역시 자신의 존재가 희박하다고 느낀 순간이 있다. 서른두 살에 혼자 파리로 이사한 날 밤, 거리에서 지나치는 수많은 사람을 단 한 사람도 모른다고, 저 사람들이 하는 말을 전혀 모른다고 깨달은 순간, 정신이 아득해졌다. 나는 오늘부터 이곳에서 살아가려 하는데, 지금 이 순간 내가 사라진다 해도 알아채는 사람은 전혀 없겠지.

그건 미묘한 느낌이었다. 불안과도 비슷했지만, 그것만은 아니었다. 내가 누구도 인식하지 못하고, 그와 동시에 누구도 나를 인식하지 못하는 것 때문에 내가 투명해지고 존재하지 않는 듯이 느껴졌다. 그때 나는 인터넷 카페에 들어가 영어로 일본어 발음을 쓰며 일본에 있는 친구와 가족에게 메일을 보냈다. 지금 돌이켜보면 '나는 지금 여기에 있다'고 어필하지 않고는 견딜 수 없었던 것 같다.

그 뒤로 많은 사람들과 만나고 인간관계를 맺으면서 내가 투명한 듯한 느낌은 사라졌다. 그처럼 시라토리 씨도 언젠가부터 형광등을 켜지 않아도 괜찮게 된 것일까. 그건 순수하게 축하할 만한 일이다. 그래도 계속 상상해야 한다. 지금 이 순간에도 '나는 여기에 있다'고 전하고 싶어도 전하지 못하는 사람이 있다는 사실을.

슬슬 인터뷰도 거의 끝날 무렵, 지금까지 묻고 싶었지만 묻지 못했던 질문도 큰맘 먹고 물어보았다.

"매우 묻기 어려운 질문인데, 물어봐도 될까요? 저, 앞으로 의료 기술이 발전해서 수술 등으로 당신의 눈을 보이게 할 수 있다면, 그렇게 하고 싶나요?"

예전에 그런 사람의 이야기를 『46년째의 빛: 시력을 되찾은 남자의 기적 같은 인생』이라는 책에서 읽은 적이 있다. 그 사람은 세 살에 사고를 당해 시력을 잃었지만, 마흔여섯 살에 줄기세포 이식 수술로 시력을 되찾았다. 아직 전 세계에서 손에 꼽을 만큼 희귀한 사례지만, 현대 의료 기술의 놀라운 발전에는 틀림없이 그런 가능성도 있다.

내 질문에 시라토리 씨는 바로 답했다.

"나는 그러기 싫어. 어렸을 때부터 눈이 보이지 않는 채로 살아왔는데, 이제 와서 보이면 오히려 더 큰일이잖아!"

그 말은 내가 막연하게나마 예상했던 답이라서 "그렇구나."

• ロバート・カーソン(著), 池村 千秋(譯), 『46年目の光: 視力を取り戻した男の奇跡の人生』NTT出版 2009. (한국어판: 로버트 커슨 지음, 김희진 옮김, 『기꺼이 길을 잃어라: 시각장애인 마이크 메이의 빛을 향한 모험과 도전』 열음사 2008, 절판.)

라고 맞장구를 쳤다.

"(눈이) 보이면 좋은 것도 있겠지만, 기왕에 보이게 된다면 어릴 때부터 다시 시작하고 싶어. 그런데 지금부터 볼 수 있다고, 그걸 선택할 수 있다고 하면 과연 어떻게 하려나? 보이는 걸 선택하지는 않을 것 같아."

나는 고개를 끄덕였다. 그는 우연히 주어진 몸을 받아들이고 이 세계에서 지금을 즐기고 있다.

미술과 만나서 편해졌다

미토에서 촬영하는 마지막 날, 미토 예술관 현대미술센터의 모리야마 준코 씨를 인터뷰할 수 있었다. 그날도 모리야마 씨는 별로 시간이 없었지만, 다음 일정 직전까지 시라토리 씨와 첫 만남부터 그동안 있었던 일을 이야기해주었다.

앞서도 적었지만 모리야마 씨는 처음 시라토리 씨와 함께 미술품을 관람한 다음 '오늘 했던 걸로 충분했을까?'라고 의구심을 품었다. 그리고 1년 뒤에 참가한 워크숍에서 우연히 시라토리 씨와 다시 만났고, 시라토리 씨와 함께 연수와 워크숍 등을 기획하게 되었다. 그로부터 머지않아 시라토리 씨는 미토로 이주했다. 그들이 기획한 연수와 워크숍은 미토 예술관에서 매년 개최되는 '시각장애인과 함께하는 감상 투어, 세션session!'이라는 결실을 맺었다. 시라토리 씨와 작품을 보는 건 20년 넘게 지난 지금도 여전히 재미있다고 모리야마 씨는 싱글거리며 말했다.

"함께 감상하는 건 시라토리 씨에게 즐거움을 주겠지만, 눈이 보이는 우리도 그 활동에서 수많은 것을 배웠어요. 미토 예술관 내부에도 변화가 일어났고요."

모리야마 씨의 따뜻하고 온화한 목소리에는 함께 있는 사람을 안심시키는 힘이 있다.

"미술관에는 자원봉사를 하는 분들도 많이 계신데, 그런 활동을 접하면서 자원봉사자는 물론 작품을 관리하는 직원들도 이런저런 상황에 익숙해졌어요. 지금은 장애가 있는 분이 미술관에 오셔도 모두 자연스럽게 안내할 수 있다고 생각해요."

시간이 지나서 돌이켜보면, 시라토리 씨가 미술과 만나서 일어난 변화는 결코 그 개인에게만 머무르지 않았다. 시라토리 겐지라는 존재와 만난 사람들의 의식과 인생 역시 변했고, 고요한 호수에 일어난 파문처럼 변화는 소리 없이 멀리 퍼져 나갔다.

"이런 활동을 경험하고 분명히 말할 수 있는 건 바로 제가 편해졌다는 거예요. 세상에는 다양한 사람들이 존재하고, 어떤 상황에서도 해낼 수 있다고요."라고 모리야마 씨는 말했다.

'미술과 만나고 편해졌다'는 말을 최근 2년 동안 여러 차례 들어왔다. 마이티도, 시라토리 씨도, 그리고 나도 시작을 파고들면 '여기가 아닌 어딘가'를 찾아 미술관으로 도망친 것이다. 우리는 자신을 옭아매는 상식이나 여성, 맹인, 고등학생, 사회인의 스테레오타입이 되라는 강요에서 자유로워지고 싶었다. 그래서 집, 학교, 직장에서 뛰쳐나갔을 때 우연히 그곳에 미술관이 있었다.

모리야마 씨의 말을 들으면서 앞으로 만들 영화는 '전맹 미술 감상자'뿐 아니라 미술의 깊고 넓은 품속으로 들어간 사람들의 이야기이기도 하다고 생각했다.

시간이 조금 남아서 잡담을 섞으며 계속 이야기를 나누는데, 모리야마 씨가 불현듯 "실은 제 딸이 다운증후군인데…."라고 말을 꺼냈다.

나는 내 목소리가 영상에 담기지 않도록 말없이 고개를 끄덕였다.

"요즘은 출생 전 검사로 배 속에 있을 때 이상을 발견하면 낳지 않겠다고 선택할 수 있잖아요. 저는 그런 검사를 하겠느냐고 질문을 받았을 때 안 하겠다고 했어요. 칭찬받을 일은 아니고, 나는 낳을까 말까 하는 중요한 일을 2주 안에 결정하지 못한다는 소극적인 이유였죠. 하지만 그때 제가 별로 망설이지 않고 선택했던 이유는 시라토리 씨를 비롯해 장애가 있는 사람들과 만나왔기 때문이기도 하다고 나중에 생각했어요. 태어난 딸이 다운증후군이라는 걸 알고는 깜짝 놀랐지만, 그다지 동요하지 않고 자연스레 그 사실을 받아들였어요. 그럴 수 있었던 건 제가 그동안 다양한 사람들과 함께했던 활동 덕분이라고 생각해요."

그리고 모리야마 씨는 "또 딸의 존재에서 얻은 것도 무척 많아요. 제가 지금 안정되게 이 일을 할 수 있는 건 딸 덕분이기도 해요. 그 아이는 자신이 아는 많지 않은 어휘로 무척 아름다운 말을 저에게 전해주는데, 그 말들이 제가 괴로운 상황과 직면했을 때 여러 번 힘을 주었어요."라고 했다.

방금 전의 "제가 편해졌다"는 말에 설마 이런 뜻이 있었을 줄이야. 정신이 번쩍 들었다. 모리야마 씨와 딸이 함께한 인생의 시간과 내가 답을 찾지 못하고 계속 고민해왔던 의문이 갑자기 교차하며 눈앞을 빠르게 스쳐가려 했다. 인생에서 우리 앞에 홀연히 출현하는 수많은 갈림길. 그 앞을 걸어간 사람이 눈앞에 있었다.

기다려, 조금만 더 기다려줘. 아아, 모리야마 씨와 인터뷰할 시간은 이제 거의 남지 않았는데. 모리야마 씨가 딸과 함께한 시간의 끄트머리라도 붙잡아 내 속에 담고 싶었다.

"따님은 지금 몇 살인가요?"라고 물어보았다.

"이제 곧 스물이에요."

그렇게 말하는 모리야마 씨의 얼굴이 확 밝아졌다. 사람이 사랑하는 존재를 이야기할 때 짓는, 기뻐서 어쩔 줄을 모르는 최고의 미소였다. 저 표정을 이 세계의 사람들에게 보여주고 싶었다. 카메라는 계속 촬영 중이었다.

미토를 벗어나 신칸센을 타고 하마마쓰로 이동하여 시라토리 씨의 친구인 호시노 마사하루 씨를 찾아갔다. 앞서 적었듯 호시노 씨는 시라토리 씨에게 인생의 전환점이 된 '눈이 보이지 않는 사람과 보기 위한 워크숍: 두 사람이 볼 때 비로소 알 수 있는 것'(도쿄도 미술관, 1999)의 기획에 관여했고, 그 뒤로도 MAR의 주요 멤버로 수많은 작품을 시라토리 씨와 함께 봐왔다.

드레드 헤어에 니트 모자를 쓴 호시노 씨는 산기슭에 있는 공방 앞에서 담배를 피우며 우리를 기다리고 있었다.

"어? 뭐야, 알리오뿐이네. 겐은 오지 않았구나."

그는 나를 알리오라고 부른다. 파스타 중에 '알리오 올리오'와 같은 발음이다.

"저만 와서 죄송한데요."

호시노 씨는 "뭐, 괜찮아. 일단 맛있는 차부터 줄게요."라며 차를 내려주었다. 둥그런 난로가 작게 칙칙 소리를 내며 넓은 공방을 따뜻하게 해주었다. 호시노 씨는 커다란 잔에 담긴 차를 마시면서 기분 좋게 말했다.

"최근에는 사람이랑 소통한 적이 별로 없어요. 그런 시대니까. 회의 같은 것도 말이야, 화상전화로 하면 된다고, 앞으로 일도 8할은 원격으로 부탁한다고 들으면 이게 2020년의 끄트머리, 2021년의 새로운 풍경인가 싶어서 웃기지도 않는다니까요."

에둘러 말했지만, 아무튼 호시노 씨는 우리가 방문해서 기쁜 모양이었다. 그는 한동안 잡담을 하다가 갑자기 촬영 중이라는 사실이 생각났는지 시라토리 씨에 관해 이야기하기 시작했다.

"그래, 겐 말이지. 겐은 말이야. 데이트로 다빈치의 그림을 보고는… 하는 식으로 맨날 말하잖아요? 하지만 그 '시작의 시작'을 밝혀내려면 왜 겐은 혼자서 미술관 같은 곳을 갔을까, 하는 걸 생각해야 해. 그 질문에 그의 종교관, 사고방식이 전부 담겨 있어요."

어? 거기에?

새삼 질문을 들어도 나는 시라토리 씨가 미술관에 가기 시작한 이유로 '데이트에서 다빈치를 보았다.' 외에는 생각나는 게 없었다.

호시노 씨는 그 '시작의 시작'을 밝히기 위해 20여 년 전 두 사람이 만나고 얼마 지나지 않았을 때의 일을 이야기했다.

"당시 겐한테 맹학교의 수업은 어떤 것이냐는 둥 이것저것 물어봤어요. 그러다 '젠, 영상이란 걸 알아?'라든가 '지금 손에 들고 있는 사과가 어제 묵은 호텔보다 커.'라는 이야기도 했고. 그러면 젠은 '뭐? 어제 우리가 묵은 곳은 6층짜리 호텔인데? 사과가 호텔보다 크다니 무슨 말이야? 어?'라고 했죠."

사과가 호텔보다 크다고? 나도 잘 소화할 수 없는 이야기라 "무슨 말이에요?"라고 되물었다.

"내가 말했지. '아니, 무슨 소리냐면 원근법이라는 게 있거든. 아무리 큰 건물도 멀리 있으면 손에 든 작은 물건 뒤로 숨어버리는 거야.'라고."

아, 그렇군. 원근법을 말한 거구나.

"젠은 '어? 숨어버리는 게 뭐야? 알지만, 모르겠어.'라고 했어요. 젠이 말한 '알지만, 모르겠어.'라는 상태는 사람이 어릴 때 경험하는 모든 일에 해당하는 거예요. 왜 하늘은 파래? 왜 소금은 짜? 그런 거지. 젠은 '그 불가사의함을 모른 채 나는 여기 있는 거네.'라고 했어요."

불가사의함을 모른다.

호시노 씨의 통찰은 대단했다. 그랬다. 시라토리 씨는 언제나 알기 어려운 것, 혼란스러운 것, 정답이 없는 의문을 사랑한다. 그리고 그에 관해서 상반되는 관점과 의견을 알고 싶어한다. 그랬던 것인가. 왜 사람은 무언가를 불가사의하게 여기는 가. 불가사의함 자체를 이해하지 못한다는 것이 시라토리 씨가 하는 미술 감상의 원천, 즉 '시작의 시작'일지도 모른다.

스물한 살까지 거의 맹학교에서 살아온 시라토리 씨. 그는 맹인 사회밖에 모르는 채 괜찮을까 의문을 품고 굳이 멀리 떨어진 아이치의 대학교로 진학했다. 틀림없이 시라토리 씨는 자신을 둘러싼 세계, 손댈 수 없는 것, 나아가 볼 수 없는 것도 포함한 이 세상 전부를 자신의 감각으로 이리저리 만지작거리고 싶었던 것이다. 그래서 '미술관'이라는 전맹인 사람과 가장 동떨어진 듯한 또 다른 세계로 일부러 건너가 최단 경로 안내 따위는 무시하고 모든 역에 정차하는 여행을 계속해왔다. 호시노 씨는 이어서 말했다.

"언젠가부터 갑자기 시각장애인이 걷는 판(점자 블록)이 모든 역에 깔렸잖아요. 모든 공항에도 깔리고, 지하도에도 깔리고. 그런데 시각장애인들이 흰지팡이를 지니고 '오, 더 갈 수 있네.'라고 탕탕 짚으면서 걸어가다 보면 무언가에 쿵 부딪쳐. '어? 뭐야?'라면서 보면 그 판 위에 자전거가 떡하니 세워져 있고. '뭐야, 이거. 이런 걸 두다니 너무하네.'라고 하지만, 다들 '역 앞에 자전거 주차장 비싸다고!'라거나 '잠깐 5분 정도니까.'라면서 제각각 길을 가로막은 이유를 대죠. 하지만 겐도 나도, 판 위에 뭐가 있든 딱히 개의치 않는 쪽이야. 그런 놈들의 난폭

함에 우리는 주눅 들지 않아. 왜냐면 우리가 걷는 길은 그 판위만이 아니니까! 어디든 갈 수 있어. 도와주는 사람이 없어도 전철에 탈 수 있어. 돈이 없어도 JR 정액권만 있으면 어디든 갈 수 있다고."

나는 말없이 고개를 끄덕였다. 호시노 씨는 한입 가득 찹쌀떡을 먹으며 계속 이야기했다.

"그런데 그렇게 밖에 나간 사이에 겐은 만취해서 곤드라져요! 나는 '참, 바보다.' 하지. 그래도 나는 그런 겐이 사랑스러워. 뭐라고 하면 좋을까. 인간인 거지. 그 엉망진창인 인간이 나는 너무 부러워!"

호시노 씨는 찹쌀떡을 하나 더 덥석 물고 호쾌하게 "와하하하!" 웃었다. 우리도 그를 따라 크게 웃었다.

호시노 씨의 부드러운 마음, 끝없이 이어지는 지평선 같은 감각과 접한 탓일까, 이야기를 듣다가 갑자기 눈에 눈물이 고였다. '어, 나 왜 이러지?'라고 생각했을 때는 이미 눈물을 멈출 수 없었다. 지금까지 수많은 사람들을 인터뷰해왔지만, 이런 일은 좀처럼 일어나지 않는다. 나와 그 사이의 공기가 팽팽하게 긴장한 채 떨려서 피부가 아플 정도였다. 아아, 이래서 호시노 씨와 시라토리 씨는 친구가 되었구나.

두 시간 넘게 이야기를 듣고 공방을 뒤로했다. 촬영은 이걸로 끝. 하마마쓰역에서 헤어진 다이스케는 곧장 자신의 집이 있는 마쓰모토로 돌아갔고, 나는 며칠 만에 도쿄로 돌아왔다. 12월이 벌써 코앞이었다.

돌아가는 신칸센에서 나는 계속 스스로에게 질문했다.

나는 어째서 시라토리 씨와 함께 계속 작품을 보았을까?

처음에는 작품의 구석구석을 언어화하는 과정에서 내 눈의 '해상도'가 올라가는 듯한 느낌이 들었다. 그리고 눈이 보이지 않는 시라토리 씨와 내가 '서로가 서로를 위한 보조장치가 된 것 같아서 재미있다.'라고 생각했다. 좀처럼 없는 기회이니 함께 더 작품을 보면 새로운 발견이 있을 것 같았다.

실제로 많은 것을 발견했다.

우리는 시라토리 씨의 보이지 않는 눈을 통해 평소에는 안 보이는 것, 한순간에 사라져버리는 많은 것을 발견했다. 하염 없이 흘러가는 시간, 끊임없이 흔들리는 기억, 죽음의 순간, 차별과 우생 사상, 역사에서 지워진 목소리, 불상의 시선, 망각되는 꿈….

그 느긋한 여행의 도중에 많은 사람들이 시라토리 씨와 함께하는 미술 감상이라는 버스에 올라타 흘러가는 풍경을 같이 지켜보았다.

그 버스 여행에서 느낀 기분을 노래에 비유하면 「오 샹젤리 제」다.

모두에게 마음을 열고 길을 걷고 있었어

누구에게든 '안녕!' 인사하고 싶었지

그 사람이 당신이었고 나는 당신에게 말을 걸었어

대화만으로 충분했어

당신과 친해지는 데에는

샹젤리제 거리에는 샹젤리제 거리에는

맑은 날에도 비 오는 날에도

정오든 자정이든

당신이 원하는 모든 게 있어

샹젤리제 거리에는

우리는 다른 누구도 될 수 없다

촬영을 끝낸 다음 날부터 나는 처음부터 끝까지 녹음한 인터뷰를 듣고 모든 내용을 글로 옮겼다. 그 기록에 기초해서 영화의 구성을 생각했다. 내 작업 방식이 올바른지는 몰랐다. 하지만 오랫동안 글을 표현 수단으로 삼아온 나는 그 방법밖에 떠올리지 못했다. 나는 연말까지 간신히 구성안을 정리하고, 마이티와 함께 새해를 맞이했다. 연초의 연휴 동안 다이스케가 일단 내가 짠 구성안대로 한 편의 영상을 만들었다. 내가 의도

한 것은 약 30분짜리 단편이었는데, "아직 너무 길어."라는 말
에 확인해보았다가 '으웩.' 하고 말았다. 미련하게 길고 변변찮
은 영상이 눈앞에 있었다. '으음, 영상과 글은 넣을 수 있는 말
과 보여주는 방식이 전혀 다르구나.' 그제야 이해한 나는 연휴
내내 무엇을 넣고 무엇을 뺄지 고민했다.

새삼 촬영한 영상을 다시 보다가 그때껏 전혀 눈치채지 못
했던 것도 알게 되었다. 이를테면 「꿈의 집」에서 자고 일어난
아침에 촬영한 영상. 준야 씨와 마이티 등 네 사람이 각자 '꿈
의 책'에 어떤 꿈을 꾸었는지 적고 아침 준비를 시작할 무렵이
었다. 나와 준야 씨가 "어제 먹다 남은 튀김이랑 달걀말이가 있
었을 텐데." "튀김은 위에서 받아들이지 않을 것 같은데…."라
고 대수롭지 않은 대화를 나누며 웃고 있었다. 카메라는 나와
준야 씨의 음성을 녹음하는 동시에 시라토리 씨의 표정을 크게
잡았다. 그때 대화를 듣던 시라토리 씨가 눈을 가늘게 뜨며 갑
자기 키득키득 웃었다.

아, 우리 대화를 듣고 있었구나. 그래서 웃은 거야. 그 장면
을 보니 가슴이 꾹 답답해졌다. 시라토리 씨는 어린 시절 종종
가족들과 텔레비전으로 예능 프로그램을 보았다고 했다. 자신
은 눈이 보이지 않아 언제 웃어야 할지 알 수 없었지만 "그래도
다들 웃을 때는 아무튼 함께 웃었어. 그러면 나도 즐거워졌거

든."이라고 시라토리 씨는 말했다.

시라토리 씨는 그처럼 항상 다른 사람들과 함께 웃었을 것이다. 그건 다이스케가 아침부터 밤까지 촬영하지 않았다면 영원히 볼 수 없었을 조용하고 사랑스러운 미소였다.

미술관, 미토의 거리, 시라토리 씨의 집, 슈퍼마켓, 카페, 미토 예술관, 센바호, 호시노 씨의 공방, 찻집, 니가타로 다녀온 여행…. 거듭거듭 같은 영상을 보았다.

나는 보통 녹음한 인터뷰를 글로 옮기고 나면 웬만한 일이 없는 이상 다시 듣지 않는다. 하지만 영상 편집에서는 몇 번이고 같은 장면을 다시 봐야 했다. 그러는 사이에 대화와 말뿐 아니라 미약한 표정의 변화, 호흡의 간격, 손가락의 움직임, 불어오는 바람, 머리 위의 새, 홍차의 김까지 마치 지금 그 자리에 있는 것처럼 느껴졌다. 그런 요소들이 말이라는 것을 그 이상의 실체를 지닌 다른 존재로 바꿔주었다. 그야말로 시라토리 씨가 가상 감상으로는 알 수 없다고 한 부분들이었다.

다른 영상에서는 나와 시라토리 씨가 찻집에서 차를 마시며 잡담을 했다. 한겨울인데 따뜻한 날이었다. 나는 아이스커피, 시라토리 씨는 홍차를 마시면서 "멍하니 있는 시간이 좋아."라는 이야기를 했다.

사실 나는 생활기록부에 "항상 멍하니 있습니다."라고 적혀 있을 만큼 흐리멍덩한 아이였다. 머릿속에 떠오르는 풍경과 생각, 공상에 몸을 맡기면 시간이 흘러갔다. 어느 날, 우연한 계기로 어린 시절 공상만 했던 이유를 알았다. 내 부모님은 집에서 끊임없이 싸웠는데, 계속 공상의 세계로 피신해 있으면 듣기 싫은 대화를 신경 쓰지 않을 수 있었던 것이다. 시라토리 씨도 어린 시절부터 공상이 특기였다고 했다. 시라토리 씨는 "어렸을 때는 다른 사람이랑 별로 얘기를 안 했어."라고 했으니, 공상이 특기가 되는 게 당연했다. 공상하길 좋아한다는 점은 우리 두 사람의 공통점이었다.

(찻집에서 촬영한 장면)

시라토리 맞다, 나 같은 경우는 코로나가 유행한 다음부터 진짜 멍하니 있는 시간이 엄청 늘어나서 전혀 생산성이 없어.

아리오 나도. 하지만 구체적인 결과물이 없어도 내 속에서는 뭔가 생겨나고 있어.

시라토리 맞아. 20대에는 계속 정답을 찾았어. 정답을 알고 싶어서 이것저것 생각이 많았는데, 사실 다른 사람에 관해서는 아무리 생각해도 결국 알 수 없잖아. 그리고 나 자신도 알 수 없고.

아리오 전에 말했던 자기 자신의 존재감?

시라토리 응, 이렇게 누군가와 얘기하거나 무언가를 만질 때는 내가 지금 여기 있다고 믿을 수 있어. 하지만 가령 혼자 아무 말도 안 하고 가만히 있으면 내가 존재하고 있는지 아닌지 알 수 없게 돼버려. 더 말하면 잠잘 때도 내가 어떻게 되어 있는지 알 수 없잖아. 만취해서 기억을 잃어도 알 수 없게 되고. 과거의 기억은 일단 떠올릴 수 있지만, 100퍼센트 정확하게 재생할 수는 없어.

아리오 응, 그렇지.

시라토리 그렇게 생각하면 확인할 수 있는 건 정말 일부분이야. 그러니까 그거야. 슈뢰딩거의 고양이.

아리오 슈뢰딩거의 고양이…가 뭐야?

시라토리 뭐냐면, 양자역학 분야에서 너무 작은 세계라 확인할 수 없다는 역설적인 걸 표현하는 용어인데.

아리오 처음 들어봐. 메모해둘게…. 그 고양이가 뭔지는 모르지만, 나는 가끔 자신의 윤곽이란 무엇일까 생각할 때가 있어. 어디부터 어디까지 나일까. 기묘한 느낌인데 이따금씩 내 윤곽이 모호하게 느껴지거든. 그 느낌이랑 비슷한 건가?

시라토리 씨가 말하려 한 것과 내가 말한 것은 비슷해 보이지만 실은 토성과 장아찌만큼 동떨어져 있는지도 몰랐다. 객관적인 시선으로 영상을 보니 대화가 뒤죽박죽이었다. 나는 시라토리 씨라는 사람의 세계를 얼마나 이해하고 있을까.

이런저런 생각을 하는 사이에 계속 고민해왔던 의문이 다시 돌아오고 말았다.

나는 어째서 시라토리 씨와 함께 계속 작품을 보았을까?

나는 단서가 될 '슈뢰딩거의 고양이'를 검색해보는 대신 호시노 씨의 인터뷰 영상을 재생했다.

영상 속의 호시노 씨는 예전에 참가했던 시각장애 관련 연수의 이야기를 했다. 그 연수에서는 눈이 보이는 사람이 안대를 쓰고 시각장애 모의 체험을 했다는데, 호시노 씨는 그에 대해 의문을 던졌다.

(호시노 씨의 공방)

안대를 쓰면 일단 시각장애인처럼 되잖아요? 그런데 그 연수가 끝나고 안대를 벗으면 다들 이렇게 말해. 와, 보인다, 보여. 보이는 건 역시 대단해! 그러는 사람들을 보고 생각했어요. 당신은 무슨 게임이라도 하면서 논 거냐고. 시각장애인의 마음을 알기 위해 안대를 쓰는 건 정말이지 어리석고 어처구니없는 일이야.

따지고 보면, 나는 겐의 머릿속에 억지로 들어가지 않아. 감각에도 개입하지 않아. 그저 가까이 다가갈 뿐이에요. 그러는 게 얼마나 중요한지 몰라. 시각장애인의 마음이 되어본다는 시점에서 이미 틀려먹은 거야. 그 틀려먹은 생각이 세계를 뒤덮고 있어요.

그때 화면 바깥에 있는 나는 화면 속의 호시노 씨에게 반론을 하고 싶었다.

그래도 호시노 씨, 눈이 보이는 사람이 안대를 쓰고 지내보는 건 상상력을 발휘할 계기 정도는 되지 않을까요? 상상하는 건 꽤 어려운 일이니까 무언가 도와주는 방법이나 도구가 있어도 좋지 않아요? 그처럼 타인을 상상하고 공감하는 힘이야말로 지금 사회에 필요하다고 여겨지는 '엠퍼시empathy'(공감력)라는 게 아닐까요? 저는 그렇게 다른 사람이 직면한 어려움을 상상할 수 있는 사람이 되고 싶어요.

그렇지만.

화면 속의 호시노 씨는 이어서 내 반론을 강하게 부정했다.

우리는 다른 누구도 될 수 없어. 심신이 피폐해져서 방 안에 틀어박힌 우울증 환자로도, ADHD인 사람으로도 될 수 없어. 시각장애인도 될 수 없고, 그 외에 누구도 우리는 될 수 없어. 다른 사람의 마음 따위 되어볼 수 없다고요! 될 수 없는데, 되자고 생각하는 천박한 생각만이 얄팍하게 폼을 잡는 그런 사회인 거예요. 지금의 사회는. 그래서 불쾌해! 그래서 우리는 오히려 나서서 되는대로 "와아아아!" 하고 싶은 거예요. 이 세계에서 웃고 싶어요.

우리는 다른 누구도 될 수 없다.

여러 번 반복해서 보다가 이해했다.

호시노 씨가 말한 것은 진실이었다. 그렇다, 필사적으로 다른 사람의 입장이 되어서 상상해도, 우리는 결코 다른 누군가의 인생과 감각까지 체험할 수는 없다. 그와 동시에 우리는 다른 사람이 되어볼 필요도 없었다. 괴로움도 기쁨도 모두 그 사람만의 것이다. 그러니 호시노 씨가 말하고 싶어한 것은 상상력보다도 가까이 있는 부분이었다. 다가가는 것밖에 못할까? 아니, 그야 그렇지만, 다가간 다음에는?

이 세계에서 웃고 싶어요.

이 말이었다. 나는 어째서 시라토리 씨, 마이티와 함께 작품들을 보았을까. 최근 2년 동안 있었던 일을 돌아보면 함께 작품을 감상하는 행위 너머에 있었던 것은 작품이 잘 보인다든지, 새로운 발견을 한다든지, 눈이 보이지 않는 사람의 감각과 머릿속을 상상하고 싶다든지 하는 것이 아니었다.

그저 함께 있으면서 웃는다면, 그걸로 충분했다.

끝까지 파고들면 모두 그 한마디로 집약된다.

화면 속의 호시노 씨는 싱글거리며 찹쌀떡을 또 한입 가득 물고 "알리오, 있잖아."라고 나를 불렀다. 그 발음은 알리오 올리오와 같아서 내 머릿속에는 아름다운 이탈리아의 풍경이 떠올랐다.

그림을 보는 활동 말이야. 확실히 하기 쉬워요.

하지만 그런 활동으로 그림을 보겠다는 생각 같은 건 안 해,

나도 겐지도.

그냥, 거기 있는 사람들과… 함께하고 싶은 거죠.

나는 영상을 멈췄다.

응, 그 말대로다.

20년째의 진실

매일 아침 일어나면 규칙적으로 다이스케의 편집 스튜디오인 도쿄의 아파트에 갔다. 문을 열면 대체로 다이스케가 선 채

로 편집 작업에 몰두해 있었다. 전에 허리가 아픈 뒤로 다이스케는 "이게 더 편하니까"라며 벽장 위에 밥상을 올리고 그 위에 컴퓨터를 두는 독자적인 방식으로 서서 일했다.

세상에는 코로나의 세 번째 파도가 닥쳐왔다. 도쿄에는 두 번째 긴급 사태가 선언되었고, 또다시 많은 미술관들이 선택의 여지없이 문을 닫았다. 여름이 되면 코로나 팬데믹 한복판에서 올림픽이 개최되는, 「디스림픽 2680」조차 가볍게 뛰어넘을 듯한 일이 실현될지도 몰랐다.

우리는 그런 일들을 그저 곁눈질하며 머리에 까치집을 지은 채 주먹밥을 먹으면서 이 영화는 대체 무슨 영화인지를 이야기했다. 서로 목표하는 지점은 거의 일치했지만, 넣고 싶은 장면과 중요하게 여기는 것이 다르기도 했다. 머리로만 생각해도 알 수 없어서 그때부터는 계속 영상을 삽입했다가 지웠다가, 음악과 영상과 말을 넣었다가 뺐다가 반복했다. 말은 이렇게 해도 실제로 작업하는 건 다이스케였기 때문에 나는 그저 모니터를 바라보면서 "잠깐 스톱. 저, 지금 장면 말인데….""역시 아까 지운 그 말은 넣고 싶은데.""이 음악은 왠지 안 어울리네." 하며 말로만 끼어드는 짜증 나는 참견꾼이었다. 하지만 다이스케도 나 못지않게 집요한 사람이라는 걸 알았기 때문에 사정을 봐주지 않았다. 내가 무언가 한 마디를 하면 다이스케는 대체로 "응, 알았어."라고 답하고는 아침마다 "어제 그 뒤로 편집을 다르게 해봤는데, 이건 어때?"라고 말했던 것이다. 뭐? 보자, 보자.

같은 영상인데 몇 번을 봐도 질리지 않았다.

어째서일까.

뭐라고 할까, 영상이라는 호수에서 헤엄치는 사이에 물의 차가움, 서식하는 물고기와 새, 가라앉아 있는 쓰레기, 아메바와 유기물 등 그곳에 있는 모든 것이 내 속으로 스며드는 것 같았다. 호수에 물새를 보러 갔다가 호수 그 자체가 되어버린 듯했다.

기분 좋아. 이대로 계속 수영하자….

머지않아 표현하고 싶다는, 전하고 싶다는 마음이 흘러넘쳤다.

코로나 팬데믹에서 의욕을 잃고 글을 쓰지 못하던 내게 필요한 것은 이것이었을까. 호수와도 물새와도, 거기 있는 모든 것과 내가 함께 흔들리고 한데 녹아 더 이상 구별하기 어려워지는 이 느낌. 이 세계, 시대, 오늘을 함께 살아가는 생명으로서 우리밖에 지켜볼 수 없는 것을 최선을 다해 구해내어 잘 어우러지게 한다. 이것이 나 자신의 '지금, 여기'이며 '이 세계에서 웃고 싶다'는 마음의 흔적이었다.

드디어 편집 작업도 끝이 보였다. 정신 차리니 저 앞에 결승선이 보였다고 할까. 좋아, 조금만 더 하면 돼. 30분만 힘내면 끝날 거야. 오늘은 막차를 탈 수 있겠는데. 그렇지만 그 단계에서 다이스케가 "더는 못 해. 10분만 잘게."라며 휘청거리는 걸음으로 자러 갔다. 최근 닷새 동안 작업이 계속 이어졌는데, 다이스케는 거의 잠을 자지 않은 모양이었다. 그래도 잠은 제대로 자던 나는 정말로 10분 만에 일어날 수 있을까 의심하면서 의자에 몸을 맡긴 채 천장에 매달린 전구를 올려다보았다.

피곤했다. 머릿속이 텅 비어 있었다. 감각만이 유독 예리했고, 마음속은 쥐 죽은 듯이 고요했다.

무언가가 태어나려 했다.

표현을 하는 사람이라면 누구나 아는 이 느낌.

과거도 미래도 전혀 상관없이 '지금'만이 모든 존재가 된다. 내 속에 있는 작은 생물이 전율하고 꿈틀거리며 정체를 알 수 없는 무언가가 만들어지려 한다. 아직 보지 못한 무언가의 온기가 내 속에 있는 터무니없는 동굴을 메워준다. 인간은 이렇게 선사시대부터 지금까지 무언가를 표현해온 것이구나. 하지만 이 특별한 순간은 곧 끝나버린다. 오래가지 않는다.

10분이 지나자 다이스케는 정말로 다시 컴퓨터 앞에 섰다. 하지만 3초 뒤에도 깨어 있기 위해 전력을 다하는 듯이 보였다.

"이제 더 뭘 해야 하지?" 다이스케가 물어보았다.

"사진을 바꾼 다음 사진에 카피라이트를 넣어야 해. 그리고 엔딩 크레딧에 흐르는 글자를 조정하자."

"알았어."

거기까지 끝내는 걸 지켜보고 나는 냉장고에 넣어두었던 작은 샴페인을 꺼내 뚜껑을 열었다. 둘 다 너무 지친 탓에 목구멍으로 제대로 넘어가지 않았다.

대강 완성된 영상을 시라토리 씨에게 보냈다. 이튿날 전화를 걸어보니 그는 "응, 봤어."라고 평소처럼 조용한 말투로 말했다.

"뭔가 신경 쓰이는 부분 있었어?"

"아니, 없어. 좋지 않아?"

그 담백한 말은 그야말로 시라토리 씨다웠다.

"그러고 보니 영상에 무엇이 나오는지 자막에 뭐라고 쓰여 있는지 설명도 안 하고 보내버렸어. 미안해."라고 내가 말하자 "아냐, 유코랑 함께 봐서 괜찮아. 나는 별로 신경 쓰이는 부분 없었어."라고 했다.

그 뒤에 잡담을 하는데 시라토리 씨가 갑자기 말했다.

"맞다, 호시노 씨가 사과랑 호텔로 원근법을 말하는 부분 있잖아. 나랑 이야기한 게 아닌 거 같아. 내가 그런 말을 했던가."

뭐, 뭐라고! 심장이 고동쳤다.

"무슨 말이야?"

"호시노 씨랑 그런 이야기를 했던 기억이 없거든."

어? 호시노 씨는 어제 있었던 일을 이야기하듯이 분명한 말투였는데? 그럼 호시노 씨가 착각했다는 말이야?

그런가, 그럼 어떡해야 하지? 혼란스러워서 잠시 침묵했다.

안 돼.

아아아! 스스로를 저주했다. 아무리 뭐라도 당사자인 시라토리 씨가 기억에 없다고 하니 그 장면을 잘라낼 수밖에 없었다. 미리 확인했어야 한다고 반성하면서 "알았어. 그 장면은 잘라낼게."라고 말했다. 그런데 시라토리 씨는 "아냐, 나는 그대로 두어도 돼."라고 했다.

"아냐, 아직 수정할 수 있으니까 괜찮아."

"아니, 정말로 그런 대화가 있었는지도 몰라. 호시노 씨가 그렇게 말했다면 그냥 두어도 괜찮아."

"정말로?"

"응, 정말 괜찮아."

그 뒤 말은 듣지 않아도 알았다.

과거의 기억이란 떠올릴 때마다 새롭게 덧칠되니까 계속 변하는 셈이잖아? 그런 걸 생각하면 내가 기억이라고 여기는 건 사실 항상 신선한 '과거의 기억'인 게 아닐까?

진실을 아는 건 20년 전의 두 사람뿐이었다. 현재의 두 사람이 그대로 괜찮다고 한다면, 그 역시 진실일지 모른다.

두 사람의 기억이 얼마나 다르든, 호시노 씨의 '겐이 사랑스럽다', 그리고 '함께 웃고 싶다'는 마음에는 눈물이 날 만큼 강한 힘이 있었다. 호시노 씨와 시라토리 씨는 어떠한 '순간'을 함께했을 것이다. 호시노 씨 마음속의 시라토리 씨, 시라토리 씨 마음속의 호시노 씨. 시라토리 씨의 "그대로 두어도 돼"라는 한 마디로 서로를 생각하는 두 사람의 마음이 영상에 남았다.

"알았어. 그럼 그대로 둘게."

그렇게 상영 시간 50분인 중편영화 「하얀 새白い鳥」가 완성되었고, 온라인 극장에서 공개되었다.

몇 번이나 다시 볼 정도로 좋아하는데 영화에 넣지 못했던 장면도 있다. 그중 하나가 찻집에서 '코로나 때문에 최근 멍하니 지낸다'는 대화의 다음 장면이다. 시라토리 씨는 유럽의 거리가 그려진 컵으로 홍차를 마시고 있었다.

(찻집에서 촬영한 장면)

아리오 있지, 시라토리 씨가 행복하다고 느낄 때는 언제야?

시라토리 행복하다고 느낄 때라. 이야기가 통할 때지. 가령 처음 만난 사람들이 대화하다가 '나도 알아.'라든가 '맞아,

맞아!'라면서 서로 이해하고 사이가 무척 좋아지는 경우가 있잖아. 세상을 바라보는 관점이나 가치관 같은 게 통하면 저 사람이랑 이야기하길 잘했다는 생각이 들어. 그런 동시에 저 사람이 있어주어서 다행이라고, 나도 여기 있기를 잘했다는 생각이 들고.

아리오 그럼 좀 추상적인 질문인데, 행복은 어디에 있다고 생각해? 경험 속에 있는지, 내 마음속인지.

시라토리 으음, 내게는 시간이네. 응, 시간 속에 있어.

아리오 시간 속에서 행복이 흐르는 거야?

시라토리 응, 시간 속에 있으니까 잡아둘 수는 없어. 그 뒤로는 그 경험을 내가 얼마나 믿을 수 있는지, 떠올렸을 때 확실한 일이라고 믿을 수 있는지가 문제일까.

행복을 느낀 시간을 그 뒤에도 믿을 수 있느냐.

인생은, 황야다.

보름달이 환하게 어둠을 밝혀주는 날이 있는가 하면, 길에 버려진 자전거에 발이 걸려 흙탕물 웅덩이에 넘어지는 바람에 홀딱 젖어서 돌멩이를 걷어차고 싶은 날도 있다. 행복이 절정일 때는 '인생은 아름다워!'라고 생각하지만, 아름다움이란 대체로 오래가지 않는다. 나중에 이어지는 현실에서는 진저리 나는 일이 계속되며, 때로는 방문을 쾅 닫고 이불을 뒤집어쓴 채

자고 싶기도 하다.

그럼에도 불구하고.

나는 앞으로도 문을 열고 밖으로 나갈 것이다. 그리고 발밑에 고인 흙탕물을 바라보며 거기에서 행복한 기억을 떠올리고, 지금 손에 들고 있는 것은 길바닥의 돌멩이 따위가 아니라고 믿을 것이다. 사람은 '시간'이라는 것에 저항할 수 없지만, '시간'을 보물로 삼을 수는 있으니까.

오늘은 영화를 완성하고 한 달 정도 지난 겨울의 어느 날이다. 나는 지금 지가사키에 있는 숙소의 방에서 시라토리 씨와 함께한 날들의 이야기를 글로 모두 쓰기 직전이다. 이렇게 글을 쓰는 순간에도 과거의 기억은 점점 모호해지지만, 시라토리 씨, 마이티, 친구들과 함께한 기억의 감촉 정도는 내 내면에 남아 있을 것이다. 그래, 오후부터는 기온이 오른다고 하니, 코트를 입지 않고 해안까지 걸어가야겠다. 오랜만에「오 샹젤리제」를 들어도 좋겠다.

누구에게든 '안녕!' 인사하고 싶었지
그 사람이 당신이었고 나는 당신에게 말을 걸었어
대화만으로 충분했어
당신과 친해지는 데에는

누군가와 서로 이해하고 싶었다. 하지만 누구와도 서로 이해할 수 없을 것 같았다. 무언가를 전하고 싶은데, 막상 닥치면 나오지 않는 말들이 잔뜩 있었다. 그래도 서로 이해할 수 없는 틈새를 이야기하거나 글로 쓰면서 메울 수 있지 않을까 생각했다. 하지만 결국에는 이야기하면 할수록, 글로 쓰면 쓸수록 멀어져버렸는지도 모른다. 초조함과 허무함을 느끼며 이 글을 쓰고 있다. 전할 수 없음을, 서로 이해할 수 없음을 떠안고 그저 걸어가는 것밖에 할 수 없다.

5분 정도 걸으니 언덕 너머로 바다가 보였다.

과거의 기억에서 출발해 우연히 도착한 작품을 앞에 두고 수많은 말들이 떠올랐다가 사라졌다. 작품에 이끌리듯이 우리는 계속 여행했고, 이 세계에서 함께 웃었다.

모든 일은 2년 전, 미쓰비시 1호관 미술관에서 '필립스 컬렉션 특별전'을 보았던 겨울날부터 시작되었던가.

전에 한 번 시라토리 씨에게 물어본 적이 있다.

"시라토리 씨, 그날 왜 필립스 컬렉션 특별전을 고른 거야?"

"으음, 왜 그랬더라. 잘 기억은 안 나는데, 아마 내가 미쓰비시 1호관 미술관에 가본 적이 없어서 그랬던 게 아닐까?"

그렇구나. 이유는 미술관이었구나.

시라토리 씨는 미술관을 가장 좋아하는 것이다.

12장 하얀 새가 있는 호수

● 감사의 말

이 책이 출간되기까지 수많은 분들이 큰 도움을 주었습니다. 감상 여행을 함께해준 친구들, 인터뷰에 응해준 분들, 사진과 자료를 제공해주고 사실관계를 확인해준 미술관 및 작품 관계자들에게 이 자리를 빌려서 감사를 전합니다.

아리무라 마유미, 이치카와 가쓰히로, 사쿠마 유미코, 야하기 다몬, 나라·고후쿠지 워크숍의 참가자들, 나나오, 다키가와 오리에, 호리에 세쓰코, 호시노 마사하루, 사토 준야, 미요시 다이스케.

미쓰비시 1호관 미술관: 사케이 하나에, 필립스 컬렉션.

미토 예술관 현대미술센터: 모리야마 준코, 도리 가오리, 다카하시 미즈키.

국립신미술관: 오사카 에리코, 엘레트라 페리치올리, 하라 미술관 ARC Take Ninagawa.

나라현립 도서정보관: 이누이 소이치로, 코후쿠지의 미나미 슌케이.

시작의 미술관: 오카베 다카요시, 고바야시 다쓰야, 오마사 아이, 모토다 노리토시, NPO 법인 스윙의 기노토 마사유키, 짚신의 모임의 야마시타 히로시, 야마나미 공방의 하야카와 히로시.

구로베시 미술관: 샤쿠도 지카코, 무인도 프로덕션, 가쓰라쇼보, 아트 프론트 갤러리의 야마구치 도모코, NPO 법인 에치고쓰마리 사토야마 협동기구의 요코오 유타, 도비타 아키코.

이바라키현 근대미술관: 사와타리 마리.

또한 책이 만들어지는 과정에서 사토 아사미, 아사노 페코, 기시다 나미, 가와이 요시미에게 큰 신세를 졌습니다.

마지막으로 이 책에서 감상한 작품을 만든 창작자 여러분, 그리고 처음부터 끝까지 감상 여행을 함께한 시라토리 겐지와 사토 마이코에게도 다시금 경의와 깊은 감사를 전합니다.

이 세상의 모든 표현자들을 위하여!

2021년 초여름, '시작의 미술관'에서 열린 전시회 '한데 모이다, 서로 의지하다'에 시라토리 씨가 참가했다. 그동안 찍어온 40만 장의 사진을 슬라이드 형식으로 전시하게 된 것이다. 내가 전시회 소식을 들은 것은 이 책의 마지막 장을 쓴 직후로 지가사키의 해안에 있을 때였다. 나도 모르게 바다를 향해 "꺄아!"라고 소리쳤다.

시작의 미술관에서 먼저 연락하여 사진 전시에 관해 논의했는데, 시라토리 씨는 「겐지의 방」이라는 새로운 작품의 제작을 제안했다. 전시실 한구석에 시라토리 씨의 방을 재현하고, 그저 거기서 일상생활을 보낸다는 내용이었다. 방문한 사람들은 시라토리 씨와 대화하고, 사진을 감상하고, 보드게임을 즐기고, 점자 지도를 보는 등 자유롭게 하고 싶은 일을 할 수 있다. 설치 미술인 듯한, 행위 예술인 듯한 불가사의한 '겐지의 방'. 전시 기간은 3개월로 마리나 아브라모비치 못지않은 장기전이었다. 시라토리 씨는 채광이 좋은 공간에서 관람객이 없으면 좌식 의자에 앉아 낮잠을 자기도 했다.

시라토리 씨는 그때껏 비 내리는 날에는 사진을 찍지 않았지만, 이나와시로에서 지내는 동안에는 우비에 장화 차림으로 비 내리는 풍경을 카메라에 담았다. 구름 뒤로 숨은 반다이산, 눈부신 신록, 초등학교, 빗방울, 장화의 발끝, 수국, 술집 간판 등을 찍은 1만 5062장의 사진이 하드디스크에 더해졌다.

나도 「겐지의 방」에 방문해서 긴 시간을 보냈다.

문득 전시실 벽에 붙어 있는 시라토리 씨의 프로필에 눈길이 멈췄다. '사진가'. 그것이 이번 전시에서 시라토리 씨를 소개하는 말이었다. 나는 생각했다. '정말로 사진가가 되었구나.'

전맹 미술 감상자 시라토리 겐지는 '시작'이라는 단어를 내건 미술관에서 표현자로서 새로운 첫걸음을 내디뎠다.

시라토리 겐지, 「이ㄷ」 2021년 5월 7일

시라토리 겐지, 「겐지의 방」

● 수록 작품 목록

1장

- 피에르 보나르, 「강아지와 여자」(1922) 39.0×69.2*cm*, 캔버스에 유채.
- 피에르 보나르, 「종려나무」(1926) 147.0×114.3*cm*, 캔버스에 유채.
- 파블로 피카소, 「투우」(1934) 65.4×49.8*cm*, 캔버스에 유채. ⓒ 2023 – Succession Pablo Picasso – SACK (Korea)

이상 세 작품 모두 필립스 컬렉션 소장. (The Phillips Collection, Washington, D.C.)

2장

- 시라토리 겐지 「시라토리 겐지의 마사지숍」(2019) 미토 예술관, 촬영: 가와우치 아리오.
- 레오나르도 다빈치, 「안면과 팔과 손의 해부」(1510~11년경) 20.0×28.8*cm*, 검정 분필, 펜, 잉크, 담채. ⓒ Verso

3장

3장에 수록된 모든 작품의 작자는 크리스티앙 볼탕스키.

- 「출발」(2015) 280×60×10*cm*(문자), 280×170×10*cm*(작품 전체), 소켓, LED 전구, 전기 코드.
- 「최후의 시간」(2013) 48×18×6*cm*, 계수기.
- 「성유물 상자(부림절)」(1990) 190×195×23*cm*, 사진, 금속제 서랍, 천, 램프, 전기 코드, 공익재단법인 아르캉시엘 미술재단/하라미술관 ARC 소장.

이상 세 작품은 국립신미술관에서 2019년 개최한 '크리스티앙 볼탕스키: Lifetime' 전시회 풍경, 촬영: 우에노 노리히로, 사진 제공: 국립신미술관.

- 「스피릿」(2013), 초상 사진이 인쇄된 천, 소켓, 전구.
- 「버력더미」(2015), 의류, 원뿔 모양 구조물, 램프.
- 「발언하다」(2005), 널빤지, 코트, 램프, 사운드박스.
- 「하얀 모뉴먼트, 내세」(2019) 230×100×10*cm*(문자), 크기 가변 두꺼운 종이, 셀로판, 소켓, LED 전구.

이상 네 작품은 국립신미술관에서 2019년 개최한 '크리스티앙 볼탕스키: Lifetime' 전시회 풍경, 촬영: 이치카와 가쓰히로.

이상 일곱 작품 모두 © ADAGP, Paris & JASPAR, Tokyo, 2023 E5281.

4장
· 펠릭스 곤잘레스토레스, 「무제(가짜 약)」(1991), 「무제(화학요법)」(1991).
이상 두 작품은 미토 예술관 현대미술 갤러리에서 1997년 개최한 '미토 애뉴얼 '97 부드러운 공생' 전시회 풍경, 촬영: 구로카와 미키오, 사진 제공: 미토 예술관 현대미술센터.
이하 네 작품의 작자는 오타케 신로.
· 「8월, 하리활도」(1980) 12×16.8㎝, 연필, 인쇄물, 잡지, 은박지, 박엽지, 펠트펜, 포장지, 셀로판테이프, 종이 위에 마스킹테이프.
· 「에릭 사티, 홍콩」(1979) 18.7×26㎝, 종이 위에 잉크 및 마스킹테이프.
· 「빌딩과 비행기, N.Y. 1」(2001) 72.7×91.0㎝, 캔버스에 유채 및 오일스틱.
· 「빌딩과 비행기, N.Y. 2」(2001) 72.2×91.0㎝, 캔버스에 유채 및 오일스틱.
이상 네 작품 모두 © Shinro Ohtake, Courtesy of Take Ninagawa, Tokyo, Photo: Kei Okano.

5장
· 클로드 모네, 「홍수」(1881) 100.3×60㎝, 캔버스에 유채

다 같이 미술을 본 날들
· '필립스 컬렉션 특별전', 미쓰비시 1호관 미술관, 2019년.
· '크리스티앙 볼탕스키: Lifetime', 국립신미술관, 2019년.
· '오타케 신로 빌딩 풍경 1978~2019', 미토 예술관, 2019년.
· '두근두근한 의도', 시작의 미술관, 2019년.
· '가자마 사치코 특별전: 콘크리트 모음곡', 구로베시 미술관, 2019년.
· '6개의 개인전 2020', 이바라키현 근대미술관, 2020년.

6장
· 에드워드 호퍼, 「밤을 지새우는 사람들」(1942) 152.4×84.1㎝, 캔버스에 유채, 시카고 미술관 소장. © 2023 Heirs of Josephine Hopper / Licensed by ARS, NY - SACK, Seoul
· 법교 고벤, 「목조 용등귀 입상」(1215) 높이 77.8㎝.
· 법교 고벤, 「목조 천등귀 입상」(1215) 높이 78.2㎝.
  법교 고벤의 두 작품 모두 쪽매붙임, 채색, 옥안, 편백.
· 세이초 외, 「목조 천수관음 입상」(1229) 높이 520.5㎝, 쪽매붙임, 칠박, 옥안, 편백.
이상 세 작품 모두 고후쿠지 소장, 촬영: 아스카엔.

7장

- 오리모토 다쓰미, 「타이어 튜브 커뮤니케이션: 어머니와 동네 사람들」(1996) 포스터 인쇄.
- 오리모토 다쓰미, 「아트 마마+아들」(2008) 캠퍼스크로스 인쇄.
- NPO 법인 스윙, 「청소 활동 '고미 코로리'」 혼합 매체.

시작의 미술관에서 2019년 개최한 '두근두근한 의도' 전시회 풍경, 촬영: 모리타 유키.

- NPO 법인 스윙, 「교토인력교통안내 "당신의 목적지, 알려드려요."」(2018), 촬영: 나리타 마이.
- 사카이 미호코, 「삿포로 이치반 간장 맛」(1997~).

시작의 미술관에서 2018년 개최한 '무의미, 같은 것' 전시회 풍경, 촬영: 시작의 미술관.

- 하시모토 가쓰미, 「미확인 민폐 물체: 사랑과 투쟁의 나날(하시모토 가쓰미 그림일기)」(1979~2000) 종이, 펜.
- 하시모토 가쓰미, 「거리에 주는 선물(하시모토 가쓰미 그림일기)」(2019) 종이, 펜.

하시모토 가쓰미의 작품들은 모두 '두근두근한 의도' 전시회 풍경, 촬영: 모리타 유키.

8장

- 정연두, 「마술사와의 산책」(2014) 비디오 55분 15초. ⓒ Yeondoo Jung

9장

9장에 수록된 모든 작품의 작자는 가자마 사치코.

- 「디스림픽 2680」(2018) 640.5×242.4㎝, 목판화(소재: 일본 전통지, 유성 잉크).
- 「다이너마이트는 창조의 아버지」(2002) 196.5×142㎝
  다이너마이트는 창조의 아버지(발파) 각 59.2×42㎝(5점), 다이너마이트는 상상의 아버지(터널/단지/댐) 각 59.4×42.2㎝, 「국수적 아이돌(가스탱크)」(1999) 59.5×42㎝, 목판화(소재: 일본 전통지, 먹물, 패널).
- 「게이트 피어 No. 3」(2019) 91.5×60.5㎝, 목판화(소재: 일본 전통지, 유성 잉크, 액자), 판목.

가자마 사치코의 모든 작품 촬영: 야나기하라 료헤이, 사진 제공: 구로베시 미술관.
ⓒ Sachiko Kazama

11장

- 마리나 아브라모비치, 「꿈의 집」(2000), 촬영: 가와우치 아리오.

12장

- 시오야 료타, 「태도(2015)」(2015) 167×163×211㎝, 도기.

이바라키현 근대미술관에서 2020년 개최한 '6개의 개인전 2020' 전시회 풍경, 촬영:

이치카와 가쓰히로.

- 400면에 수록된 「오 샹젤리제」 작사: 마이클 앤터니 데이한, 피에르 들라노, 작곡: 마이클 윌쇼.

WATERLOO ROAD Words & Music by MICHAEL WILSHAW and MICHAEL A. DEIGHAN ©1969 INTERSONG MUSIC LTD. All Rights Reserved.

에필로그

- 시라토리 겐지, 「이」(2021).
- 「겐지의 방」.

시작의 미술관에서 2021년 개최한 '한데 모이다, 서로 의지하다' 전시회 풍경, 촬영: 가와우치 아리오.

● 참고 문헌

1장

安井裕雄(三菱一号館美術館) 編,『フィリップス・コレクション展 A modern vision』三菱一号館美術館 2018.

Masanobu Matsumoto,「画家ピエール・ボナールが挑んだ『視神経の冒険』としての絵画」『The New York Time Style Magazine: Japan』2018. 10. 26.

3장

湯沢 英彦,『クリスチャン・ボルタンスキー: 死者のモニュメント 増補新版』水声社 2004.

山田 由佳子(他) 編,『クリスチャン・ボルタンスキー Lifetime』水声社 2019.

4장

エイブル・アート・ジャパン 編,『百聞は一見をしのぐ!?: 視覚に障害のある人との言葉による美術鑑賞ハンドブック』エイブル・アート・ジャパン 2005.

大竹 伸朗,『見えない音 聴こえない絵』新潮社 2008.

5장

木村 泰司,『印象派という革命』ちくま文庫 2018.

吉川 節子,『印象派の誕生: マネとモネ』中公新書 2010.

鈴木 宏昭,『認知バイアス: 心に潜むふしぎな働き』ブルーバックス新書 2020.

鷲田 清一,『想像のレッスン』ちくま文庫 2019.

6장

多川 俊映,『蘇る天平の夢 興福寺中金堂再建まで 25年の歩み』集英社インターナショナル 2018.

金子 啓明,『もっと知りたい 興福寺の仏たち』東京美術 2009.

7장

「介護は芸術だ: 要介護5の母をモデルに作品づくり」web site 'NIKKEI STYLE', 2014. 5. 25.

木ノ戸 昌幸,『まともがゆれる: 常識をやめる「スウィング」の実験』朝日出版社 2019.
橋本 克己,『克己絵日記』千書房 1995.

8장
『ヂョン・ヨンドゥ 地上の道のように』水戸芸術館現代美術センター 2014.

9장
吉村 昭,『高熱隧道』新潮文庫 1975.
内田すえの・此川純子・堀江節子,『黒部・底方の声: 黒三ダムと朝鮮人』桂書房 1992.
荒井 裕樹,『障害者差別を問いなおす』ちくま新書 2020.
千葉 紀和・上東 麻子,『ルポ「命の選別」: 誰が弱者を切り捨てるのか?』文藝春秋 2020.

10장
青山 拓央,『心にとって時間とは何か』講談社現代新書 2019.

11장
夏目 漱石,『夢十夜 他二篇』岩波文庫 1992. (한국어판: 나쓰메 소세키 지음, 노재명 옮김,『몽십야』하늘연못 2004.)
ペネロペ・ルイス(著), 西田 美緒子(譯),『眠っているとき, 脳では凄いことが起きている: 眠りと夢と記憶の秘密』インターシフト 2015. (원서: Penelope A. Lewis, *The Secret World of Sleep: The Surprising Science of the Mind at Rest*, St. Martin's Press 2013.)
マリーナ・アブラモヴィッチ,『夢の本』現代企画室 2012.
マリーナ・アブラモヴィッチ, TED Talks「信頼, 弱さ, 絆から生まれるアート」2015. 3. (마리나 아브라모비치, TED 토크「신뢰, 연약함, 소통으로 구성된 예술」2015년 3월.)
ジョージナ・クリーグ(著), 中山ゆかり(譯),『目の見えない私がヘレン・ケラーにつづる怒りと愛をこめた一方的な手紙』フィルムアート社 2020. (원서: Georgina Kleege, *Blind Rage: Letters to Helen Keller*, Gallaudet University Press 2006.)

12장
ロバート・カーソン(著), 池村 千秋(譯),『46年目の光: 視力を取り戻した男の奇跡の人生』NTT出版 2009. (한국어판: 로버트 커슨 지음, 김희진 옮김,『기꺼이 길을 잃어라: 시각장애인 마이크 메이의 빛을 향한 모험과 도전』열음사 2008, 절판.)

눈이 보이지 않는 친구와 예술을 보러 가다

초판 1쇄 발행 2023년 10월 23일
초판 3쇄 발행 2024년 4월 23일

지은이 가와우치 아리오
옮긴이 김영현
펴낸이 김효근
책임편집 김남희
펴낸곳 다다서재
등록 제2023–000115호(2019년 4월 29일)
전화 031–923–7414
팩스 031–919–7414
메일 book@dadalibro.com
인스타그램 @dada_libro

한국어판 ⓒ 다다서재 2023
ISBN 979-11-91716-27-6 03330